BIM 技术应用系列规划教材

Qiaohan Xinxi Jianmo（BIM）Revit Caozuo Jiaocheng
桥涵信息建模（BIM）Revit 操作教程

汪谷香　龚静敏　编著
刘孟良　主审

人民交通出版社股份有限公司
China Communications Press Co.,Ltd.

内 容 简 介

本书是以桥涵各工程构件为载体,将识图与建模相结合,以任务驱动为内容组织形式的教材。

本教材分为四个模块。模块一主要介绍 Revit Architecture 软件的基本操作;模块二主要以桥涵构件为载体,介绍族与体量的各种建模命令以及族参数;模块三以桩柱桥墩的高架桥以及拱桥为例,介绍桥梁建模实施流程;模块四主要介绍 Revit Architecture 中注释、布图与打印等内容。

本教材可作为高等院校、职业技术院校土木工程及相关专业的初中级培训教程,也可作为广大从事 BIM 工作的工程技术人员的参考书。

图书在版编目(CIP)数据

桥涵信息建模(BIM)Revit 操作教程 / 汪谷香,龚静敏编著. — 北京:人民交通出版社股份有限公司,2018.9

ISBN 978-7-114-14806-4

Ⅰ. ①桥… Ⅱ. ①汪… ②龚… Ⅲ. ①桥涵工程—模型(建筑)—计算机辅助设计—应用软件—教材 Ⅳ. ①U44-39

中国版本图书馆 CIP 数据核字(2018)第 184534 号

BIM 技术应用系列规划教材

书　名:	桥涵信息建模(BIM)Revit 操作教程
著 作 者:	汪谷香　龚静敏
责任编辑:	卢俊丽　任雪莲
责任校对:	宿秀英
责任印制:	刘高彤
出版发行:	人民交通出版社股份有限公司
地　　址:	(100011)北京市朝阳区安定门外外馆斜街 3 号
网　　址:	http://www.ccpress.com.cn
销售电话:	(010)59757973
总 经 销:	人民交通出版社股份有限公司发行部
经　　销:	各地新华书店
印　　刷:	中国电影出版社印刷厂
开　　本:	787×1092　1/16
印　　张:	16.25
字　　数:	381 千
版　　次:	2018 年 9 月　第 1 版
印　　次:	2020 年 7 月　第 3 次印刷
书　　号:	ISBN 978-7-114-14806-4
定　　价:	48.00 元

(有印刷、装订质量问题的图书,由本公司负责调换)

前言

Autodesk公司的Revit Architecture是一款三维参数化的建筑设计软件，是有效创建建筑信息模型(Building Information Modeling,BIM)的设计工具。

Revit Architecture打破了传统的二维设计中平、立、剖视图各自独立互不相关的协作模式。它以三维设计为基础理念，利用项目、族以及体量等相关建模工具，快速创建出项目的三维虚拟BIM模型，而且在创建三维建筑模型的同时自动生成所有的平面、立面、剖面等视图和明细表，从而节省了大量绘制与处理图纸的时间，让建筑师的精力能真正放在设计上而不是绘图上。

本书详细地介绍了Revit Architecture强大的桥涵模型创建及绘图的应用技巧，主要内容，特点及适用对象如下：

1.本书主要内容

本书以常见的桥涵结构物以及实际工程高架桥与箱形拱涵为载体，以Revit Architecture全面而基础的操作为依据，旨在带领读者全面学习Revit Architecture 2018中文版软件。全书共分四个模块，主要内容如下。

模块一　Revit简介。本模块主要介绍Revit Architecture 2018中文版软件的安装与启动、操作界面，Revit Architecture基本操作，Revit Architecture视图显示控制以及在创建桥涵模型构件时的基本绘制和编辑方法。此外，还简要介绍了参照平面的创建和临时尺寸的标注方法。

模块二　桥涵构件识图与建模——族与体量基础。该模块主要讲解应用族与体量命令创建桥涵各组成构件的方法。其中，以桥梁扩大基础桥墩、带有托盘的桥墩、桩柱式桥墩、变截面T梁、变截面箱梁等工程构件为载体的建模，主要介绍族的相关概念，并系统地阐述了可载入族和内建族的创建方法，族参数、共享参数的含义以及族样板的使用；以异形桥墩、端墙式圆管涵、翼墙式圆管涵、盖板涵(入口处带有跌水井)、拱涵(入口带有扭曲面)、板桥、简易拱桥等常见的工程案例为载体的体量建模，详细介绍体量建模的方式，案例丰富，讲解详细。

模块三　桥梁建模实施流程。本模块以高架桥和箱形拱桥为真实案例，结合前面"族与体量"模块所讲的知识，将理论用于实践，完成工程项目的建模。主要介绍标高与轴网、制作桥涵构件，各构件模型组建与整合的流程，系统而且通俗易懂。

模块四　注释、布图与打印。本模块讲解尺寸标注、文字等注释，创建和编辑文字，图纸的创建、布置、项目信息等设置方法以及各种导出与打印方式，为绘制各类施工图纸奠定坚实的基础。

2. 本书主要特色

(1) 内容的实用性

在定制本教程的知识框架时，就将写作的重心放在体现内容的实用性上。不求内容全面，但求内容实用。书中主要以桥涵的各工程构件为载体，将识图与建模相结合，重点介绍桥涵的基础建模，通篇案例详细，图文并茂，着力于提高读者对工程结构物的识图能力并指导其快速学会桥涵基础建模的方法。

(2) 知识的系统性

本书以桥涵工程构件以及工程项目的建模为主线，以实际工程任务为结构，从工程构件的建模，介绍族命令，到介绍族参数、共享参数定义，从单个工程构件的建模，到桥涵工程项目的建模，体现了理论联系实际和知识认知的循序渐进。

(3) 知识的拓展性

为了拓展读者的路桥专业知识，书中在介绍每个建模工具时都与实际的桥涵构件绘制紧密联系，并增加了相类似的构件的建模以及识图等相关知识。

3. 本书适用对象

本书紧扣工程专业知识，不仅带领读者熟悉该软件的运用，而且可以很好地帮助识读工程构件，特别适合作为高职类大专院校建筑、土木工程及相关专业的教材使用。

本书是真正面向实际应用的 BIM 基础建模图书，不仅可以作为高等院校、职业技术院校建筑和土木工程及相关专业的初中级培训教程，而且还可以作为广大从事 BIM 工作的工程技术人员的参考书。

本书由湖南交通职业技术学院汪谷香老师主编，模块三的建模由湖南交通职业技术学院龚静敏老师完成。湖南交通职业技术学院刘孟良教授担任本书的主审。

由于作者的水平有限，在编写过程中难免会有各种疏漏和错误，欢迎读者通过邮箱（980183956@qq.com）与我们联系，帮助我们改正提高。

编者

2018-03-20

目录

模块一 Revit 简介 ... 1
项目一 认识 Revit 2018 软件 ... 1
学习任务一 Revit Architecture 的安装 ... 1
学习任务二 认识 Revit 2018 的工作界面 ... 4
学习任务三 Revit 2018 基本术语 ... 9

项目二 基本操作技能 ... 12
学习任务一 选择图元 ... 13
学习任务二 基本修改命令 ... 15

项目三 视图控制工具 ... 27
学习任务一 使用项目浏览器 ... 27
学习任务二 视图导航 ... 29
学习任务三 使用 View Cube ... 33
学习任务四 使用视图控制栏 ... 35

项目四 基本绘制与辅助操作 ... 38
学习任务一 定位操作 ... 38
学习任务二 基本绘制 ... 46
学习任务三 控制视图的图元显示 ... 52

模块二 桥涵构件识图与建模——族与体量基础 ... 54
项目一 族基础 ... 54
学习任务一 桥梁构件族的创建（之一）——扩大基础桥墩 ... 60
学习任务二 桥梁构件族的创建（之二）——带有托盘的桥墩的识图与建模 ... 67
学习任务三 桥梁构件族的创建（之三）——桩柱式桥墩 ... 84
学习任务四 桥梁构件族的创建（之四）——变截面 T 梁 ... 103
学习任务五 桥梁构件族的创建（之五）——箱梁族（一） ... 115
学习任务六 桥梁构件族的创建（之六）——箱梁族（二） ... 131
学习任务七 桥梁构件族的创建（之七）——桥面铺装 ... 136

项目二	体量建模	138
学习任务一	端墙式圆管涵的识图与建模	154
学习任务二	盖板涵的识图与建模（入口处带有跌水井）	163
学习任务三	拱涵的识图与建模（入口带有扭曲面）	169
学习任务四	异形桥墩的识图与建模	180
学习任务五	板桥的建模	184
学习任务六	简易拱桥的建模	190

模块三　桥梁建模实施流程 … 197

项目一	高架桥的建模	197
学习任务一	高架桥的定位基准——轴网与标高	197
学习任务二	制作桥梁构件族	211
学习任务三	高架桥的各构件模型组建与整合	217

项目二	拱桥的建模	224
学习任务一	拱桥的定位基准——轴网与标高	224
学习任务二	制作桥梁构件族——主拱圈	229
学习任务三	拱桥的各构件模型组建与整合	231

模块四　注释、布图与打印 … 235

学习任务一	尺寸标注	235
学习任务二	创建与编辑文字	241
学习任务三	图纸布置	244

参考文献 … 253

后记 … 254

模块一　Revit 简介

项目一　认识 Revit 2018 软件

学习要点

1. 安装 Revit Architecture 2018 软件；
2. 认识 Revit Architecture 2018 的工作界面；
3. 了解 Revit Architecture 2018 基本术语。

学习任务一　Revit Architecture 的安装

【实训】　安装 Revit Architecture 2018(以下简称"Revit 2018"或"Revit")。

操作提示：

(1)打开文件目录,运行"Autodesk_Revit_2018_English_Win_64bit_dlm_001_002.sfx.exe"自解压文件,选择解压目录,目录不要带有中文字符。

(2)解压完毕后自动弹出安装界面,点击"安装",如图 1-1-1 所示。

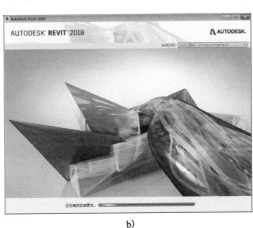

a)　　　　　　　　　　　　　　　　b)

图 1-1-1　安装界面

(3)在 Revit 2018 许可协议界面选择"我接受",点击"下一步",如图 1-1-2 所示。

(4)选择安装功能以及安装目录,点击"安装",如图 1-1-3 所示。

图1-1-2　许可协议界面

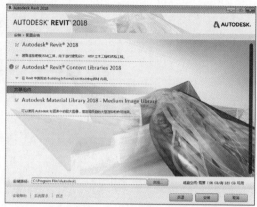
图1-1-3　选择安装目录

（5）软件会自动检测并安装相关软件，等待安装完成，如图1-1-4所示。注意：不要断网安装，否则不会安装样板文件。

a)

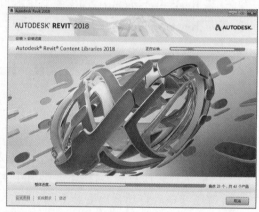
b)

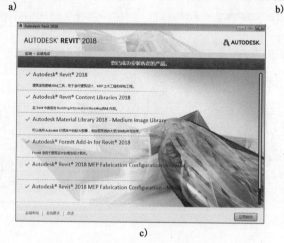
c)

图1-1-4　软件安装过程

（6）安装完毕后，断开计算机的网络连接（一般是禁用网卡或拔网线），点击"立即启动"按钮，选择输入"序列号"选项，选择"我同意"按钮，再单击"激活"，进行激活软件操作，如

图 1-1-5 所示。

a)

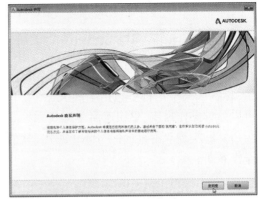
b)

c)

d)

图 1-1-5　激活软件

（7）根据申请号，获得激活码，选择"我具有 Autodesk 提供的激活码"，如图 1-1-6 所示。

（8）弹出窗口提示注册成功，至此安装全部完成，如图 1-1-7 所示。

图 1-1-6　激活选项

图 1-1-7　安装完成

学习任务二　认识 Revit 2018 的工作界面

在学习 Revit 软件之前,首先要了解 2018 版 Revit 的操作界面。Revit 2018 采用 Ribbon 界面。Ribbon 界面即功能区界面,是一个收藏了命令按钮和图示的面板。功能区把命令组织成多组"标签",每一组标签包括了相关命令,不同的标签组展示了程序所提供的不同功能。用户可以针对操作需要,更快速简单地找到相应的功能。

用鼠标左键双击桌面的"Revit 2018"软件快捷启动图标,系统将打开如图 1-1-8 所示的软件操作界面。

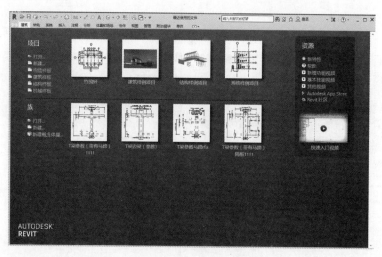

图 1-1-8　启动界面

单击界面中的最近使用过的项目文件,或者单击"文件"菜单的"新建"按钮,选择一个样板文件,并单击"确定"按钮,即可进入 Revit 2018 操作界面,如图 1-1-9 所示。

Revit 2018 操作界面主要包含文件菜单、快速访问工具栏、功能区、绘图区和项目浏览器等,各部分选项的含义介绍如下。

1. 文件菜单

单击主界面左上侧的"文件"菜单,即可打开文件菜单,如图 1-1-10 所示。文件菜单主要提供对常用 Revit 工程文件的操作访问,例如"新建""打开""保存""另存为""导出"等常用文件操作命令。其中"新建""打开""保存"及"另存为"命令与 AutoCAD 类似。而其中的"导出"命令提供了 Revit 支持的数据格式,其目的是与其他软件如 Autodesk 3Ds Max、Autodesk CAD 等进行数据文件交换,给使用者提供更多方便。另外,Revit 最近打开及新建的项目及族文件均会有历史记录,也便于使用者快速打开最近使用的文件,提高设计效率。

此外,单击文件菜单的"选项"按钮,系统将打开"选项"对话框,用户可以进行相应的参数设置,如图 1-1-11 所示。"选项"对话框中会显示"常规""用户界面""图形"等一系列选项卡。其中,在"常规"选项卡可以设置如"用户名""保存提醒间隔"。在"用户界面"选项卡可以设置使用"快捷键"及鼠标"双击选项"等系统参数值。在"图形"选项卡下可以调节"背景""颜色""选择项"等与色彩有关的设置。Revit 2018 可以将背景设置为任意颜色。

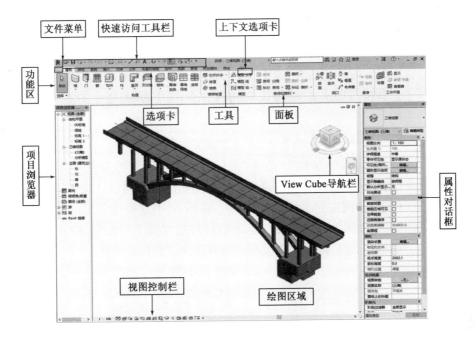

图 1-1-9　Revit 2018 操作界面

图 1-1-10　文件菜单

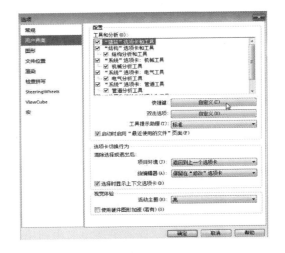

图 1-1-11　选项对话框

2. 快速访问工具栏

在操作界面左上角,系统列出了一排相应的工具图标,即"快速访问工具栏",主要设置常用命令和按钮的集合。用户可以快速使用这些命令和按钮的快捷操作方式,提高使用效率。

"快速访问工具栏"的内容是可以定制的。

单击"快速访问工具栏"后的下拉箭头,系统将展开工具列表,用户从下拉列表中勾选或取消命令即可显示或隐藏命令,如图 1-1-12 所示。

若要向快速访问工具栏中添加功能区的工具按钮,可以在功能区中单击鼠标右键,在弹出的快捷菜单中选择"添加到快速访问工具栏"选项,该工具按钮即可添加到快速访问工具栏中默认命令的右侧,如图 1-1-13 所示。

3. 功能区选项卡

"建筑""结构""系统"等标签分别包含其专业内一系列建模命令按钮。Revit 2018 将这些命令工具按类别放在不同的选项卡面板中。功能区位于"快速访问工具栏"的下方,是 Revit 中建模所需要的主要命令的集合区域,如图 1-1-14 所示。点击相应按钮以及下拉按钮,使用程序提供的附加相关工具,即可实现模型的绘制功能或者参数设置。

图 1-1-12 自定义快速访问工具栏

图 1-1-13 添加到快速访问工具栏

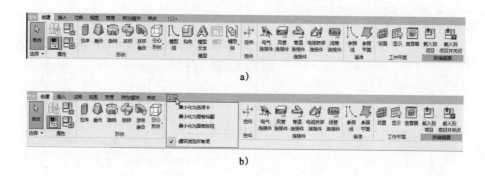

a)

b)

图 1-1-14 功能区选项卡以及切换功能区视图状态

功能区包含功能区选项卡、功能区子选项卡和面板等部分。其中,每个选项卡都将其命令工具细分为几个面板进行集中管理。当选择某图元或者激活某命令时,系统将在功能区主选项卡后添加相应的子选项卡,且该子选项卡中列出了和该图元或者命令相关的所有子命令工具。

4. 上下文选项卡

当激活某些工具或者选择图元时,会自动增加该命令相关的"上下文选项卡",其中包含一组只与该工具或图元的上下文相关的工具。在功能区下方的选项栏中将显示与该命令或者图元相关的选项,可以进行相应参数的设置和编辑。

例如：单击"创建"选项卡—"形状"面板—"拉伸"工具，将显示"修改|创建拉伸"上下文选项卡，如图 1-1-15 所示。在功能区下方的选项栏中将显示与该命令相关的选项，比如是否勾选"链"，表示所绘制的直线是否首尾相连。

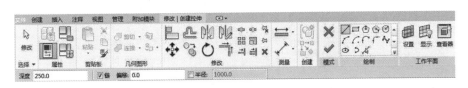

图 1-1-15　上下文功能区选项卡

5.鼠标右键工具栏

在绘图区域单击鼠标右键选择相关操作，如图 1-1-16 所示。

6.属性对话框

"属性"对话框，是用来查看和修改图元参数值的主要渠道，是了解建筑信息的主要来源，也是模型修改的主要工具之一。当选择某图元时，"属性"对话框会显示该图元的类型和属性参数。比如用拉伸命令创建的图元，单击该图元对象，在属性面板中出现与图元有关的属性参数，比如"限制条件"中的"拉伸起点"和"拉伸终点"决定了图元的长度，该图元是实心还是空心等属性，如图 1-1-17 所示。

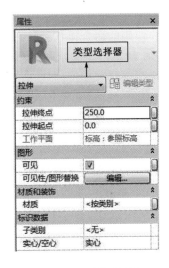

图 1-1-16　鼠标右键工具栏　　图 1-1-17　属性对话框

再如，用户标注矩形的尺寸后，点击尺寸标注，则属性面板中出现与尺寸标注的有关参数。用户可以点击"类型选择器"更换图元的类型，对于尺寸标注，用户可以单击右侧的下拉箭头，从列表中选择已有的合适尺寸类型来直接替换现有类型，而不需要反复修改图元参数。

也可以点击"编辑类型"按钮，打开"类型属性"对话框，如图 1-1-18 所示。修改目前点选图元的类型属性以及实例属性区域修改相应图元的实例属性值。

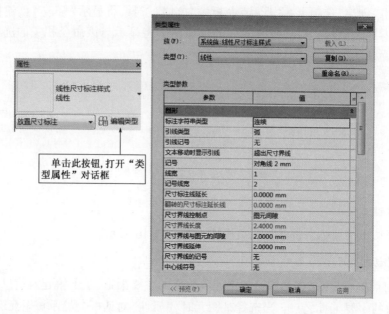

图 1-1-18 "类型属性"对话框

"属性"对话框默认在 Revit 界面的右侧,用户也可以自行设置放置位置,按住左键不放拖动"属性"对话框至所需位置。

7. 状态栏

状态栏是对用户使用的命令操作的状态提示,也是使用该命令时的相关技巧提示。例如,启动"参照平面"命令,状态栏会显示与当前命令有关的后续操作提示:单击可输入参照平面的起点。用户在使用命令时多加关注状态栏中的提示会使建模事半功倍。

8. 视图控制栏

绘图区的左下角即为视图控制栏,如图 1-1-19 所示。用户可以快速设置当前视图的"比例""详细程度""视觉样式""打开/关闭日光路径""打开/关闭阴影""打开/关闭裁剪区域""显示/隐藏裁剪区域""临时隐藏/隔离"以及"显示隐藏的图元"等选项。通过点击相应的按钮,可以快速对影响绘图区域功能的选项进行视图控制。

图 1-1-19 视图控制栏

操作技巧:临时隐藏与永久隐藏。

为了简化建模过程,有时需要临时隐藏一些图元。单击视图控制栏中"临时隐藏/隔离"按钮,在工作区域出现蓝色的边框,表示系统进入"临时隐藏"状态。查看哪些对象临时隐藏,点击显示隐藏的图元,则蓝色边框变成了红色边框,临时隐藏对象以蓝色线框显示,表示是临时隐藏状态,单击视图控制栏"将临时隐藏应用到视图中"这一选项,则变成永久隐藏,永久隐藏不会在工作区域出现蓝色线框,点击视图控制栏中查看显示图元,则在工作区域出现红色的线框,隐藏的对象以红色高亮显示。取消隐藏有两种方法:第一种,在显示隐藏摸索下,选中隐藏对象,在显示隐藏图元面板中点击取消隐藏图元命令;第二种,在对象上单击鼠标右键,在弹出的快捷键中选择取消在视图中的隐藏。

学习任务三　Revit 2018 基本术语

Autodesk 公司的 Revit 2018 是一款三维参数化建筑设计软件,是有效创建建筑信息模型的设计工具。在学习 Revit 2018 软件进行建模时,首先需要对相关的基本专业术语有一定的了解。

一、项目

在 Revit 中新建一个文件是指新建一个"项目"文件,界面如图 1-1-20 所示。有别于传统的 AutoCAD 中新建一个平面视图或立面视图等文件的概念。

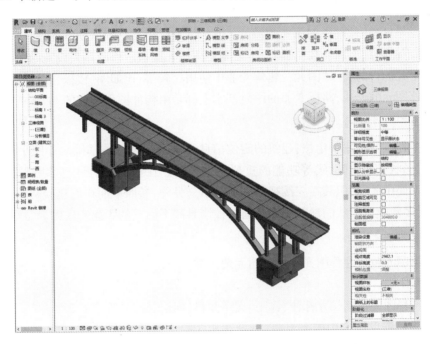

图 1-1-20　拱桥的项目

Revit 中因其以包含各类数据信息的建筑物模型为基础才有"建筑信息模型"这个名称。"项目"的含义是构建此建筑物的若干数量的建筑构件(如桥梁下部结构的桥墩、桥台以及上部结构的桥面板,涵洞的洞口构造物、洞身结构物等)的集合体,是该建筑模型的信息载体和数据库。"项目"包含了完整的三维建筑模型、所有设计视图(平、立、剖、三维等视图等)的设计图纸、构件明细表以及渲染图等建筑设计的最终输出产物;也包括构件的总表面积、总体积、阶段化参数等信息,所有这些信息之间都保持着关联关系,当在某个视图中修改设计时,Revit会在整个项目中同步这些修改,实现"一处修改,处处更新"。

二、图元

各图元类型如图 1-1-21 所示。

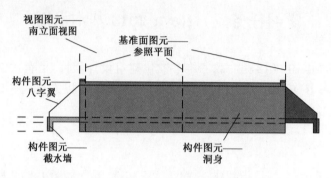

图 1-1-21 图元类型

1. 模型图元——构件图元

构件图元是 Revit 软件中的第二类图元,第一类主体图元,主体图元的参数是由系统预先设置的,用户不能随意添加参数,只能通过复制主体图元类型后修改预先设置的参数以达到创建新的主体图元的目的,主体图元在建筑专业中使用比较多,比如墙、楼板、屋顶等。用户可以自行设计构件图元的形式,路桥专业的图元基本上都是由构件图元构成的,如常规模型等。

2. 基准面图元——参照平面

基准面图元主要是用于定位,建筑的定位信息是模型准确性的基础。参照平面是精确定位、绘制轮廓形状、设置辅助线等功能的重要辅助工具。在 Revit 项目中,参照平面可以在各标高对应的平面中显示,但其在三维视图中不显示。另外,参照平面在创建族文件时的作用非常重要,绝大多数模型形状的参数驱动是通过控制参照平面间的距离实现的。

3. 视图专用图元

视图专用图元包括注释图元和视图图元两大类。

(1)注释图元

常用的注释图元包括尺寸标注、详图、文字注释、标记和符号等。

用户可以根据设计应用的需要,自行设计相应的注释图元样式。另外 Revit 中的注释图元与其标注、标记的对象之间具有特定的关联,当被标注、标记对象的参数(如长度、名称)发生改变时,其注释图元也会自动修改。这体现了 Revit"一处修改、处处更新"的特点。

(2)视图图元

常用的视图图元包括楼层平面、天花板平面、三维视图、立面、剖面、明细表及图纸等。

楼层平面(平面视图)、天花板平面(平面视图)、三维视图、立面(立面视图以及侧面视图)、剖面,这些视图都是建筑三维模型相应空间位置的全方位表达。这些视图既独立又关联。每个视图都可以对其范围的建筑模型图元进行可见性、详细程度及视图范围等设置。只有对项目中相应的视图图元(即楼层平面、三维视图等)平面进行设置并加以相应的标注及注释之后才能形成相应的图纸,完成设计方案平面表达的目的。

三、族

Revit 作为一款参数化设计软件广受欢迎,主要得益于 Revit 中的参数化构件——"族"(family)。族在 Revit 中是建筑设计的基础或代码,只需要对模型形体或者参数进行约束及定义(如尺寸、材质、可见性等一系列参数),便能够创建相应的参数化构件。在路桥专业中主要是通过族来创建各工程结构物。

在 Revit 项目文件中除参照平面、详图线、模型线等用于辅助、定位的这些图元外,基本上其他的图元都是族。参数化构件族的范围在 Revit 中的定义很广。显而易见,三维建筑形体(模型图元)是族文件。这些含有构件信息参数的数据图元,不仅对于整个建筑物的信息采集非常必要,而且更有助于用户对独立的建筑构件(族)本身及项目进行修改。

Revit 中的族分为以下三种:系统族、内建族、标准构件族。内建族在路桥专业中应用比较广。

1. 系统族

系统族是在 Revit 中预定义的族。用户可以复制和修改系统族,但不能创建新的系统族。系统族可以分为如下两类:一类是项目中有实体的建筑构件,即模型图元中的主体图元,例如建筑专业中的墙、楼板、天花板、屋顶等;另一类是项目中没有实体,为 Revit 预定义的图元,比如建筑专业中,包含基准面图元中的标高、轴网以及视图专用图元中的标注、注释、视口、明细表等。

2. 内建族

内建族是当前项目中创建的模型图元或者注释图元。内建族只能在当前项目中创建,且只能用于该项目的特定对象,内建族是路桥专业建模主要的族类型。

3. 标准构件族

标准构件族,是通过 Revit 族样板创建而成。在族编辑器中,通过对族文件中创建的模型形体进行约束以及对所需参数进行定义(如尺寸、材质、可见性),便能够创建出功能强大的参数化构件。

标准构件族不仅可以添加或修改参数,还可以根据该构件在项目中的使用场景选择多样的族样板来满足使用需求,例如公制常规模型中创建的桥墩,通过设置顶部与底部的约束来满足桥墩的实际尺寸。标准构件族可以在项目外单独存储,并可将其载入到任意项目中,这样灵活的复用性也极大地提高了设计效率。

四、类别

Revit 中"类别"的含义是指对 Revit 中的图元进行大致分类,目的是在项目中对图元进行归档与整理,更有利于图元在设计时的检索与使用。

"类别"可以理解为族的类别,项目中族文件可以在"项目浏览器"中的"族"分支下查看,不同的族文件通过类别进行分类,对于通过族样板创建的标准构件族文件,在其创建时首先就是选择不同的族样板,如图 1-1-22 所示。不同的族样板多数对应不同的族类别,因此不同的族样板创建出的族的类别是不同的。

图 1-1-22　选择族样板

五、类型

族的定义类似几何图形的编组,换句话说,族中的成员几何图形相似而尺寸有可能不同,例如,一系列相似的单开门因其宽度的不同可以把它们分为不同的类型,多种不同的尺寸的门都可以包含在一个族内。不同的族的分类,称为"类别";而同一个族的不同参数对应的图元,则称为"类型"。

"类型"可以认为是 Revit 参数化设计的另一个优势,对于同一建筑图元的不同型号规格的模型,不需要分别对不同型号规格的图元进行多次建模。同一族文件的不同族类型在创建时,只需要更改特定参数即可,减少了同一系列模型反复建模的工作量。另外模型引用可以通过加载一个族文件实现,有效地提高了设计效率。

六、实例

在 Revit 软件中,"实例"是放置于当前项目中的实际图元,是类型模板的具体化。任何类型都可以有许多相同的实例,在设计中这些实例可被定位在不同的地方,比如一座房子,可以安装很多个完全一样的窗。

"实际存在"的含义是指在项目中的某个特定的位置可以找到该类型图元,否则意味着在该项目中不存在该类型图元的实例。换一种表达方法:"实例"相当于构件("类型")在该项目中的实际应用,"类型"相当于构件的形状的信息描述。项目中有"实例",就一定有"类型",但有"类型"不一定有"实例"。

"实例"与"类型"是两个不同的概念,需要用户在项目中不断加深理解。

项目二　基本操作技能

学习要点

1. Revit 2018 图元的选择;
2. Revit 2018 的基本修改命令。

学习任务一 选 择 图 元

选择图元是 Revit 编辑和修改操作的基础,也是使用 Revit 进行设计时最常用的操作。事实上,在 Revit 中,除了在图元上直接单击鼠标左键选择图元这种最常用的图元选择方式外,配合键盘功能键,可以灵活地构建图元选择集,实现图元选择。Revit 将在所有视图中高亮显示选择集中的图元,以区别未选择的图元。

一、选择图元

快速批量选择所需的图元的方法有:①点选,在图元上直接单击鼠标左键选择图元,配合键盘功能键 Ctrl、Shift 键的配套使用;②窗选,鼠标从左往右选择图元;③交叉,从右往左选择图元;④Tab 键选择等选择方式。

1. 点选

在图元上直接单击鼠标左键进行选择是最常用的图元选择方式。在视图中移动鼠标到需选择的图元上,当图元高亮显示时,表示该图元处于选择状态,单击鼠标左键,即可选择该图元。

此外,选择多个图元,可以按住 Ctrl 键不放,光标箭头会变成右上角带有" + "号的形状 ▶,连续单击选取其他图元,即可在选择集中添加图元,选择完对象后,可以按键盘的 Esc 键,或者单击空白处取消选择集。作了选择后,也可以按住 Shift 键,鼠标会变成右上角带有" - "号的形状 ▶,单击已选择的图元,即可将该图元从选择集中去除选择,如图 1-2-1 所示。

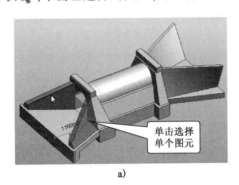
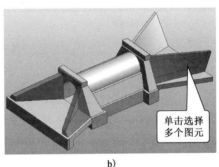

图 1-2-1 点选方式选择图元

2. 窗选

Revit 还支持窗选,窗口选取是以指定对角点的方式,定义矩形选取范围的一种选取方式。在需要选择的图元左上方按住鼠标左键不放确定第一个对角点,此时选取区域将以实线矩形的形式显示,拖动鼠标到图元的右下方,放开鼠标左键后,即可完成窗口选取(图 1-2-2)。注意:所有被实线框完全包围的图元才能被选择,只有一部分进入矩形框中的图元将不会被选中。比如,在图 1-2-2 涵洞的左侧矩形实线选择框中,后侧八字翼被全部包含在矩形选择框中,后侧八字翼被选中。同时在右下角会出现一个过滤器,提示一共有 1 个图元被选择,在空白处单击,可以取消选择集。

3. 交叉窗选

交叉窗选模式下,用户无需将欲选择图元全部包含在矩形框中,即可选择该图元。交叉窗选方式和窗选方式相类似。

交叉窗选是确定第一点后,按住鼠标左键,向左侧移动鼠标,选取区域将显示一个虚线矩形框,此时放开鼠标左键确定第二点,包含在框内的对象以及只要与虚线相交的对象都将被选择。例如,在图 1-2-2 中,在涵洞左侧洞口从右往左拉出一个虚线选择框,与虚线选择框相交的后侧八字翼、截水墙就被选中。

提示:选择图元后,在视图空白处单击鼠标左键或者按 Esc 键即可取消选择。

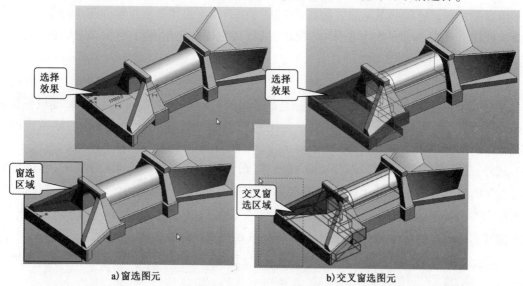

a) 窗选图元　　　　　　　　　b) 交叉窗选图元

图 1-2-2　窗选与交叉窗选图元

4. Tab 键选择

打开常见的盖板涵族文件,移动鼠标到左侧涵洞口的八字翼墙的位置,高亮显示该翼墙表面的边缘,按键盘的 Tab 键,分别显示鼠标位置处翼墙的上表面、侧面以及翼墙图元,如图 1-2-3 所示。再按 Tab 键,高亮显示的对象可能是翼墙的形状图元,并在提示栏中显示高亮显示的图元的名称——"形状图元",单击鼠标左键,即可选择该翼墙图元。再按 Tab 键,高亮显示的对象可能是翼墙的上表面图元,并在提示栏中显示高亮显示的图元的名称——"形状图元:表面",单击鼠标左键,即可选择该翼墙表面图元。

也就是说,在选择时,Revit 有两个操作:第一个是鼠标放在对象上时,该对象会高亮显示其选择预览,单击鼠标左键,即可作最终的选择。当有多个对象重叠在一起时,可以通过按键盘的 Tab 键,切换不同的选择对象,并且 Tab 键切换不同选择对象是循环的,可以多次按 Tab 键,改变选择预览,但必须单击鼠标左键后,才能最终作出选择。

5. 选择相同类型的图元

选择某一图元后,单击鼠标右键,弹出光标菜单,其中有一项"选择全部实例",该选项提供了两个选项:"在视图中可见"和"在整个项目中",它们的含义分别是:"在视图中可见"是指该视图中与所选对象类别相同的对象全部被选择,"在整个项目中"是指整个项目中与所选对象类别相同的对象全部被选择。选择某一选项,即可选择相同类型的对象。

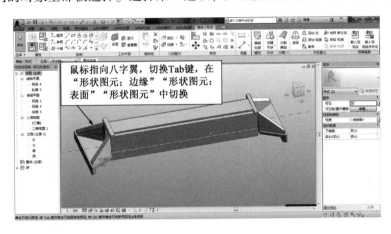

图 1-2-3　Tab 键选择图元

二、过滤图元

选择多个图元,尤其是使用窗选或者交叉窗选方式选择图元时,容易将一些不需要的图元选中,此时,用户可以利用相应的方式从选择集中过滤不需要的图元。

选择多个图元后,按住 Shift 键,鼠标会变成右上角带有"－"号的形状 ,连续单击选取需要过滤的图元,即可将该图元从选择集中过滤。

除采用以上方式过滤图元外,还可以使用过滤器过滤图元。

当选择集中包含不同类别的图元时,可以使用过滤器从选择集中删除不需要的类别。全部选择所有的图元,单击过滤器,可以弹出过滤器对话框,如图 1-2-4 所示,在过滤器对话框中,显示了全部已选择对象的类别和数目,单击"放弃全部"按钮,可以去除

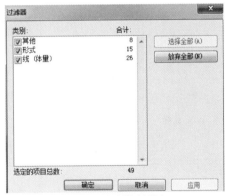

图 1-2-4　过滤器对话框

所有类别的勾选,再勾选"形式"类别,并有一个计数统计,指示该选择集中包含选择体量形式中所创建的对象的数目,单击"确定",按 Esc 键可以取消当前的选择集。

学习任务二　基本修改命令

选择图元后,可以对图元进行修改和编辑。

Revit 可以对选择的图元进行修改、移动、复制、镜像、旋转等编辑操作。通过"修改"选项卡或在上下文选项卡中可以访问这些修改和编辑工具。通过表 1-2-1 中的操作,可以掌握如

何修改和编辑图元。

基本修改命令汇总　　　　　　　　　　　　　表 1-2-1

命令	图标	说　　明
删除		选择要删除的图元，再单击键盘 Delete 键或"修改"面板中的"删除"命令，删除所选择的图元
移动		先选择需要移动的对象，再单击"移动"命令，先选择要移动的起点，再选择移动的新的位置点或者输入移动距离的数值，完成移动
对齐		点击"对齐"命令，先选择需要被对齐的线，再选择需要对齐的实体，后选择的实体就会移动到先选择的线上，完成对齐
复制		单击需要复制的对象，点击"复制"命令，先选择要复制的移动的基点，再选择复制到新的位置点，也可以输入移动的距离，勾选"多个"可以多次连续复制
偏移		点击"偏移"命令，在选项栏中输入偏移的距离，勾选"复制"保留原构件，在原构件附近移动鼠标以确认偏移的方位，再次点击即可完成偏移
镜像		镜像命令有两个图标，前者是用于已知镜像轴的情况，后者需要绘制镜像轴。先选择需要镜像的构件，再点击"镜像"命令，选择镜像轴线可复制出对称镜像，如果把选项栏中"复制"默认选项的勾选取消，原构件就不会保留
阵列		选择构件，单击"阵列"命令，在选项栏中输入指定的数值以及阵列方式，"第二个"表示每个构件的间距就是相等的，"最后一个"指在第一个和最后一个构件之间均匀等距排列阵列个数
修剪/延伸		第一个图标功能是"修剪/延伸"为角，第二个图标功能为沿一图元定义的边界"修剪/延伸"另一个图元
拆分		单击"拆分"命令，选择要拆分的对象，将图元分割为两个单独的部分。"间隙拆分"命令，可以设置间隙距离创建一个缺口。
缩放		选择构件点击"缩放"，在选项栏中设置相应的比例或者点击图形方式拖动选择需要缩放的比例即可完成缩放命令

【实训一】　以桥墩的托盘为例（图 1-2-5），熟悉各种修改命令的使用。

操作提示：详见模块二项目一学习任务二带有托盘的桥墩的识图与建模。

分析：该桥墩的托盘左右两侧斜圆柱采用"放样融合"命令完成。"放样融合"命令包括放样路径以及上下放样轮廓的绘制。

模块一　Revit 简介

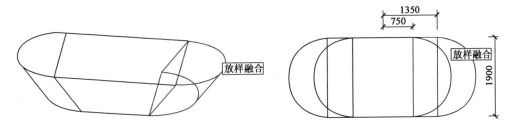

图 1-2-5　托盘示意图(尺寸单位:mm)

(1)进入编辑轮廓状态,单击"绘制"面板—"圆"命令 ⊙ 以及"直线"命令 ╱,绘制直径为 1900mm 的圆和竖向直径,如图 1-2-6 所示。

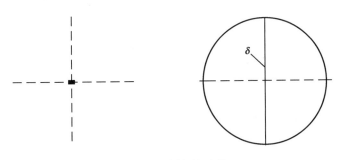

图 1-2-6　绘制圆与直径

(2)单击"修改"面板—"拆分"命令 ⇜,拆分左侧圆周,如图 1-2-7 所示。

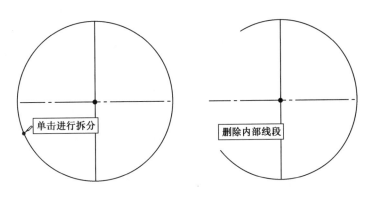

图 1-2-7　拆分圆周

知识点:拆分命令。

在 Revit 中,利用拆分工具可以将图元分割为两个单独的部分,可以删除两个点之间的线段,还可以设置间隙距离创建一个缺口。

单击"修改"面板—"拆分"命令 ⇜,在功能区选项卡的下方的选项栏中,不勾选"删除内部线段"复选框,在平面视图相应图元上单击,即可将该图元拆分为两部分。

如果勾选"删除内部线段"复选框,然后在平面视图中要拆分去除的位置依次单击选择两点即可,即可将该图元分为两部分。

(3)单击"修改"面板—"修剪/延伸为角"命令,依次单击右侧圆周以及直径,修剪圆周,并删除多余部分,效果如图1-2-8所示。

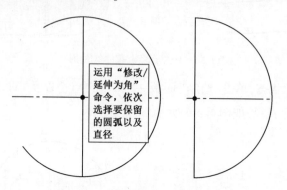

图1-2-8 "修剪/延伸为角"的效果图

 知识点:修剪/延伸命令。

在完成图元对象的基本绘制后,往往需要对相关对象进行编辑修改,使其满足要求,用户可以通过修剪、延伸等操作来完成图元对象的编辑工作。

修剪/延伸工具的共同点都是以视图中现有的图元对象为参照,以两图元对象间的交点为切割点或者延伸终点,对与其相交或呈一定角度的对象进行修剪或者延伸操作。

(1)修剪/延伸为角。

单击"修改"面板—"修剪/延伸为角"命令,在平面视图中依次单击选择要修剪延伸的图元即可。

注意:在利用该工具修剪图元时,注意单击图元的顺序。

(2)修剪/延伸单个图元。

利用该工具可以通过选择相应的边界修剪或延伸单个图元,即修剪或者延伸一个图元到其他图元定义的边界。先选择用作边界的参照,然后选择要修剪或延伸的图元。

操作如图1-2-9所示,单击"修改"面板—"修剪/延伸单个图元"命令,在平面视图中依次单击选择修剪边界和要修剪的图元即可。

(3)修剪/延伸多个图元。

利用该工具可以通过选择相应的边界修剪或延伸多个图元。操作如图1-2-10所示,单击"修改"面板—"修剪/延伸多个图元"命令,在平面视图中选择相应的边界图元,并依次单击要修剪和延伸的图元即可。

(4)选择右侧圆周以及直径,单击"修改"面板—"移动"命令,键盘输入750mm,移动操作如图1-2-11所示。

采用同样的操作绘制轮廓2。

模块一　Revit 简介

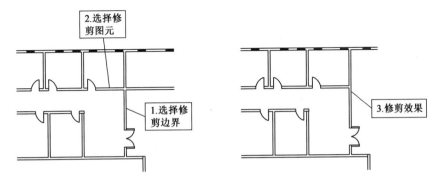

图 1-2-9　修剪/延伸单个图元

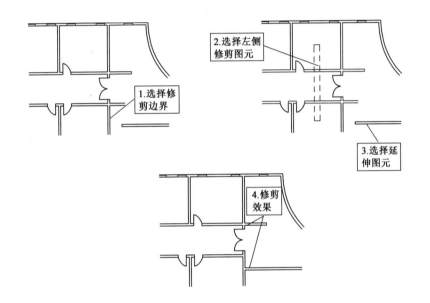

图 1-2-10　修剪/延伸多个图元

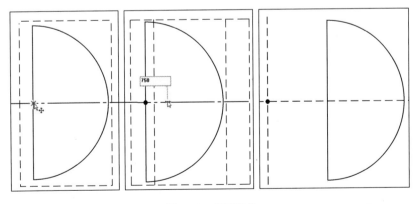

图 1-2-11　移动操作

19

知识点:移动命令。

移动是图元的重定位操作,是对图元对象的位置进行调整,大小不变。该操作是图元编辑命令中使用最多的操作之一。可以通过两种方式对图元对象进行相应的移动操作。

(1)移动工具。

移动操作如图1-2-12所示,选择某图元后,单击"修改"面板—"移动"命令,在平面视图中选择一点作为移动的起点,再选择移动的新的位置点或者输入移动距离的数值,即可完成该图元的移动操作。

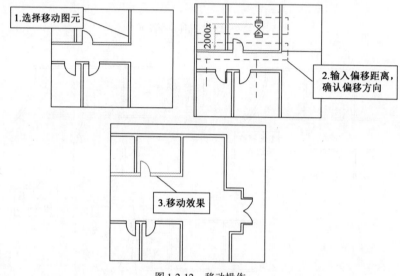

图1-2-12 移动操作

选择"移动"工具后,在功能区选项卡的下方的选项栏中,如果启用"约束"复选框,则只能在水平或者垂直方向上移动。

(2)单击拖拽。

启用状态栏中的"选择时拖拽图元"功能,然后在平面视图上单击选择相应的图元,并按住鼠标左键不放,此时拖动鼠标即可移动该图元,操作如图1-2-13所示。

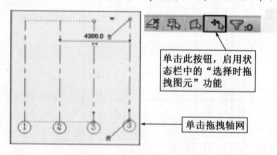

图1-2-13 单击拖拽移动操作

(5)选择右侧半个斜圆柱,单击"修改"面板—"镜像"命令,选择竖向参照平面,完成左侧半个斜圆柱的绘制。

知识点：镜像命令。

镜像命令常用于绘制具有对称性特点的图元。绘制这类对称图元时，只需要绘制图元的一半或者几分之一，然后将图元对象的其他部分对称复制即可。在 Revit 中，用户可以通过两种方式镜像相应的图元对象。

(1) 镜像—拾取轴，操作如图 1-2-14 所示。

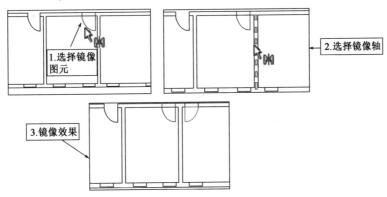

图 1-2-14 拾取轴镜像操作

选择要镜像的某图元后，单击"修改"面板—"镜像"命令，在平面视图中选取相应的轴线作为镜像轴即可。

(2) 镜像—绘制轴，操作如图 1-2-15 所示。

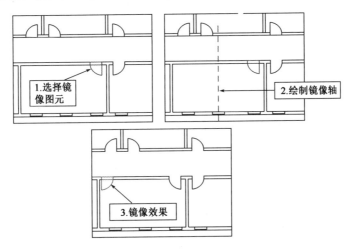

图 1-2-15 绘制轴镜像操作

选择要镜像的某图元后，单击"修改"面板—"镜像"命令，在平面视图中相应位置，依次单击捕捉两点绘制一条轴线作为镜像轴即可。如果把选项栏中"复制"默认选项的勾选取消，原构件就不会保留。

创建涵洞时，如果涵洞的八字翼是对称结构，创建完成一侧八字翼时，可以采用镜像操作得到另一侧八字翼。

(6)单击"创建"选项卡—"形状"面板—"拉伸"命令,完成桥墩托盘中间部分的绘制(详见模块二项目一中学习任务二的操作)。

(7)单击"几何图形"面板—"连接"命令,分别选择左侧斜圆柱和中间四棱柱,完成彼此的连接,再次运用连接命令完成中间四棱柱和右侧斜圆柱的连接。

知识点:连接命令。

连接命令可以把任意实体构件连接成一个实体构件,也可以在下拉菜单中单击"取消连接图形"恢复至未连接的状态。

【实训二】 完成如图 1-2-16 所示的桥墩桩基以及承台的绘制,熟悉各修改命令的使用。

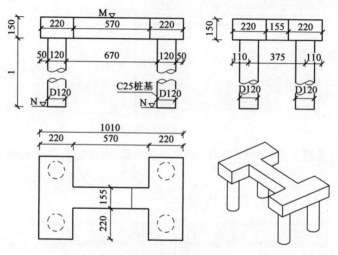

图 1-2-16　桥墩桩基以及承台(尺寸单位:cm)

操作提示:详见模块二项目二学习任务四桥台(肋板式)的识图与建模。

(1)新建"公制结构柱"族样板文件。在"楼层平面/低于参照平面"视图中,单击"创建"选项卡—"形状"面板—"拉伸"命令,绘制承台工字形轮廓,拉伸 1500mm 完成承台的绘制(详见模块二项目二学习任务三桥台(肋板式)的识图与建模)。拉伸效果如图 1-2-17 所示。

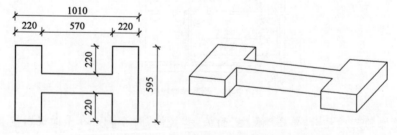

图 1-2-17　拉伸操作(尺寸单位:cm)

(2)定位桩基的位置。

在"楼层平面/低于参照平面"视图中,单击"模型"面板—"模型线"命令,绘制水平方向、竖直方向的定位线。

单击"修改"面板—"偏移"命令,完成桩基的定位操作,效果如图 1-2-18 所示。

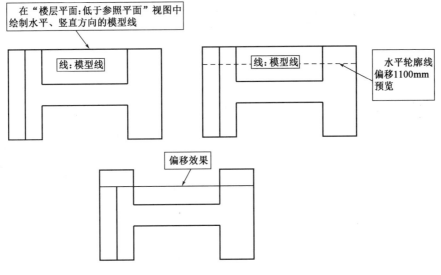

图 1-2-18 桩基定位操作

 知识点:偏移命令。

利用偏移命令可以创建和源对象呈一定距离,且形状相同或相似的新图元对象,对于直线来说,可以绘制出与其平行的多个相同的副本对象,对于圆、椭圆、矩形以及多段线所围成的图元来说,可以绘制呈一定距离的同心圆或者相似图形。

偏移操作如图 1-2-19 所示,选择需要偏移的图元,单击"修改"面板—"偏移"命令,在功能区选项卡下方的选项栏中勾选"数值方式",在"偏移"文本框中输入偏移的距离,勾选"复制"复选项,移动光标到要偏移的图元对象的两侧,系统将在要偏移的方向上预显一条偏移的虚线,确认相应的方向单击,即可完成偏移操作。

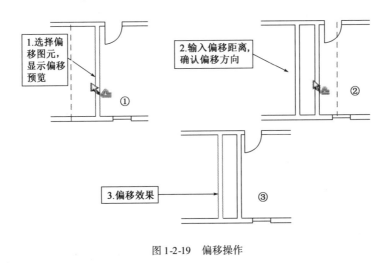

图 1-2-19 偏移操作

(3) 单击"创建"选项卡—"形状"面板—"拉伸"命令 ，在"绘制"面板中确认绘制模式为圆，绘制半径为600mm的桩基轮廓，拉伸一定的长度即完成左后侧桩基的绘制。

(4) 选择左后侧的桩基，单击"修改"面板—"复制"命令 ，向右移动鼠标，键盘输入7900mm，复制生成右侧桩基，效果如图1-2-20所示。

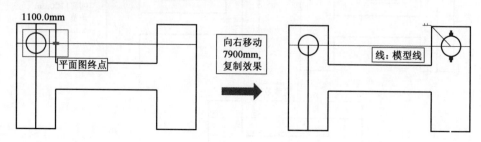

图1-2-20 桩基复制结果

 知识点：复制命令。

复制命令是Revit绘图中的常用命令，主要用于绘制两个或者两个以上的重复性图元，且各重复图元的相对位置不存在一定的规律性。复制命令可以省去重复绘制相同图元的步骤，大大提高绘图效率。

复制操作如图1-2-21所示，单击需要复制的图元，单击"修改"面板—"复制"命令 ，在平面视图中单击捕捉一点作为参考点，并移动光标至目标点，或者输入指定的距离参数，即可完成该图元的复制操作。

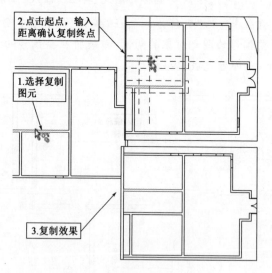

图1-2-21 复制操作

使用复制命令的过程中，在功能区选项卡下方的选项栏中，如果启用"约束"复选框，则只能在水平或者垂直方向上移动。如果启用"多个"复选框，则可以连续复制多个副本。

在定位桥梁的桥墩操作过程中,用复制命令、偏移命令完成多个桥墩位置的定位操作比较方便。

(5)选择后排的两个桩基,单击"修改"面板—"阵列"命令,在选项栏中确认项目数为2,确认"移动到"复选框为"第二个"模式,向下移动鼠标,键盘输入 3750mm,阵列生成前排的两个桩基。阵列效果如图1-2-22 所示。

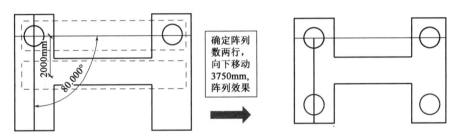

图 1-2-22　桩基的阵列效果

知识点:阵列、对齐、旋转命令。

1. 阵列命令

利用该命令可以按照线性或径向方式,以定义的距离或者角度复制源对象的多个对象副本。在 Revit 中,利用该工具可以大量减少重复性图元的绘制步骤,提高绘图效率和准确性。

创建桥梁桩基础的过程中,运用阵列命令能快速完成桩基的绘制。

选择要阵列的图元,单击"修改"面板—"阵列"命令,在阵列选项栏中确认阵列方式以及相关参数进行相应的阵列操作,如图1-2-23 所示。

图 1-2-23　阵列选项栏

(1)线性阵列

线性阵列是以控制项目数,以及项目图元之间的距离或者倾斜角度的方式,使所选的阵列对象呈线性的方式进行阵列复制,从而创建出源对象的多个副本对象。

在"阵列"选项栏中,单击"线性"按钮,并启用"成组并关联"和"约束"复选框。设置项目数,并在"移动到"选项组中选择"第二个"单选按钮,此时,在平面视图中依次单击鼠标左键确认阵列的起点和终点,即可完成线性阵列操作。

其中,启用"成组并关联"复选框,即在完成线性阵列操作后,选择任一阵列图元,系统将在图元外围显示相应的虚线框和项目参数,用户可以实时更新阵列数量。如果禁用"成组并关联"复选框,即选择阵列图元后,系统不显示项目参数。

此外,在"移动到"选项组中选择"第二个"单选按钮,则指定的阵列距离是指源图元到第二个图元之间的距离;选择"最后一个"单选按钮,则指定的阵列距离是指源图元到最后一个图元之间的距离。线性阵列操作如图1-2-24 所示。

(2)径向阵列

径向阵列能够以任一点为阵列中心点,将阵列源对象按照圆周或者一定角度的方向,以指定的项目填充角度,以项目数量或者项目之间的夹角为阵列值,进行源图形的阵列复制,该阵列方式主要用于绘制具有圆周均布特征的图元,比如桥墩以圆周形式分布的桩基础。

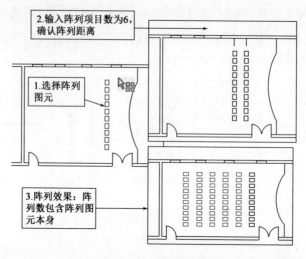

图1-2-24 线性阵列操作

在"阵列"选项栏中,单击"径向"按钮,启用"成组并关联"复选框,在平面视图中拖动旋转中心符号到指定位置以确定阵列中心,设置阵列项目数,在"移动到"选项组中选择"最后一个"单选按钮,并设置阵列角度,回车,即可完成阵列图元的径向阵列操作。

2. 对齐命令

单击选择要对齐的图元后,单击"修改"面板—"对齐"按钮,激活"对齐"命令,在视图中选择相应的目标位置,并选择要对齐的图元,可将该图元移动到指定的位置,如图1-2-25所示。

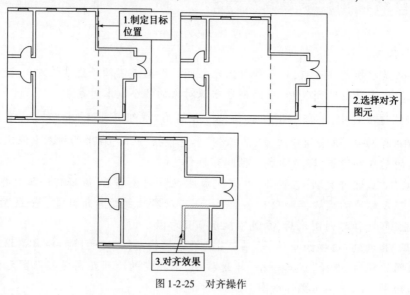

图1-2-25 对齐操作

3. 旋转命令

旋转也是重要的定位操作,是对图元对象的方向进行调整,而位置和大小不变。该操作可以将对象绕指定点旋转任意角度。

在视图中,选择要旋转的图元,单击"修改"面板—"旋转"按钮,激活"旋转"命令,此时在所选图元外围将出现一个虚线矩形框,且中心位置显示一个旋转中心符号,用户可以通过移动光标依次指定旋转的起始位置和终止位置来旋转该图元,如图 1-2-26 所示。

旋转角度也可以在选项栏中设置角度参考值,输入的角度参考值为正时,图元逆时针旋转;为负时,图元顺时针旋转。

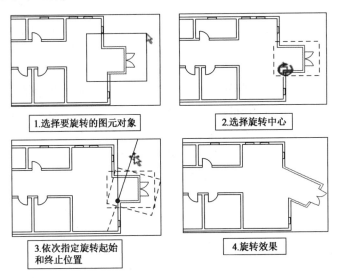

图 1-2-26　旋转操作

项目三　视图控制工具

学习要点

1. 了解项目浏览器的作用以及组成;
2. 了解 Revit 2018 中视图导航的使用;
3. 了解 Revit 2018 中 View Cube 的使用;
4. 了解 Revit 2018 中视图控制栏的使用。

在 Revit 中,视图不同于传统意义上的 CAD 图纸,它是所建项目中的 BIM 模型根据不同的规则显示的模型投影,视图控制是 Revit 中最重要的基础操作之一。

学习任务一　使用项目浏览器

Revit 2018 将所有可访问的视图和图纸等放置在项目浏览器中进行管理,使用项目浏览器可以方便地在各视图间进行切换。

项目浏览器用于组织和管理当前项目中包含的所有信息,包括项目中所有视图、明细表、图纸、族、组、链接的 Revit 模型等项目资源。Revit 按逻辑层次关系组织这些项目资源,展开和折叠各分支时,将显示下一层集的内容,项目浏览器中所包含的内容,如图 1-3-1 所示。

在 Revit 2018 中进行建模时,最常用的操作就是利用项目浏览器在各视图间进行切换,用户可以通过双击项目浏览器中相应的视图名称来实现该操作,如图 1-3-2 所示,就是双击指定的楼层平面视图名称,切换至该视图的效果。

此外,在利用项目浏览器切换视图的过程中,Revit 都将在新视图窗口中打开相应的视图,如果切换视图的次数过多,系统会因视图窗口过多而消耗较多的计算机内存资源。此时,可以根据实际情况及时关闭不需要的视图,以节约计算机内存资源。

Revit 提供了一个快速关闭隐藏窗口的工具,可以关闭除当前窗口外的其他不活动视图窗口。如图 1-3-3 所示,切换至"视图"选项卡,单击"视图"选项卡—"窗口"面板—"关闭隐藏对象"命令按钮工具,可关闭除当前视图窗口之外的所有视图窗口。该工具仅在当前视图窗口最大化显示时有效。

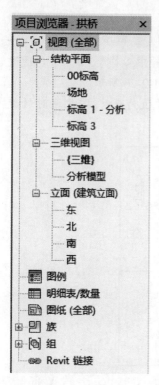

图 1-3-1　项目浏览器

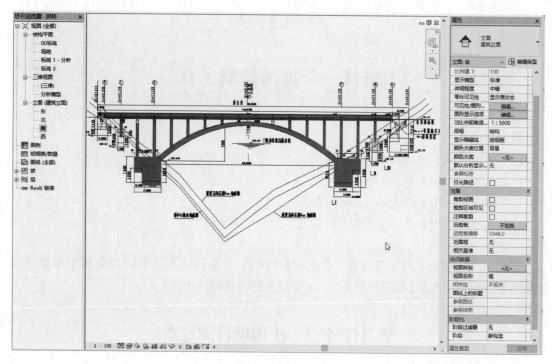

图 1-3-2　切换视图

单击项目浏览器右上角的"关闭"按钮✖,可以关闭项目浏览器面板,以获得更多的屏幕操作空间。要重新显示项目浏览器,可以切换至"视图"选项卡,单击"窗口"工具面板上的"用户界面"按钮,在弹出的用户界面下拉菜单中勾选"项目浏览器"复选框,即可重新显示项目浏览器。默认情况下,项目浏览器显示在 Revit 界面的左侧

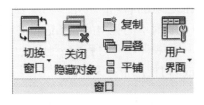

图 1-3-3 关闭多余的视图窗口

且位于属性面板下方。在"项目浏览器"面板的标题栏上按住鼠标左键不放,移动鼠标指针至屏幕适当位置并松开鼠标,可拖动该面板至新的位置。当"项目浏览器"面板靠近屏幕边界时,会自动吸附于边界位置。用户可以根据自己的操作习惯定义适合自己的项目浏览器位置。

提示:在"用户界面"下拉菜单中,还可以控制属性面板、状态栏、工作集状态栏等的显示与隐藏。

双击项目浏览器对应的视图名称,可以方便地在项目的各视图中进行切换。

下面通过实战操作,学习如何利用项目浏览器在项目不同类型视图间切换。

(1)启动 Revit,打开"常用的盖板涵洞工程图"项目文件,在项目浏览器中,单击"视图"类别中"楼层平面"前的 ⊞ ,展开楼层平面类别,该楼层平面视图类别中包括三个视图,如图 1-3-2 所示。双击"楼层平面"类别中的"标高 1"视图,Revit 将打开标高 1 视图。注意项目浏览器中该视图名称将高亮显示。

(2)在项目浏览器中展开"视图"中的"立面"类别,双击"南"视图,Revit 将打开南立面视图。

(3)展开"三维视图"类别,Revit Architecture 在"三维视图"类别中存储默认的三维视图和所有用户自定义的相机位置视图。双击"三维",Revit Architecture 将打开默认三维视图。

提示:Revit 2018 中所有的项目都包含一个默认名称为"三维"的由 Revit 2018 自动生成的默认三维视图。除使用项目浏览器外,还可以单击快速访问工具栏中的"默认三维视图"按钮 ⌂,快速切换至默认三维视图。

(4)单击项目浏览器"视图"类别前的 ⊟ ,收拢"视图"类别。

提示:在 Revit 中,一张图纸视图中可以包含多个不同的视图。

(5)单击视图右上角的视图窗口控制栏中的关闭按钮,关闭当前打开的视图窗口。Revit 将显示上次打开的视图。连续单击视图窗口控制栏中的"关闭"按钮,直到最后一个视图窗口关闭时,Revit 将关闭项目。

在"窗口"面板中,使用"切换窗口"工具,可以在已打开的视图间快速切换。使用"窗口"面板中的"层叠""平铺"等工具对已打开的视图窗口进行排列和组织。

学习任务二 视 图 导 航

【实训】 熟悉视图导航操作,利用鼠标配合键盘功能键或使用 Revit 提供的用于视图控制的导航栏,分别对不同类型的视图进行多种控制操作。

Revit 提供了多种视图导航工具,可以对视图进行诸如缩放、平移等操作控制。一般位于

绘图区域的右侧。利用鼠标配合键盘功能键或使用 Revit 提供的用于视图控制的导航栏，可以分别对不同类型的视图进行多种控制操作。

在视图操作过程中，利用鼠标滚轮将大大提高 Revit 视图的操作效率，强烈建议在操作 Revit 时使用带有滚轮的三键鼠标。

一、利用鼠标控制视图的缩放与平移等操作

1. 放大与缩小视图的操作方法

打开"某个项目"文件，滚动鼠标中键，即可缩放视图，移动鼠标指针至视图中的合适位置，向上滚动鼠标滚轮，Revit 将以鼠标指针所在位置为中心放大显示视图。向下滚动鼠标滚轮，Revit 将以鼠标指针所在位置为中心，缩小显示视图。

2. 平移视图操作

在任何视图中，按住鼠标中键，移动鼠标即可平移视图，移动鼠标指针至视图中心位置，按住鼠标中键不放，此时鼠标指针变为 ✥，上下左右移动鼠标，Revit 将沿鼠标移动的方向平移视图。移动至所需位置后，松开鼠标中键，退出视图平移模式。

3. 三维视图操作（缩放、平移、旋转）

单击快速访问栏中的"默认三维视图"工具 ⌂，切换至默认三维视图。按上述相同的方式可以在默认三维视图中进行视图缩放和平移。

移动鼠标指针至默认三维视图中心位置，按住鼠标滚轮不放，同时按住键盘上的 Shift 键不放，鼠标指针将变为 ⌖，左右移动鼠标，将旋转视图中的模型。

提示：旋转视图时，仅旋转了三维视图中默认相机的位置，并未改变模型的实际朝向。Revit 仅在三维视图中提供视图旋转查看功能。

4. 快捷键的视图操作

在视图空白区域内单击鼠标右键，将弹出与导航栏视图缩放控制选项相同的菜单，选择菜单中的相关选项，也可以实现对视图的缩放操作。还可以通过键盘直接输入快捷键的方式直接访问区域缩放、缩放匹配等视图控制功能。在 Revit 2018 中，在视图任意位置双击鼠标中键，将自动执行"缩放全部以匹配"视图操作，在视图中显示全部图元。

二、视图导航栏的有关操作

在楼层平面视图中，除使用鼠标中键放大、平移、旋转视图外，还可以使用 Revit 提供的视图控制工具对视图进行操作。

1. 二维视图中二维控制盘操作

视图导航栏包括"控制盘"和"缩放控制"两大工具，如图 1-3-4 所示。控制盘，是一组跟随光标的功能按钮，它将多个常用的导航工具结合到同一界面中，便于快速导航视图。

控制盘有二维状态与三维状态控制盘，二维控制盘适用于平、立、剖面视图，且只有缩放、平移和回放导航功能。

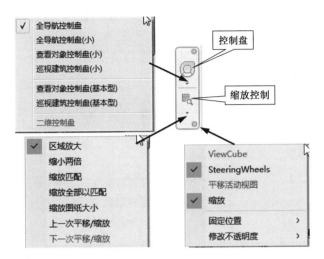

图 1-3-4 视图导航栏

在项目浏览器中切换至某楼层平面视图。单击视图导航栏中的"控制盘"工具。打开二维控制盘,如图 1-3-5 所示,二维控制盘将跟随鼠标位置移动。

提示:如果视图中未显示导航栏,单击"视图"选项卡—"窗口"面板—"用户界面"按钮,从弹出的"用户界面"下拉列表中勾选"导航栏"复选框即可。在楼层平面视图等非三维视图中,将打开二维控制盘。

下面通过具体实例介绍在 Revit 中操作视图的方法。

(1)平移操作。鼠标指针移至控制盘中的不同选项

图 1-3-5 二维控制盘外观属性

时,该选项将高亮显示。移动鼠标指针至"平移"选项,按住鼠标左键不放,鼠标指针将变为视图平移状态 ✥,沿左右或上下方向移动鼠标,Revit 将按鼠标移动方向平移视图。当视图平移至视图中心位置后,松开鼠标左键,重新显示二维控制盘。

(2)缩放操作。单击导航栏的"缩放"按钮并按住鼠标左键不放,系统将在光标位置放置一个绿色的球体,把当前光标位置作为缩放中心,此时,拖动鼠标即可缩放视图,且轴心随着光标位置变化。按住鼠标左键不放,鼠标指针将变为视图缩放状态 🔍,向上或向右移动鼠标,Revit 将以控制盘所在位置为中心,放大视图。向下或向左移动鼠标,Revit 将以控制盘所在位置为中心,缩小视图。

单击快速访问工具栏中的"默认三维视图"工具 🏠,切换至默认三维视图。按上述相同的方式可以在默认三维视图中进行视图缩放和平移。

(3)旋转操作。移动鼠标指针至默认三维视图中心位置,按住鼠标滚轮不放,同时按住键盘上的 Shift 键不放,鼠标指针将变为 🔄。左右移动鼠标,将旋转视图中的模型。

提示:旋转视图时,仅旋转了三维视图中默认相机的位置,并未改变模型的实际朝向。Revit 仅在三维视图中提供视图旋转查看功能。

(4)回放操作。将鼠标指针移至二维控制盘的"回放"选项,按住鼠标左键不放,Revit 将以缩略图的形式显示对当前视图进行操作的历史记录,在缩略图列表中左右滑动鼠标,当鼠标指针经过缩略图时,Revit 将重新按缩略图显示状态缩放视图。

2. 三维视图中全导航控制盘操作

单击快速访问工具栏中的"三维视图"按钮 ,切换至默认三维视图。单击右侧导航栏中航盘工具下的黑色三角,弹出导航盘样式选择列表,如图1-3-6所示,在列表中选择"全导航控制盘"命令,启用全导航控制盘,如图1-3-7所示。

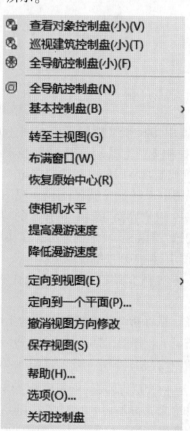

图1-3-6 三维控制盘

图1-3-7 全导航控制盘

提示:按键盘快捷键 Shift + W 可以直接开启或关闭视图控制盘。

(1)"动态观察选项"操作。将鼠标指针移至全导航控制盘"动态观察"选项,按住鼠标左键不放,鼠标指针变为动态观察状态 ,左右移动鼠标,Revit 将按鼠标移动方向旋转三维视图中的模型。视图中绿色球体 表示动态观察时视图旋转的中心位置。松开鼠标左键,退出动态观察模式,返回控制盘。

(2)"中心"选项操作:将鼠标指针移动至控制盘"中心"选项,按住鼠标左键不放,拖动绿色球体 ● 至模型上任意位置,松开鼠标左键,重新设置中心位置。再使用控制盘"动态观察"选项放置视图时,Revit 将以该指定位置为中心旋转查看视图。

(3)"漫游"选项操作,在默认三维视图中不可使用"漫游"工具。可以在相机视图中尝试使用该工具。在本例中,可以通过项目浏览器切换至"视图"—"三维视图"—"三维视图 1"中尝试使用该工具。

其他选项的操作方式与动态观察非常相似,请读者自行尝试使用其他几组查看工具。完成查看后,单击控制盘上的关闭按钮,或按键盘 Esc 键,退出控制盘。

3. 缩放控制

位于导航栏下方的缩放控制工具集包含了多种缩放视图方式,用户可以单击缩放工具下的下拉三角箭头,在展开的菜单中选择相应的工具缩放视图,如图 1-3-8 所示。

(1)区域放大

选择该工具,即可用光标单击捕捉要放大区域的两个对角点,放大显示该区域。

(2)缩小一半

选择该工具,即可以当前视图窗口的中心点为中心,自动将图形缩小一半以显示更多区域。

(3)缩放匹配

选择该工具,将可在当前视图窗口中自动缩放以充满显示所有图形。

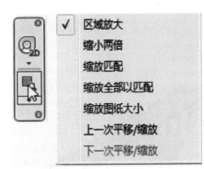

图 1-3-8 缩放控制

(4)缩放全部以匹配

当同时打开几个视图窗口时,选择该工具,将可在所有打开的窗口中自动缩放以充满显示所有图形。

(5)缩放图纸大小

选择该工具,将可将前视图自动缩放为实际打印大小。

在 Revit 2018 中,在视图任意位置双击鼠标中键,将自动执行"缩放全部以匹配"视图操作,在视图中显示全部图元。

学习任务三 使用 View Cube

在三维视图中,除可以使用"动态观察"等工具查看模型三维视图外,Revit 还提供了 View Cube 工具,方便将视图定位至东南轴测、顶部视图等常用三维视点,浏览指定的三维视图的方向。默认情况下,该工具位于三维视图窗口的右上角,如图 1-3-9 所示。

View Cube 立方体的各顶点、边、面和指南针的指示方向,代表三维视图中不同的视点方向,单击立方体或指南针的各位部位,可以在各方向视图中切换显示,按住 View Cube 或指南针上任意位置并拖动鼠标,可以旋转视图。

View Cube 导航工具的主要使用方法如下所述:

(1)立方体顶点。单击 View Cube 立方体上的某顶点,可以将视图切换到模型的等轴测方向,通过单击不同顶点方式,切换到不同方向等轴测方向的视图,如图1-3-10a)所示。

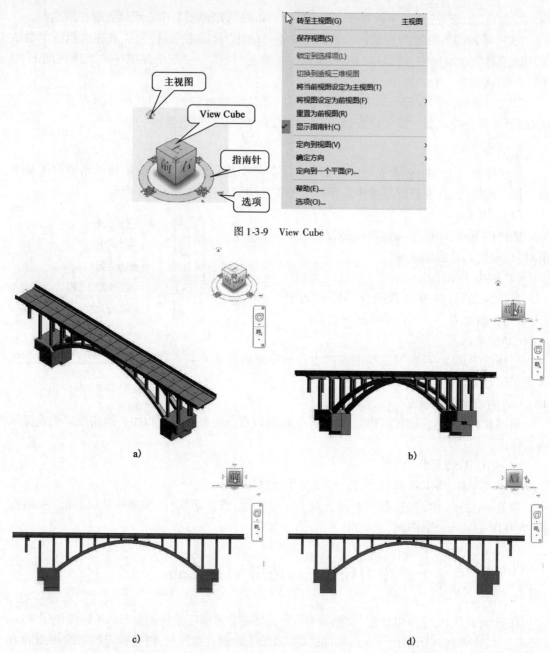

图1-3-9 View Cube

图1-3-10 View Cube 导航工具的使用

(2)立方体棱边。单击 View Cube 立方体上的某棱边点,可以将视图切换到模型的45°侧立面方向,如图1-3-10b)所示。

(3)立方体表面。单击 View Cube 立方体上的某面,可以将视图切换到模型的正立面方向,如图1-3-10c)所示。

例如,单击"上",可以切换到顶视图,如果切换到顶视图等正视图中,又可以单击右上方的"旋转",将视图作 90°的旋转。同理,单击"前",可以切换到前立面视图当中。

单击正方形外面的 4 个小箭头,即可快速切换到其他立面视图,如图 1-3-10d)所示。

(4)主视图,View Cube 还提供了一个"主视图",单击"主视图"命令,即单击 View Cube 左上角的"主视图"(小房子)按钮,可以将视图切换到主视图方向,如图 1-3-11 所示。

在 Revit 中可以把任意角度的视图定义成当前视图的主视图。在"主视图"按钮上击右键,在弹出的光标菜单中,有一个选项为"将当前视图设定为主视图",单击这个选项,即可将当前视图定义为主视图,这样即使旋转到其他视图后,依然可以通过单击"主视图"按钮,将它快速切换到定义的主视图上。另外还可以在主视图按钮上单击鼠标右键找到"选项",打开 View Cube 进行设置。这里,我们不作任何设置。

单击 View Cube 右下角的"关联菜单"按钮,系统将打开相关的菜单选项,如图 1-3-12 所示。在 View Cube 选项菜单中,也可以访问"定向到一个平面"工具。

图 1-3-11　View Cube 主视图操作　　　　　图 1-3-12　视图的定向操作

学习任务四　使用视图控制栏

在视图窗口中,位于绘图区域左下角的视图控制栏用于控制视图的显示状态,如图 1-3-13 所示。在视图控制栏中,分别包含有视图比例、视图详细程度、视图所采取的视觉样式、日光路径、阴影控制、显示渲染对话框、裁剪视图、显示/关闭裁剪区域、锁定三维视图、临时隐

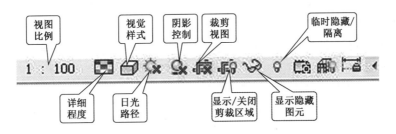

图 1-3-13　视图控制栏主要功能

藏/隔离、显示隐藏图元这几个工具。在三维视图当中,有显示渲染对话框这个工具,在二维视图中,是没有这个工具的。其中的视觉样式、临时隐藏/隔离是最常用的视图显示工具。

一、视觉样式

视图控制栏最常用的几个控制视图显示方式的命令之一,通过不同的视觉样式,来控制视图是如何显示的。单击"视觉样式"这个按钮,可以弹出视觉样式列表,在视觉样式列表中,分别有"线框"、"隐藏线"、"着色"、"一致的颜色"、"真实"和"光影追踪"等选项。

单击"线框",将当前视图显示成线框模式,这种显示模式效果很差,但显示速度快;切换到"隐藏线",可以对视图进行消影计算;再切换成"真实",可以看到这种模式速度比较慢,同时可以看到,在真实模式下,Revit 显示了各个构件的真实材质,效果非常逼真;将视觉样式切换到"着色"模式,可以加快显示速度。

二、临时隐藏/隔离

当创建的建筑模型比较复杂时,为了简化建模过程,可以利用 Revit 提供的"临时隐藏/隔离"按钮进行图元的显示控制。

在模型中选择某一构件,单击视图控制栏中"临时隐藏/隔离"按钮,系统将展开相应的关联菜单。如图 1-3-14 所示选择八字翼,单击视图控制栏中的"临时隐藏/隔离"按钮,可以弹出"隔离/隐藏"选项列表,在这个列表当中,选择"隔离图元",可以看到,在当前视图中其他的图元全部隐藏,只显示八字翼墙;选择"隐藏图元",可以看到,在当前视图中八字翼墙就被隐藏。利用"临时隐藏/隔离"这个工具,可以对我们想编辑的对象进行隔离和隐藏显示,注意到隔离和隐藏后,Revit 会在视图的周边加上一个蓝色的提示框,表示该视图中包含隐藏的图元,如图 1-3-14 所示。同时,"临时隐藏/隔离"工具的图标将改变样式,两次单击"临时隐藏/隔离"工具,在列表中选择"重设临时隐藏/隔离",可以看到,恢复正常的图元显示。

再如,在图 1-3-15 中选择"窗户"图元,单击"临时隐藏/隔离",在弹出的列表中,选择"隐藏图元",可以看到,所选择的窗户被隐藏起来,其他图元仍然在视图当中显示。选择"隐藏类别",可以看到,与所选择的窗户同类别的窗户都被隐藏起来。

继续单击"临时隐藏/隔离"按钮,在弹出的列表中选择"将隐藏/隔离应用到视图",我们可以看到,选择该选项之后,该视图的蓝色提示框消失,同时,"临时隐藏/隔离"工具菜单中的所有选项全部变得不可用,因为,我们已经将该图元隐藏的视图应用到视图,变成一个永久性的隐藏了。单击"显示隐藏图元"这个按钮,将一个红色的边框显示在视图当中,提示用户在当前正在显示的隐藏图元,我们可以看到,被隐藏的图元以红色的方式显示在视图当中,如图 1-3-16 所示。

选择这个图元,单击鼠标右键,在弹出的光标菜单中选择"取消在视图中隐藏图元",这个时候,就取消了图元的隐藏,继续单击关闭"显示隐藏图元"按钮,可以看到,被隐藏的窗户又显示到了当前视图当中。

"临时隐藏/隔离""显示隐藏图元"工具是非常常用的视图操作,希望读者灵活掌握。

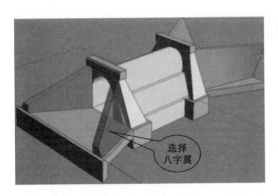
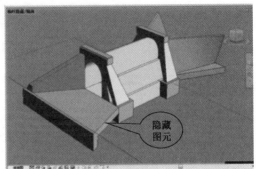

图 1-3-14 临时隐藏/隔离图元

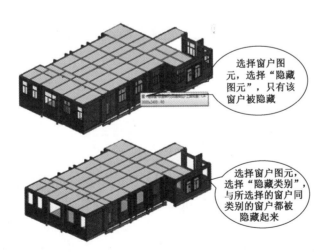

图 1-3-15 隐藏图元与隐藏类别

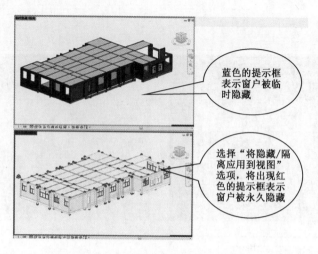

图 1-3-16 临时隐藏与永久隐藏

项目四　基本绘制与辅助操作

学习要点

1. 了解 Revit 2018 定位操作；
2. 了解 Revit 2018 基本绘制命令；
3. 了解 Revit 2018 的控制视图的图元显示。

学习任务一　定 位 操 作

在利用 Revit 软件进行建模设计时，经常用到参照平面辅助建模。在绘制相应的图元时，临时尺寸标注也起到重要的定位参考作用。

【实训】　完成板桥各结构物的定位操作，如图 1-4-1 所示，熟悉参照平面以及临时尺寸的定位参考作用。

操作提示(详见板桥建模)：

一、新建体量

单击"文件"菜单—"新建"—"概念体量"，打开"新概念体量-选择样板文件"对话框，单击"公制体量"族样板类型，单击"确定"按钮，进入体量建模界面。

二、八字翼墙的定位

双击项目浏览器"楼层平面：标高 1"，打开该视图。单击"创建"选项卡—"绘制"面板—"参照平面"命令，在中轴线上方绘制参照平面 A，A 参照平面距离中轴线为 3250mm，再绘制距离参照平面 A 4800mm 的参照平面 C。

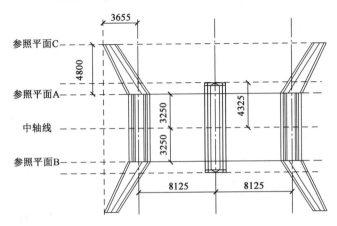

图 1-4-1　板桥各结构物的定位(尺寸单位:mm)

 知识点:参照平面。

参照平面是一个平面,在某些方向的视图中显示为线。在 Revit 建筑建模过程中,参照平面除了可以作为定位线外,还可以作为工作平面,用户可在其上绘制模型线等图元。

1. 创建参照平面

在新建项目体系模式下,单击"建筑"选项卡—"工作平面"面板—"参照平面"命令 ,在体量建模体系模式下,单击"创建"选项卡—"绘制"面板—"参照平面"命令 ,Revit 自动切换到"修改|放置参照平面"上下文关联选项卡,用户可以通过两种方式创建相应的参照平面。

创建参照平面的方式有两种:绘制线和拾取线。

(1) 绘制线。

单击"绘制"面板—"直线"命令 ,在平面视图中相应位置依次单击捕捉两点,即可完成参照平面的创建。

(2) 拾取线。

单击"绘制"面板—"拾取线"命令 ,在平面视图中单击选择已有的线或者模型图元的边缘,即可完成参照平面的创建。

注意:在选项栏中"偏移量"文本框中输入一定距离,在采用"绘制线"或"拾取线"方式绘制参照平面时,最终确定的参照平面会偏移文本框中输入的距离。

2. 命名参照平面

在建模过程中,如果参照平面较多,对于一些重要的参照平面,用户可以进行相应的命名,以便通过名称来方便地选择该平面作为设计的工作平面。

在平面视图中单击选择创建的参照平面,在"属性"面板中,于"名称"文本框中输入参照平面名称即可,操作如图 1-4-2 所示。

三、设置八字翼墙的工作平面

单击项目浏览器"楼层平面:标高 1",单击"修改"选项卡—"工作平面"面板—"设置"命令，打开"工作平面"对话框，确定"指定新的工作平面"的方式为"拾取一个平面",拾取参照平面 C 为工作平面,打开"转到视图"对话框,选择"立面:南"选项,"打开视图"按钮,系统自动切换到"南立面视图",完成八字翼墙工作平面的设置,操作如图 1-4-3 所示。

四、绘制八字翼墙的前表面基础

在南立面视图中,单击"修改"选项卡—"绘制"面板—"矩形"命令，在南立面视图中单击捕捉矩形第一角点,拖动鼠标至相应位置再次单击捕捉矩形的第二角点,即可绘制矩形,按 Esc 键两次结束矩形命令绘制,利用 Tab 键依次选择矩形的边,修改矩形尺寸,操作如图 1-4-4 所示。

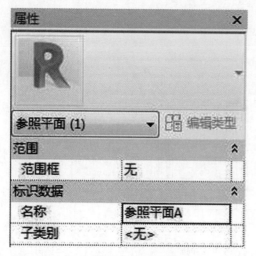

图 1-4-2 参照平面命名

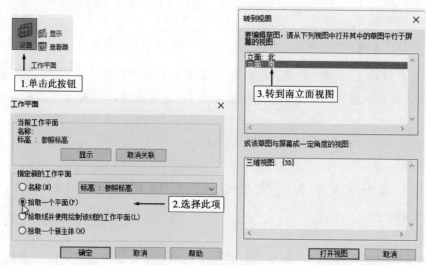

图 1-4-3 工作平面的设置

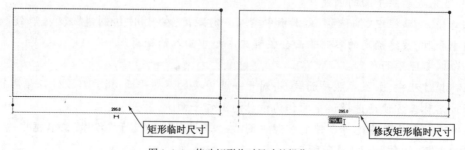

图 1-4-4 修改矩形临时尺寸的操作

知识点：工作平面、临时尺寸标注、项目设置单位。

一、工作平面

工作平面是一个虚拟的二维表面。每个视图都与工作平面相关联，平面视图与标高相关联，立面视图与垂直工作平面相关联。执行绘制操作时，必须先设定工作平面。

以下为绘制一根竖直放置的圆形柱子的实例。

圆形柱子采用拉伸方法创建，柱子拉伸截面是横向剖切的，工作平面必须是水平的。绘制前先确定柱子截面的工作平面。

单击"文件"菜单—"新建"—"族"，打开"新族-选择样板文件"对话框，单击"公制常规模型"族样板类型，单击"确定"按钮，"公制常规模型"族样板打开后，该族样板包含三个工作平面：参照标高平面、参照平面：中心（左/右）、参照平面：中心（前/后）。参照标高平面相当于水平面，其余两个平面为竖向两个面。立面：前视图默认的工作平面是参照平面：中心（前/后）。这三个参照平面用于确定原点，当前默认的视图是"参照标高视图"。

选择默认的参照标高平面作为创建该柱子的工作平面。单击"绘制"面板—"圆"命令，绘制柱子的截面，单击"创建"选项卡—"形状"面板—"拉伸"命令，单击"模式"面板中"完成编辑模式"按钮✓，完成柱子的拉伸。

柱子拉伸的截面确定从地面开始，还是从某个高度开始拉伸。如果决定从某个高度开始拉伸，先绘制一个参照平面作为基准工作面，改变工作平面的操作，操作如图1-4-5所示。

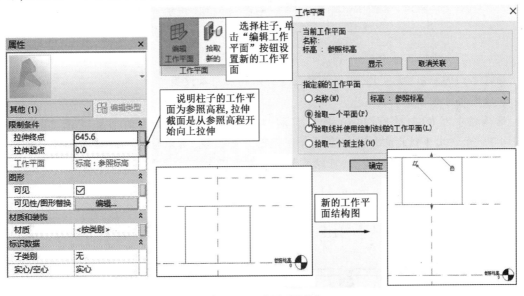

图1-4-5　工作平面的操作

工作平面一般是竖向与水平向，也可以是斜向的。斜工作平面上创建实体的过程如图1-4-6所示。

工作平面可以由参照平面设定，也可以由参照线设定。参照线设置工作平面，参照线有与这条线相垂直的两个平面，以及端点的工作平面，一个参照线可以设置四个工作平面，参照线设置角度。

二、临时尺寸标注

在 Revit 中,选择任何一个图元的时候,Revit 会自动捕捉该图元周围的参照图元,如参照平面、轴线、图元的轮廓等,出现蓝色的高亮显示的尺寸线,这个尺寸线为临时尺寸线,以指示所选图元与参照图元间的距离,称为临时尺寸,可以修改临时尺寸标注的默认捕捉位置,以更好地对图元进行定位。修改标注值就改变物体的位置。小点是控制标注位置的。

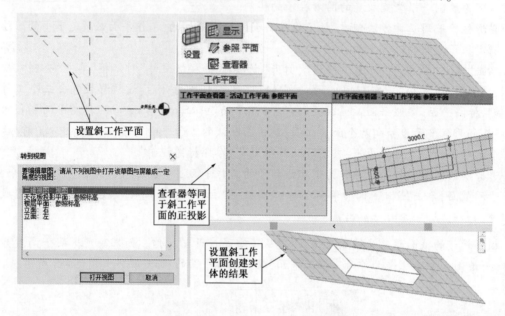

图 1-4-6 设置斜工作平面操作

通过下面的练习,学习 Revit 中临时尺寸标注的应用及设置。

1. 临时尺寸的认识

选择编号为 C2-1 的窗,Revit 将在窗洞口两侧与最近的墙表面间显示尺寸标注,如图 1-4-7 所示。由于该尺寸标注仅在选择图元时才会出现,所以称为临时尺寸标注。每个临时尺寸两侧都具有拖曳操作夹点,可以拖曳改变临时尺寸线的测量位置。

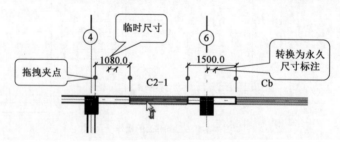

图 1-4-7 用临时尺寸标注窗户

2. 修改临时尺寸数值定位物体的位置操作

保持窗图元处于选择状态。单击窗左侧轴线的临时尺寸值 1200,Revit 进入临时尺寸值编辑状态,通过键盘输入900,如图1-4-8所示。按键盘回车键确认输入,Revit将向左移动窗图元,使窗与轴线间的距离为900。注意窗洞口右侧与6轴线墙间临时尺寸标注值也会修改为正确的新值。

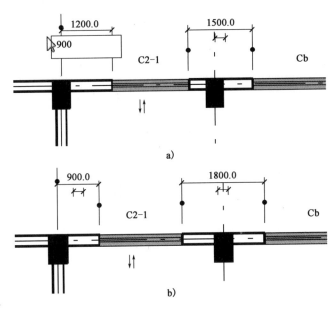

图1-4-8 通过修改临时尺寸改变窗位置

3. 公式计算修改临时尺寸改变物体的位置

提示:在修改临时尺寸标注时,除直接输入距离值之外,还可以通过输入"="号后再输入公式,由Revit自动计算结果。例如,输入"=300*2+400",Revit将自动计算出结果为"1000",如图1-4-9所示,并以该结果修改所选图元与参照图元间的距离。

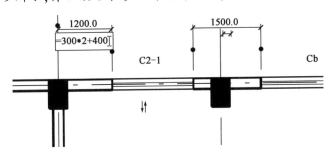

图1-4-9 公式计算修改临时尺寸改变参照平面的位置

4. 临时尺寸转换为永久尺寸

单击临时尺寸线下方的"转换为永久尺寸标注"符号,如图1-4-10所示,Revit将按临时尺寸标注显示的位置转换为永久尺寸标注,按Esc键取消选择集,尺寸标注将依然存在。

5. 等分约束

点击尺寸标注的"设置和解除受彼此约束等分限制条件约束的EQ标志",等分尺寸标注,在"属性"面板中选择"等分公式",单击"编辑类型"打开"类型属性"对话框,点击"总长度"按钮,进行添加参数以及编辑等分公式操作。等分标注显示结果如图 1-4-11 所示。

6. 其他操作

在视图空白处单击鼠标左键,取消选择集,临时尺寸标注将消失。再次选择该参照平面,参照平面的临时尺寸标注再次出现,按键盘 Esc 键,取消选择集,临时尺寸标注再次消失。

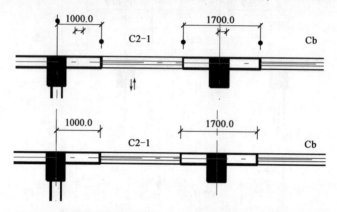

图 1-4-10 临时尺寸转换成永久尺寸

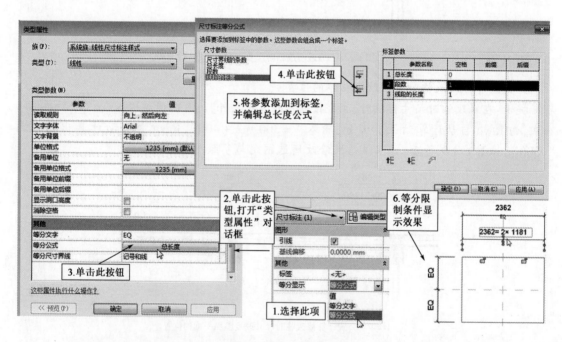

图 1-4-11 等分约束操作

Revit 的临时尺寸标注在设计时对于快速定位、修改构件图元的位置非常有用。在 Revit 中进行设计时,绝大多数情况下,都将使用修改临时尺寸标注值的方式精确定位图元,所以掌握临时尺寸标注的应用及设置至关重要。

使用高分辨率显示器时,如果感觉 Revit 显示的临时尺寸标注文字显示较小,可以设置临时尺寸文字字体的大小,以方便阅读。打开"选项"对话框,切换至"图形"选项卡,在"临时尺寸标注文字外观"栏中,可以设置临时尺寸的字体尺寸及文字背景是否透明,如图1-4-12所示。

图1-4-12 改变临时尺寸标注外观

三、项目设置单位

单击Revit"文件"菜单—"新建"—"项目",单击"管理"选项卡—"设置"面板—"项目单位"命令,打开项目单位设置对话框,进行项目单位设置,道路工程规范规定,除标高外,一般情况下以cm为单位,如图1-4-13所示。

单击各单位参数右侧的"格式"按钮,即可打开"格式"对话框进行相应的单位设置,如图1-4-14所示。

四、捕捉设置

为便于精确捕捉定位,用户可以在项目开始前或者根据个人的操作习惯设置对象的捕捉功能。

单击"管理"选项卡—"设置"面板—"捕捉"命令,系统将打开"捕捉"对话框,如图1-4-15所示。用户可以设置长度和角度的捕捉增量以及启用相应的对象捕捉类型等。

在绘制某一对象时,单击鼠标右键,在弹出的快捷菜单中选择"捕捉替换"选项,打开快捷菜单进行设置,如图1-4-15所示。

图1-4-13 项目单位对话框

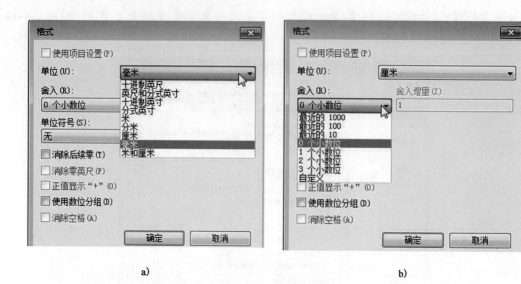

a) b)

图 1-4-14 单位的设置

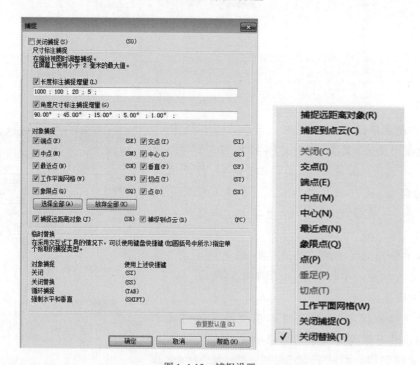

图 1-4-15 捕捉设置

学习任务二 基 本 绘 制

在 Revit 中需要绘制图元的轮廓草图来创建内建模型、进行体量建模、创建族文件或者绘制模型线和详图线时,都会用到基本的绘制工具来完成相应的操作。Revit 绘制工具的使用方法和 AutoCAD 软件中的操作方法大致相同。

【实训】 完成板桥的桥台处的八字翼墙的绘制,熟悉平面以及模型线等的基本绘制。

操作提示(详见板桥建模):

(1)单击 Revit"文件"菜单—"新建"—"概念体量",打开"新概念体量-选择样板文件"对话框,单击"公制体量"族样板类型,单击"确定"按钮,进入体量建模界面。

(2)绘制板桥后侧的八字翼墙的后表面。

单击"创建"选项卡—"绘制"面板—"平面"命令,绘制一个距离中间轴心距离为 8050mm 的参照平面,并设置为当前工作平面,转换到南立面视图。

知识点:绘制平面。

在 Revit 中绘制图元的轮廓草图来进行体量建模或者创建族文件时,或者绘制模型线和详图线时,首先需要指定相应的工作平面作为绘制平面。一般情况下,系统默认的工作平面是楼层平面。在实际建模过程中用户如果需要在三维视图或者立面视图中绘制模型线,则需要在绘制开始时进行设置。

在新建项目中,打开一个平面视图,单击"建筑"选项卡—"模型"面板—"模型线"命令,或者在体量建模中,单击"创建"选项卡—"绘制"面板—"模型线"命令,系统自动切换到"修改|放置线"上下文关联选项卡,进入绘制模式,单击选项栏"放置平面"列表框中选取"拾取"选项,系统打开"工作平面"对话框,操作如图 1-4-16 所示。

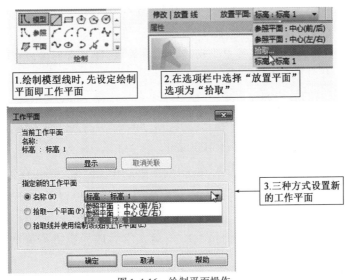

图 1-4-16 绘制平面操作

在"工作平面"对话框中,用户可以通过三种方式设置新的工作平面。

1. 名称

选择"名称"单选按钮,可以在右侧的文本框中选择可用的工作平面,其中包含标高名称、轴网和已命名的参照平面,选择相应的工作平面后,单击"确定"按钮,即可切换到该标高、轴网、参照平面所在的楼层平面、立面视图、三维视图中绘制。

2.拾取一个平面

选择"拾取一个平面"单选按钮后,回到视图平面中选取各种模型构件表面、标高、轴网或者参照平面作为工作平面。同时系统将打开"转到视图"对话框,此时指定相应的视图作为工作平面即可。如图1-4-17所示的板桥建模中,绘制桥台位置的八字翼墙时,拾取参照平面的方式作为工作平面,在打开的"转到视图"对话框中选择"立面:南",在南立面视图中绘制八字翼墙的前表面轮廓。

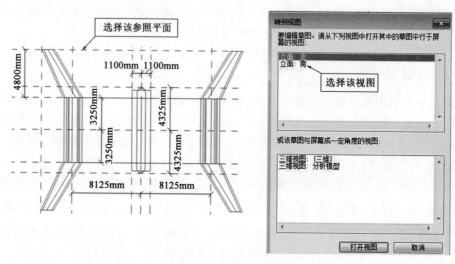

图1-4-17 工作平面创建操作

3.拾取线并使用绘制该线的工作平面

选择该单选按钮后,在平面视图中手动选择已有的线,即可将创建该线的工作平面作为新的工作平面。

(3)绘制八字翼墙的后表面轮廓。

在南立面视图中,单击"修改"选项卡—"绘制"面板—"矩形"命令 ▭,绘制八字翼墙的矩形基础,并修改矩形尺寸为1470mm×1000mm。

单击"绘制"面板—"直线"命令 ╱,在选项栏中禁用"链"复选框,在选项栏的"偏移量"文本框中设置220mm,绘制右侧直线,再次绘制左侧的参照线,设置偏移量为0,启用"链"复选框,绘制其他两条直线。

(4)用"拆分"以及"修剪|延伸为角"命令,对八字翼墙轮廓进行修剪,结果如图1-4-18所示。

📚 知识点:绘制模型线。

在Revit中,线分为模型线和详图线两种,其中,模型线是基于工作平面的图元,存在于三维空间中且在所有视图中都可见,详图线是专用于绘制二维详图的,只能在绘制当前视图中显示。这两种线的绘制和编辑方法完全一样的。

在新建项目体系中,打开一个平面视图,单击"建筑"选项卡—"模型"面板—"模型线"命令[图], 或者在体量建模体系中, 单击 "创建" 选项卡—"绘制" 面板—"模型线" 命令, 系统自动切换到 "修改│放置线" 上下文关联选项卡, 进入绘制模式, 如图 1-4-19 所示。

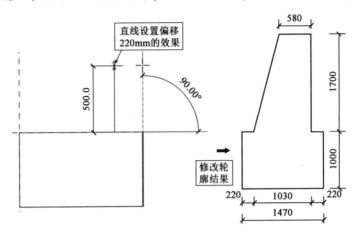

图 1-4-18 直线和矩形命令绘制八字翼轮廓(尺寸单位:mm)

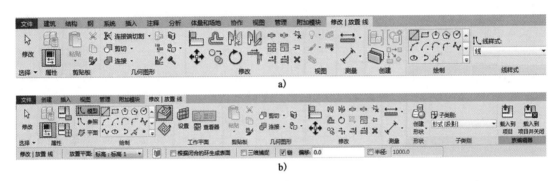

图 1-4-19 "放置│修改线" 选项卡

在 "线样式" 下拉列表框中选择所需要的线样式, 单击 "绘制" 面板选择相应的绘制工具, 即可在视图中绘制模型线, 完成图元的绘制后, 按 Esc 键两次即可退出绘制状态, 各绘制工具的使用简单得介绍如下:

1. 直线

"直线" 工具是系统默认的绘制工具。单击 "绘制" 面板—"直线" 命令[图], 系统自动切换到 "修改│放置线" 上下文关联选项卡, 并在功能区下方打开相应的选项栏, 体量建模体系下直线选项栏, 如图 1-4-20 所示。

图 1-4-20 直线选项栏

如果不勾选 "链" 复选框, 在平面视图中单击捕捉两点, 即可绘制一单段线; 若启用 "链" 复选框, 在平面视图中依次单击相应的点, 即可绘制一连续线。

此外, 在选项栏的 "偏移量" 文本框中设置相应的参数, 则实际绘制的直线将相对捕捉点的连线偏移指定的距离,该功能在绘制平行线时作用相当明显。若启用选项栏中"半径"复选框,并设置相应的参数,则在绘制连续直线时,系统将在转角处自动创建指定尺寸的圆角特征。

2. 矩形

单击"绘制"面板—"矩形"命令，系统自动切换到"修改|放置线"上下文关联选项卡,并在功能区下方打开相应的选项栏。

在平面视图中单击捕捉矩形的第一角点,拖动鼠标至相应位置再次单击捕捉矩形的第二角点,即可绘制矩形轮廓,用户可以通过键盘的 Tab 键切换到矩形的边,或者双击矩形框旁边显示的蓝色的临时尺寸框来修改矩形的尺寸。

此外,在选项栏的"偏移量"文本框中设置相应的参数,则可以绘制相应的同心矩形。若启用选项栏中"半径"复选框,并设置相应的参数,则可以绘制自动添加圆角特征的矩形。

3. 圆

单击"绘制"面板—"圆"命令，系统自动切换到"修改|放置线"上下文关联选项卡,并在功能区下方打开相应的选项栏。在平面视图中单击捕捉一点作为圆心,移动光标拉出一个半径值不断变化的圆,然后直接输入相应的半径参考值,即可完成圆轮廓的绘制。若启用选项栏中"半径"复选框,并设置相应的参数,则可以绘制固定半径的圆轮廓。在选项栏的"偏移量"文本框中设置相应的参数,还可以方便地绘制同心圆。

4. 圆弧

在 Revit 中绘制模型线时,用户可以通过多种方式绘制相应的圆弧。

(1) 圆心-端点弧

单击"绘制"面板—"圆心-端点弧"命令,通过指定弧的中心点、起点和端点,可以绘制一条曲线。此外,还可以通过拾取起点来定义半径,如果移动光标使弧超过180°,则弧会翻转到另一侧,操作如图1-4-21所示。

(2) 圆角弧:使两直相交直线形成圆角

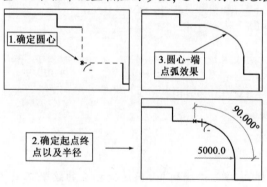

图1-4-21 圆心-端点弧操作

单击"绘制"面板—"圆角弧"命令,选择要形成圆弧的两直线,然后移动光标并单击以定义圆弧的半径,两直线将自动修剪为圆角,操作如图1-4-22所示。

图1-4-22 圆心-端点弧操作

模块一 Revit 简介

5.样条曲线:可以创建一条经过或靠近指定点的平滑曲线

单击"绘制"面板—"样条曲线"命令,在视图中依次单击捕捉相应的点作为样条曲线的控制点即可。

其他绘制模型线的命令见表1-4-1。

其他绘制模型线命令　　　　　　　　　　　　　　表1-4-1

命令	图标	说 明
内接多边形		可以绘制一个多边形,其顶点与中心之间相距指定的距离
外切多边形		可以绘制一个多边形,其各边与中心之间相距指定的距离
圆		可通过指定圆形的中心点和半径来创建圆形,可以为圆形指定偏移,如果在选项栏中指定半径,则可以通过一次单击来放置圆形
起点-终点-半径弧		通过指定起点、端点和弧半径创建一条曲线
圆心-端点弧		通过指定弧的中心点、起点和端点创建一条曲线,此外,还可以通过拾取起点来定义半径,如果移动光标使弧超过180°,则弧会翻转到另一边
相切-端点弧		可以创建连接至现有线一端的曲线,弧的起点捕捉到现有线的一端,单击以便在捕捉点开始绘制弧,再次单击指明其端点,弧的半径将自动调整
圆角弧		使由两条相交线形成的角成为圆角,选择要形成圆角的线,移动光标并单击,以便定义圆角弧,图元将自动修剪成圆角
样条曲线		可以创建一条经过或靠近指定点的平滑曲线
椭圆		通过在两个方向上指定中心点和半径,可以创建椭圆
拾取线		选择构件点击缩放,在选项栏中设置相应的比例或者点击图形方式拖动选择需要缩放的比例即可完成缩放命令

学习任务三　控制视图的图元显示

在 Revit 中视图是查看项目的窗口,在体量建模操作界面下,视图按显示类别可以分为平面视图、立面视图、剖面视图、三维视图共四大类。这些视图显示的图形内容均来自项目三维设计模型的实时剖切轮廓截面或投影,可以包含尺寸标注、文字等注释类信息。可以根据需要控制各视图的显示比例、显示范围,设置视图中对象类别和子类别的可见性。

打开圆管涵模型文件,双击项目浏览器"结构视图:标高 3",打开视图,视图中仅显示标高 3 之上的模型投影和截面,未显示标高 1 上的基础图元构件。

显示标高 1 上的基础图元构件操作如下:

打开视图"属性"对话框,单击实例参数范围参数分组中"视图范围"后的"编辑"按钮,打开"视图范围"对话框。

修改"视图深度"栏中"标高"为"标高 1",设置"偏移量"值为 0,其他参数不变,单击"确定"按钮,退出"视图范围"对话框,如图 1-4-23 所示。注意 Revit 标高 3 视图中投影圆管涵的洞口基础的模型投影,如图 1-4-24 所示。

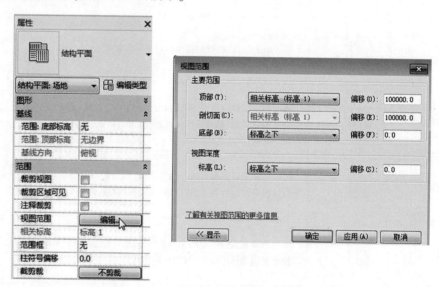

图 1-4-23　视图范围设置

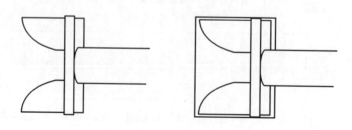

图 1-4-24　视图显示控制

主要范围中"顶部"为上边界的标高,高于上边界的图元构件将不显示;"剖切面"为图元的剖切高度,与剖切面相交的构件显示为截面,高于不显示,低于为投影;"底部"为下边界的标高,视图深度不高于底标高。

在 Revit 中,每个楼层平面视图和结构平面视图都具有"视图范围"视图属性,该属性也称为可见范围。

如图 1-4-25 所示,从立面视图角度显示平面视图的视图范围:顶部①、剖切面②、底部③、偏移量④、主要范围⑤和视图深度⑥。顶部①、底部③用于指定主要范围的最顶部和最底部的位置,剖切面是确定视图中某些图元可视剖切高度的平面,这 3 个平面用于定义视图范围的主要范围。

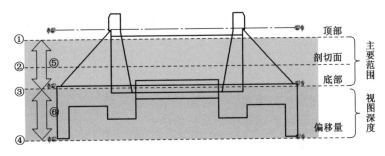

图 1-4-25 视图范围显示

"视图深度"是视图主要范围之外的附加平面,可以设置视图深度的标高,以显示位于底裁剪平面之下的图元,默认情况下该标高与底部重合。"主要范围"的"底部"不能超过"视图深度"设置的范围。主要范围和视图深度范围外的图元不会显示在平面视图中。

模块二　桥涵构件识图与建模——族与体量基础

项目一　族　基　础

学习要点
1. 掌握 Revit 2018 创建族几何体建模的基本命令；
2. 掌握 Revit 2018 族参数的使用以及族参数的驱动。

族是 Revit 中一个非常重要的构成要素，其开放性和灵活性在设计时能实现 Revit 软件参数化的建模设计。用户可以通过使用相关的族工具将一些标准图元和自定义图元添加到模型中，并且能对图元进行相应的控制，以便用户轻松地修改设计和更高效地管理项目。

族是一个包含通用属性(也称参数)集和相关图形表示的图元组。属于一个族的不同图元的部分或全部参数可能有不同的值，但是参数(名称与含义)的集合是相同的。创建桥墩族，桥台族，族中的每一个类型都具有相关的图形表示和一组相同的参数，称为族类型参数。比如定义桩柱式桥墩族，可以对桩的长度赋予一个长度参数，对于相同类型的桥墩，用户可以轻松地修改设计，更高效地管理项目。

一、族的概述

族分为系统族、可载入族和内建族。其中项目中创建的大多数图元都是系统族或可载入族，用户可以组合可载入族来创建嵌套和共享族。

1. 系统族

系统族可用于创建基本建筑图元，项目中的表示高度的标高和平面定位的轴网等都是系统族，是在 Revit 中预定义的，用户不能将其从外部文件中载入项目中，也不能将其保存到项目之外的位置。系统族只能在项目文件图元的"类型属性"对话框中复制新的族类型，并设置其各项参数后保存到项目文件中，然后在后续的设计中直接从类型选择器中选择使用。比如，空间方法定位的标高，就是系统族，只能复制新的标高类型。操作如图 2-1-1 所示。

2. 可载入族

可载入族具有高度可自定义的特征，因此它们是用户在 Revit 中经常创建和修改的族，不同于系统族，可载入族是在外部 .rft 文件中创建的，并可保存在本地或者载入项目中。

模块二　桥涵构件识图与建模——族与体量基础

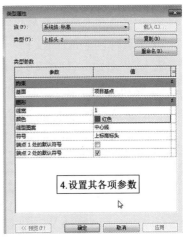

图 2-1-1　系统族复制新的族类型

3．内建族

内建族适用于创建当前项目专用的独特图元的构件。在创建内建族时，用户可以参照项目中其他已有的图形，且当所参照的图形发生变化时，内建族可以相应地自动调整更新。

二、族编辑器

无论是可载入族还是内建族，族的创建和编辑都是在族编辑器中创建几何图形，然后设置族参数和族类型。族编辑器是 Revit 中一种图形编辑模式，使用户能够创建并修改可引入到项目中的族。族编辑器与项目环境有相同的外观，但选项卡和面板因所要编辑的族类型而异。用户可以使用族编辑器来创建和编辑可载入的族以及内建图元，且用于打开族编辑器的方法取决于要执行的操作。

1．通过项目编辑族

打开一个项目文件，并在绘图区域中选择一个族实例，然后在激活打开的"修改"选项卡中单击"编辑族"按钮，即可进入编辑族的模式，操作如图 2-1-2 所示。

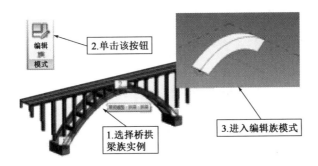

图 2-1-2　项目编辑族

提示：用户也可以通过双击相应的族图元来进入编辑族的模式。

2. 在项目外部编辑可载入族

单击软件左上角的"文件"菜单，在展开的下拉列表中选择"打开"—"族"选项，系统将打开"载入族"对话框，如图2-1-3所示。此时，浏览到包含所要编辑的可载入族文件，然后单击"打开"按钮，即可进入编辑族的模式。

图2-1-3　在项目外部编辑可载入族

3. 使用样板文件创建可载入族

单击软件左上角"文件"菜单，在展开的下拉列表中选择"新建"—"族"选项，系统将打开"新族-选择样板文件"对话框，如图2-1-4所示。此时，浏览到包含所要编辑的样板文件，然后单击"打开"按钮，即可进入编辑族的模式。

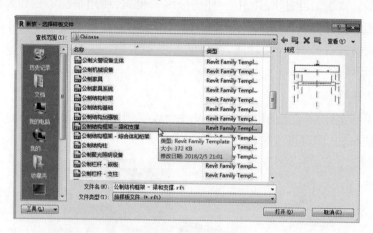

图2-1-4　使用样板文件创建可载入族

4. 内建族的创建

单击"建筑"选项卡—"构建"面板—"构件"的下拉菜单，选择"内建模型"命令，(此处的"内建模型"和"内建族"是同一个概念)。

系统将打开"族类别和族参数"对话框,在该对话框中选择合适的族类别,这里我们选择"常规模型",常规模型的约束条件最少,然后单击"确定"按钮。在名称对话框中输入内建图元的名称,单击确定按钮,即可进入创建内建图元的模式。操作如图 2-1-5 所示。

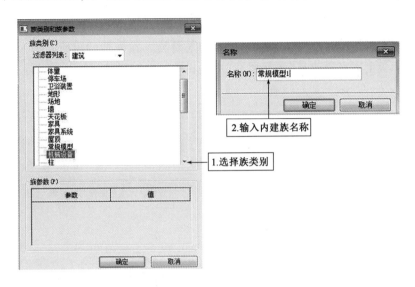

图 2-1-5　创建内建图元

【实训】　通过内建族创建桥面板(图 2-1-6)。

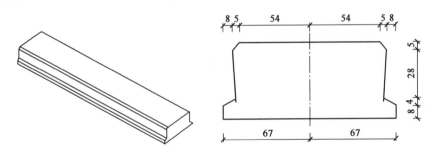

图 2-1-6　桥面板(尺寸单位:cm)

操作提示:

(1)单击"建筑"选项卡—"构建"面板—"构件"的下拉菜单,选择"内建模型"命令,打开"族类别和族参数"对话框,选择"常规模型"。

(2)定义内建模型的名称:在"名称"对话框中输入"桥面轮廓",进入创建族模式。

(3)通过设置工作平面进入到西立面视图,单击"建筑"选项卡—"形状"面板—"放样"命令,系统自动切换到"修改|放样"上下文选项卡,单击"放样"—面板"绘制路径"选项,绘制桥面板的路径,路径绘制完成后,单击"模式"面板—"完成编辑模式"按钮,完成路径的编辑。

(4)单击"放样"面板—"编辑轮廓"选项,系统自动切换到"修改|放样—编辑轮廓"上下文选项卡,绘制桥面板的轮廓,轮廓绘制完成后,单击"模式"面板—"完成编辑模式"按钮,

完成桥面轮廓的编辑。操作如图2-1-7所示。

注意放样路径和截面之间的关系,路径必须穿过截面。

(5)单击"模式"面板—"完成编辑模式"按钮 ✓,完成桥面常规模型的放样操作。单击"在位编辑"面板—"完成模型"按钮 ✓,完成桥面模型的创建。

(6)为几何图形指定材质,设置其可见性/图形替换。在模型编辑状态下,单击选择桥面板,在"属性"面板上通过更改其"图元属性"中的材质可以设置其材质及可见性。

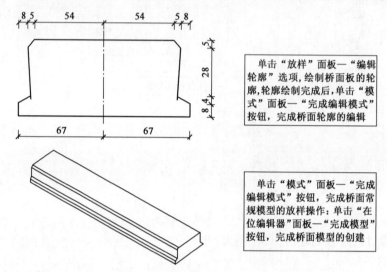

图2-1-7　桥面板的放样操作(尺寸单位:cm)

5. 编辑内建图元

(1)在图形中选择桥面板,系统自动切换到"修改|常规模型"上下文选项卡,单击"模型"面板—"在位编辑"按钮,选择模型,系统自动切换到"修改|放样"上下文关联选项卡,单击"模式"面板—"编辑放样"命令 ,选择"绘制路径",切换到路径所在的视图中对路径进行修改,单击"模式"面板—"完成编辑模式"按钮 ✓,完成路径的修改;单击"放样"面板—"编辑轮廓"选项,切换到轮廓所在的视图中对轮廓进行修改,单击"模式"面板"完成编辑模式"按钮 ✓,完成轮廓的修改;单击"模式"面板—"完成编辑模式"按钮 ✓,完成桥面常规模型的放样操作修改。单击"在位编辑器"面板—"完成模型"、按钮 ✓,完成桥面模型的创建修改。操作如图2-1-8所示。

(2)复制内建族:单击"修改"上下文选项卡—"剪贴板"面板—"复制-粘贴"按钮,单击视图放置内建族图元。

(3)删除内建族:在项目浏览器中展开"族"和族类别,选择内建族的族类型(也可以在项目中,选择内建族图元)。然后单击鼠标右键,在弹出的快捷菜单中选择"删除"命令。

(4)查看项目中的内建族:可以使用项目浏览器查看项目中使用的所有内建族。展开项目浏览器的"族",此时显示项目中所有族类别的列表。该列表中包含项目中可能包含的所有内建族、标准构建族和系统族。

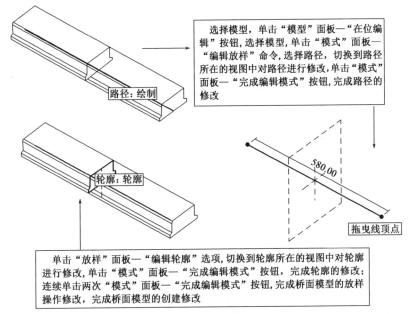

图 2-1-8 编辑内建图元

三、构建族在项目中的使用

1. 载入族

在创建桥涵模型时,先创建桥涵构件族,单击"插入"选项卡—"从库中载入"面板—"载入族"按钮,载入到项目中。

在族编辑器中创建或修改族后,用户还可以通过单击"族编辑器"面板—"载入到项目中"按钮,将该族载入到一个或多个打开的项目中。

此时如果当前只有一个项目处于打开状态,则系统会将族自动载入到该项目中;如果有多个项目处于打开状态,则系统将打开"载入到项目中"对话框,用户可以选择打开的项目以接收该族,操作如图 2-1-9 所示。

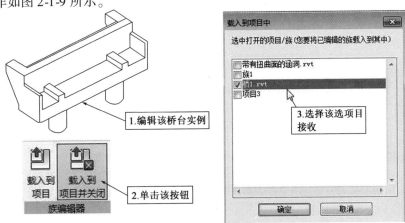

图 2-1-9 载入族操作

2. 查看和使用项目或样板中的构件族

单击展开项目浏览器中的"族"列表,直接点选图元拉到项目中,或者单击项目中的构件族,在"属性"面板中修改图元类型。

单击展开项目浏览器中的"族"列表,用鼠标右键单击构件族,在弹出的快捷菜单中选择"创建实例"命令,此时在项目中创建该实例。

学习任务一 桥梁构件族的创建(之一)
——扩大基础桥墩

【实训一】 根据所给的扩大基础桥墩的视图(图2-1-10),识图并创建扩大基础及桥墩的模型。

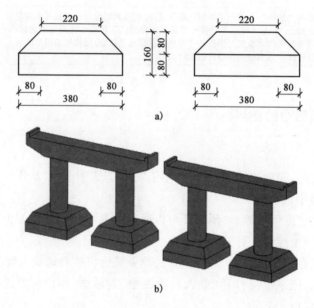

图 2-1-10 扩大基础及桥墩模型(尺寸单位:cm)

识图:根据桥墩平面与剖面图可知,该桥墩由扩大基础、圆柱形立柱和盖梁组成。扩大基础的平面图和剖面图可知,该扩大基础为长方体 380cm × 380cm × 80cm,上部结构为四棱台,上底尺寸为 220cm × 220cm,高度为 80cm。直径为 140cm 的圆形立柱,长度 1100cm,宽度 150cm,高度为 140cm 的盖梁。其扩大基础以及桥墩模型如图 2-1-11 所示。

操作提示:

一、扩大基础的建模

(1)点击 Revit "文件"菜单—"新建"—"族"—"选择族样板文件"—"公制常规模型",进入族编辑模式。

(2)定义基础的参数。

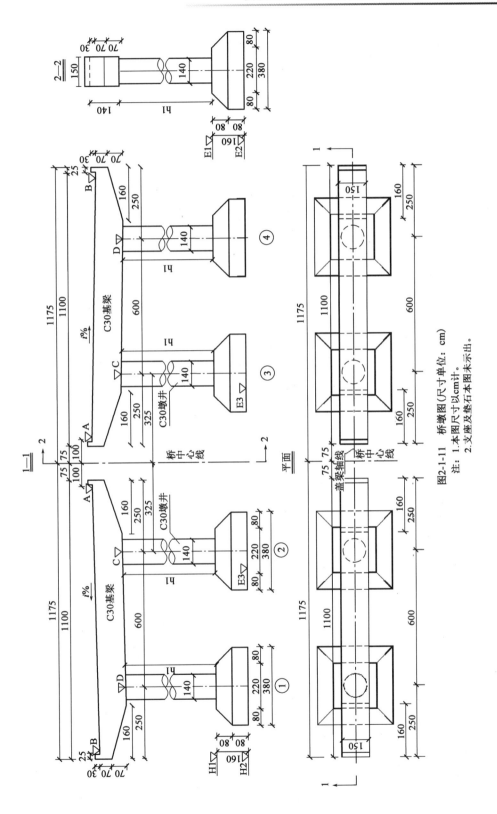

图2-1-11 桥墩图(尺寸单位:cm)

注:1.本图尺寸以cm计。
2.支座及垫石本图未示出。

单击"创建"选项卡—"基准"面板—"参照平面"命令,绘制参照平面。单击"注释"选项卡—"尺寸标注"面板—"对齐"命令,标注参照平面与默认轴之间的尺寸,点击尺寸标注的对中标记符 EQ,使参照平面居中,标注长度方向的尺寸,选择该尺寸,在"选项栏"标签文本框的下拉列表中单击"添加参数",单击"标签尺寸标注"面板中"创建参数"按钮,打开参数属性对话框,在"名称"文本框中输入长度,便定义了长度标签,按同样的方法添加参数宽度。操作如图 2-1-12 所示。

(3)点击"创建"选项卡—"形状"面板—"拉伸"命令,选择绘制方式为"矩形",绘制矩形并创建基础的对齐约束,单击"模式"面板中"完成编辑模式"按钮,双击项目浏览器"立面:前",打开前视图,拖拽控制柄至高度约束的参照平面,并创建约束,完成基础底部的创建。

(4)单击"属性"面板—"族类型"命令按钮,打开"族类型"对话框,修改各参数值,检查模型参数是否发生对应的变化。

(5)创建基础顶部的四棱台。

双击项目浏览器"立面:前",打开该视图,单击"创建"选项卡—"工作平面"面板—"设置"命令,设置扩大基础上顶面为新的工作平面,转换到"楼层平面:参照标高"视图,利用参照平面定位扩大基础上表面的大小,并按照定义"基础长度"参数的方法定义"台阶宽度"参数。单击"创建"选项卡—"形状"面板—"融合"命令,自动切换到"修改或创建融合底部边界"上下文选项卡,点击绘制面板的下拉箭头,确认绘制模式为矩形,绘制扩大基础上部结构的底部边界,即扩大基础的上部结构的下底面,单击模式面板下拉箭头,选择"编辑顶部"模式,绘制扩大基础上部结构的顶部边界,边界绘制完成后,单击"模式"面板中"完成编辑模式"按钮,完成融合命令底部顶部的边界的绘制。单击"模式"面板中"完成编辑模式"按钮,完成基础顶部的创建。切换前视图,拖拽造型操纵柄至 H2 位置,并进行约束操作,完成扩大基础的绘制。操作如图 2-1-13 所示。

二、圆形立柱的建模

(1)双击项目浏览器"立面:前",打开该视图,单击"创建"选项卡—"工作平面"面板—"设置"命令,设置扩大基础上顶面为新的工作平面,转换到"楼层平面:参照标高视"图。

(2)点击"创建"选项卡—"形状"面板—"拉伸"命令,选择绘制方式为"圆",绘制圆并创建半径参数以及在南立面视图中创建高度参数。单击"模式"面板中"完成编辑模式"按钮,创建完成立柱。操作如图 2-1-14 所示。

基础以及立柱创建完成后,选择基础和立柱,单击"修改"面板中"复制"命令,距离为 600cm,复制另一侧的基础与立柱,注意,另一侧的基础与立柱与参照平面进行关联约束。

三、盖梁的建模

操作提示(图 2-1-15):

(1)双击项目浏览器"立面:前",切换至前立面视图,点击"创建"选项卡—"形状"面板—

a)

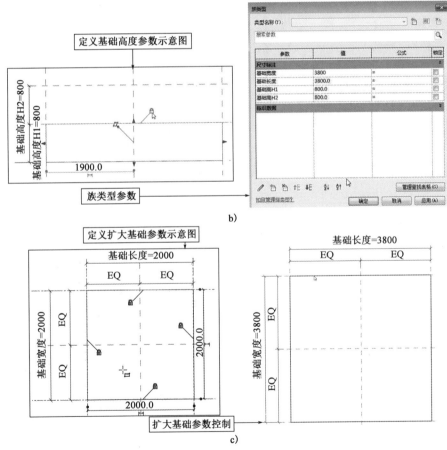

b)

c)

图 2-1-12 定义基础的参数设置

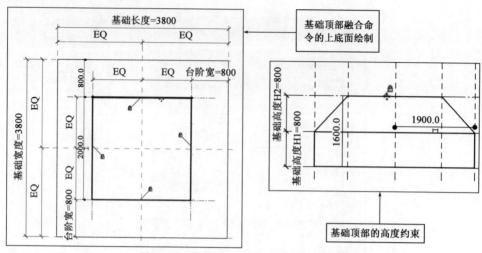

图 2-1-13 基础顶部的操作(尺寸单位:mm)

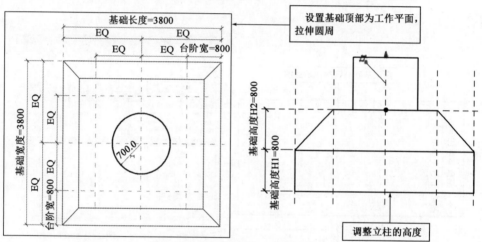

图 2-1-14 立柱的操作(尺寸单位:mm)

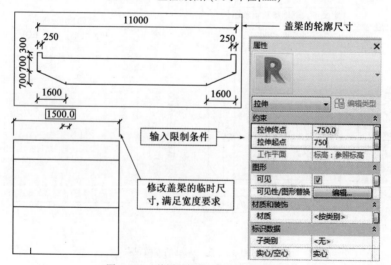

图 2-1-15 盖梁的操作(尺寸单位:mm)

"拉伸"命令,选择绘制方式为"直线",绘制盖梁的立面形状,单击"模式"面板中"完成编辑模式"按钮 ✓ ,完成盖梁的创建。

(2)切换到右视图,选择盖梁宽度方向的一条边,出现临时尺寸标注,修改临时尺寸标注为1500mm,也可以在属性面板中设置拉伸的限制条件,拉伸起点和终点来设置盖梁的宽度。

桥墩三维示意图如图2-1-16所示。

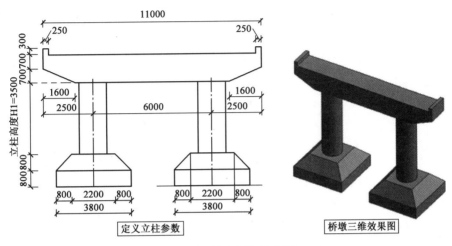

图2-1-16 桥墩三维示意图(尺寸单位:mm)

(3)盖梁创建完成后,单击"修改"面板中"对齐"命令,将盖梁的下底面与立柱上底面所在的参照平面对齐,并进行约束。单击"属性"面板中"族类型",选择各族参数,点击"编辑参数" ✏ 按钮,进行编辑,使各参数为"实例参数"类型,单击"载入到项目"按钮。双击项目浏览器"楼层平面:标高1",打开该视图,双击项目浏览器"族"中"常规模型"类别中的"扩大基础桥墩族",鼠标指向"扩大基础桥墩"右键,在快捷菜单中选择"创建实例"选项,鼠标捕捉桥墩的放置基点,在属性面板中修改立柱参数,完成项目中桥墩的创建。修改立柱参数以及载入项目操作如图2-1-17所示。

图2-1-17 修改参数以及载入项目操作

知识点:拉伸命令。

拉伸:通过拉伸二维形状(轮廓)来创建三维实心形状。绘制二维形状时,可将该形状作用在起点与端点之间拉伸的三维形状基础,即基于一个平面,以固定的截面拉伸固定的高度而建模的方式。

【实训二】 创建桥墩墩帽(图2-1-18)模型。

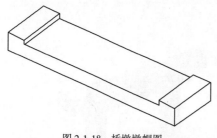

图2-1-18 桥墩墩帽图

操作提示:

点击Revit"文件"菜单—"新建"—"族",打开"新族-选择样板文件"对话框,单击"公制常规模型"族样板类型,进入族编辑模式。

(1)双击"项目浏览器"中"立面:右",打开右视图。

(2)点击"创建"选项卡—"形状"面板—"拉伸"命令,用直线或者其他工具绘制墩帽封闭的图形,当用"直线"绘制封闭图形,当鼠标移动趋向水平或者竖直移动时会有沿水平方向或者竖直方向的捕捉,我们可以利用这个功能方便地绘制矩形。

绘制完封闭的图形,单击"模式"面板中"完成编辑模式"按钮 ✔ ,完成墩帽右视图的编辑模式,在属性面板中输入对应的宽度值,完成拉伸命令。也可以在三维视图中单击墩帽的上表面,在另一侧将出现"临时标注尺寸",单击"临时标注尺寸"的数值可以输入新的数值,以此精确地控制拉伸高度。操作如图2-1-19所示。

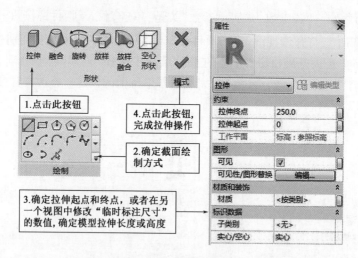

图2-1-19 拉伸建模操作

融合:用于创建形状将沿其某一方向发生变化,从起始形状融合到最终形状。即自然连接有变化的两个平面的闭合截面而形成模型的方式。

该命令可以融合两个轮廓。例如,底面为六边形,并在其上方绘制一个圆形,则将创建一个实心三维形状,将这两个截面融合在一起。操作如图2-1-20所示。

模块二　桥涵构件识图与建模——族与体量基础

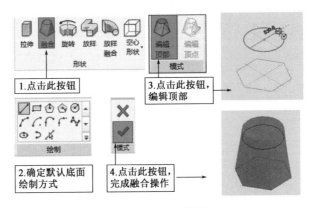

图 2-1-20　融合建模操作

学习任务二　桥梁构件族的创建(之二)
——带有托盘的桥墩的识图与建模

【实训一】　完成桥墩的建模(图 2-1-21)。

分析:

该桥墩由基础、墩身、墩帽、垫板四部分自下而上叠加构成的,这个桥墩前后、左右都对称。基础由两个大小不同的长方体叠加而成。墩身为中间一个侧平的四棱柱和左右两端各一个半圆台相切而形成的组合体。墩帽由上面的顶帽和下面的托盘组成。托盘为倒置的长圆台状的形体,中间是一个四棱柱和左右两端各半个斜圆柱相切而形成的组合体。顶帽是由上、下两层构成一体的组合体,下层为 500cm×230cm×40cm 的长方体,四周进行倒角,上层是左右、前后都对称的同坡排水顶。垫板位于顶帽上方,左右侧面相距为 70cm,垫板的下部有两个斜面与同坡排水顶的斜面重合。

操作提示:

1. 打开"公制结构柱"族样板文件

单击"文件"菜单—"新建"—"族",打开"新族-选择样板文件"对话框,单击"公制结构柱"族样板类型,进入族编辑模式。

单击"管理"选项卡—"设置"面板—"项目单位"命令,设置项目单位为 mm。

2. 基础的建模

参照"扩大基础桥墩"学习任务中"一、扩大基础的建模"中"定义基础的参数"方法来定义此处基础参数。单击"属性"面板—"族类型"命令,打开"族类型"对话框,修改宽度、深度参数。

双击项目浏览器中"楼层平面:低于参照标高"视图,打开该视图。单击"创建"选项卡—"形状"面板—"拉伸"命令，Revit 自动切换到"修改|创建拉伸"上下文关联选项卡,单击

"绘制"面板—"矩形"命令 ▭，鼠标捕捉一轮廓点作为的矩形的一个角点，向右下方移动鼠标，捕捉另一轮廓点确定矩形的对角点，按Esc键两次退出矩形命令，并单击"对齐约束标志"创建对齐约束，单击"模式"面板—"完成编辑模式"按钮 ✓，完成基础轮廓的创建。

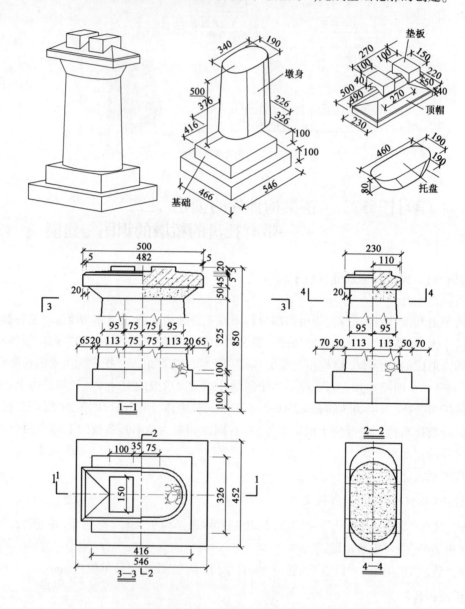

图2-1-21 桥墩图(尺寸单位:cm)

双击项目浏览器中"立面:前"，打开前视图，拖拽"拉伸:造型操作柄"至高度H1所在参照平面，并创建对齐约束关系，创建完成底部基础。

此方法再创建上层长方体基础，尺寸为416cm×326cm×100cm。单击"属性"面板—"族类型"命令，打开"族类型"对话框，调整各属性参数。基础建模操作如图2-1-22所示。

3. 墩身的建模

左右两端各一个半圆台的创建：

（1）双击项目浏览器中"立面:前"，打开该视图。单击"创建"选项卡—"形状"面板—"旋转"命令 ，Revit 自动切换到"修改|创建旋转"上下文关联选项卡，单击"绘制"面板—"直线"命令，绘制上底为 95cm、下底为 113cm、高为 500cm 的直角梯形，按 Esc 键两次退出旋转命令的轮廓线绘制，再单击轴线选项 ，绘制一条旋转轴，单击"模式"面板—"完成编辑模式"按钮 ，完成旋转操作。

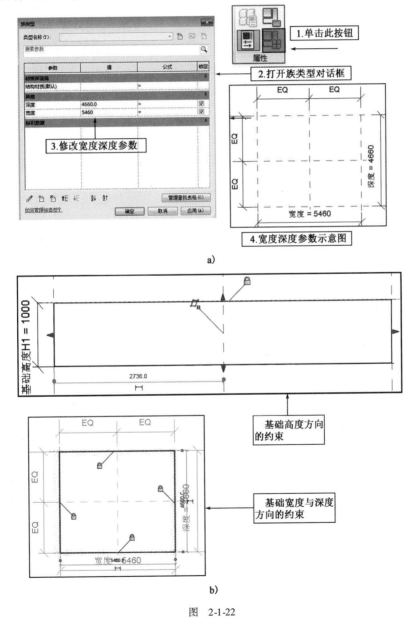

图 2-1-22

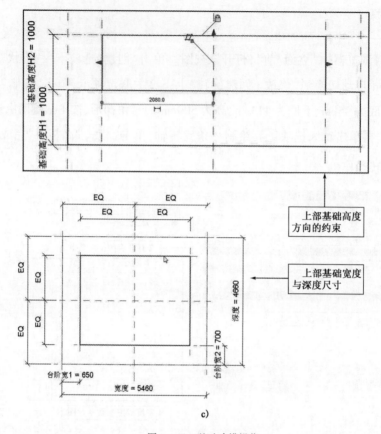

图 2-1-22 基础建模操作

(2) 墩身进行剪切操作。

在前视图中,单击"创建"选项卡—"形状"面板—"空心形状"命令—"空心形状"命令,Revit 自动切换到"修改|空心拉伸"上下文关联选项卡,在梯形中心线底部单击鼠标左键作为轮廓的起点,向上移动鼠标到梯形的下一个转折点附近,单击"模式"面板—"完成编辑模式"按钮,完成空心拉伸轮廓操作。

双击项目浏览器中"立面:右",打开右视图,拖动"空心拉伸:造型操纵柄"空心长方体宽度大于圆台底部宽度。单击"几何图形"面板—"剪切"命令,利用 Tab 键,首先拾取选择要被剪切的实心几何图形圆台体,其次拾取选择要剪切所选实心几何图形圆台体的空心长方体,完成圆台的剪切,完成墩身左侧半个圆台的绘制。如此,绘制墩身右半侧圆台的绘制。

双击项目浏览器右视图,单击"修改"面板—"移动"命令,移动墩身到基础的中间位置。墩身左侧建模操作如图 2-1-23 所示。

绘制墩身中间部分:

双击项目浏览器中"立面:右",打开右视图。单击"创建"选项卡—"形状"面板—"拉伸"命令,Revit 自动切换到"修改/创建拉伸"上下文关联选项卡,单击"绘制"面板—"直线"命令,绘制一个等腰梯形,上底为 190cm,下底为 226cm,高为 500cm,在"属性"面板中设置拉

模块二 桥涵构件识图与建模——族与体量基础

伸起点为0,拉伸终点为150cm,单击"模式"面板—"完成编辑模式"按钮 ✓,完成拉伸操作。双击项目浏览器前视图,利用"移动"命令 ✣,调整墩身左右半圆台以及中间主体的相对位置,完成墩身的绘制。墩身中间部分的建模操作如图2-1-24所示。

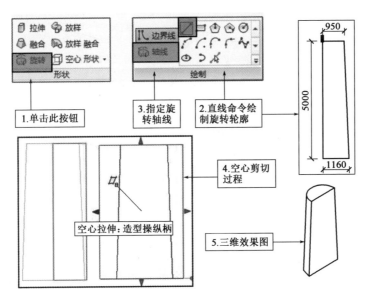

图2-1-23 墩身左侧建模操作(尺寸单位:mm)

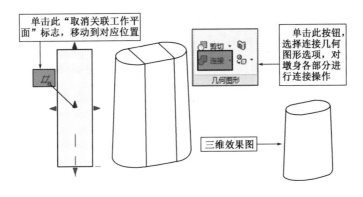

图2-1-24 墩身中间部分的建模操作

4.墩帽的绘制

墩帽由上面的顶帽和下面的托盘组成。

(1)托盘的建模

托盘中间部分:双击项目浏览器中"立面:前",打开前视图。单击"创建"选项卡—"形状"面板—"拉伸"命令 ▯,Revit自动切换到"修改/创建拉伸"上下文关联选项卡,单击"绘制"面板—"直线"命令,绘制上底为270cm,下底为150cm,高为80cm的等腰梯形,在属性面板上设置拉伸起点为0,终点为拉伸190cm,单击"模式"面板—"完成编辑模式"按钮 ✓,完成

71

托盘中间部分的操作,如图 2-1-25 所示。

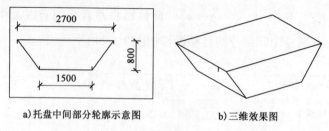

a) 托盘中间部分轮廓示意图　　　b) 三维效果图

图 2-1-25　托盘中间部分建模操作(尺寸单位:mm)

绘制托盘左右部分,左右两端各半个斜圆柱,采用放样融合命令。

双击项目浏览器中"立面:前",打开前视图,单击"创建"选项卡—"形状"面板—"放样融合"命令 ,Revit 自动切换到"修改|放样融合"上下文关联选项卡。单击"放样融合"面板—"绘制路径"命令,确认绘制方式为"直线",鼠标捕捉桥墩中间位置墩身上底面的中间位置作为直线的起点,向上移动鼠标绘制长度为 80cm 的直线,单击"模式"面板—"完成编辑模式"按钮 ,完成路径的绘制。单击"放样融合"面板—"选择轮廓 1"选项命令,单击"编辑轮廓"命令,转换视图对话框中选择打开"天花板投影平面:低于参照平面",在"天花板投影平面:低于参照平面"中,确认绘制轮廓方式为"圆",绘制半径为 95cm 的圆周以及绘制直线,利用"拆分图元" 命令以及"修剪/延伸为角"命令 修改成右侧半圆弧,利用 Tab 键选择直径和半圆弧,用"移动"命令向右移动 135cm(上部轮廓),单击"模式"面板—"完成编辑模式"按钮 ,完成轮廓 1 的编辑。同样的方法,单击"放样融合"面板—"选择轮廓 2"选项命令,单击编辑轮廓命令,编辑轮廓 2 为半径为 95cm 的圆周右侧半圆弧,并向右移动 75cm(下部轮廓),单击"模式"面板—"完成编辑模式"按钮 ,完成轮廓 2 的编辑,再次单击"模式"面板—"完成编辑模式"按钮 ,完成托盘右侧放样融合的操作。操作如图 2-1-26 所示。

按同样的方法,完成托盘左侧部分的创建。

(2)顶帽的绘制

顶帽是由上、下两层构成一体的组合体,下层为 500cm×230cm×45cm 的长方体,上层是左右、前后都对称的同坡排水顶。

下层长方体:用拉伸命令绘制长方体,在前视图中,单击"拉伸"命令,确认绘制矩形的方式,绘制矩形 500cm×45cm,在属性面板中设置拉伸起点为 0,拉伸终点为 230cm,单击"模式"面板—"完成编辑模式"按钮 ,完成长方体绘制操作。

长方体前后、左右倒角操作:双击项目浏览器的前视图,单击"创建"选项卡—"形状"面板—"空心形状"命令—"空心形状"命令 ,Revit 自动切换到"修改—空心拉伸"上下文关联选项卡,空心形状轮廓大小为 5cm×5cm,在属性面板中确定拉伸起点为 0,拉伸终点为 240cm,单击"模式"面板—"完成编辑模式"按钮 ,完成长方体绘制操作。切换到右视图调整空心拉伸和长方体的位置,点击"剪切"命令 ,完成长方体前后方向的倒角操作。

模块二　桥涵构件识图与建模——族与体量基础

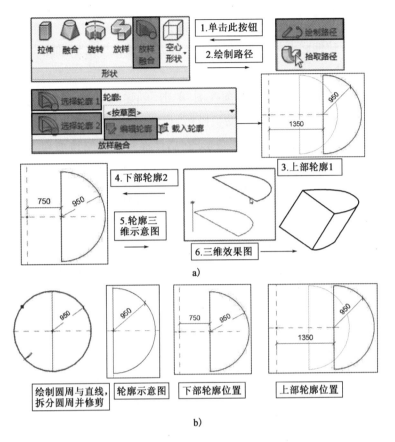

图 2-1-26　托盘左右部分建模操作（尺寸单位：mm）

同样的方法进行长方体左右方向的倒角操作，空心形状轮廓大小为 5cm×5cm，在属性面板中确定拉伸起点为 0，拉伸终点为 520cm，并进行剪切操作即可。操作如图 2-1-27 所示。

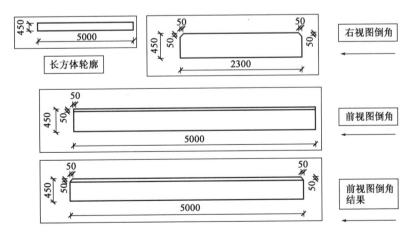

图 2-1-27　墩帽下层长方体的建模操作（尺寸单位：mm）

73

（3）创建上层组合体

在前视图中，单击"拉伸"命令拉伸长方体，确认绘制矩形的方式，绘制 490cm×50cm 矩形，在属性面板中设置拉伸起点为 0，拉伸终点为 220cm，单击"模式"面板—"完成编辑模式"按钮 ✓，完成长方体绘制操作。

双击项目浏览器中"立面:前"，打开前视图，单击"创建"选项卡—"形状"面板—"空心形状"命令—"空心形状"命令 ▯，Revit 自动切换到"修改|空心拉伸"上下文关联选项卡，空心形状轮廓大小为 110cm×50cm 的直角三角形，在属性面板中确定拉伸起点为 0，拉伸终点为 220cm，单击"模式"面板—"完成编辑模式"按钮 ✓，切换到右视图调整空心拉伸和长方体的位置，点击"剪切"命令 ▱，完成长方体前后方向的倒角操作。

双击项目浏览器中"立面:右"，打开右视图，单击"创建"选项卡—"形状"面板—"空心形状"命令—"空心形状"命令 ▯，Revit 自动切换到"修改|空心拉伸"上下文关联选项卡，空心形状轮廓大小为 110cm×50cm 的直角三角形，在属性面板中确定拉伸起点为 0，拉伸终点为 490cm，单击"模式"面板—"完成编辑模式"按钮 ✓，切换到前视图调整空心拉伸和长方体的位置，点击"剪切"命令 ▱，完成长方体左右方向的倒角操作。操作如图 2-1-28 所示。

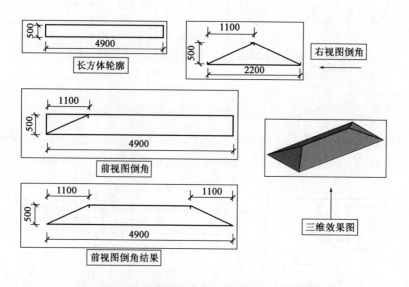

图 2-1-28　墩帽下层长方体的建模操作（尺寸单位：mm）

5. 垫板的绘制

双击项目浏览器中"立面:右"，打开该视图，单击"创建"选项卡—"形状"面板—"拉伸"命令 ▯，用直线命令配合修改命令绘制如图所示的多边形，在"属性"面板中确定拉伸起点为 0，拉伸终点为 100cm，单击"模式"面板—"完成编辑模式"按钮 ✓，完成垫板的绘制。双击项目浏览器"立面:前"，单击"修改"面板—"镜像"命令 ▯，生成另一个垫板。

模块二　桥涵构件识图与建模——族与体量基础

知识点:旋转命令。

旋转。通过绕轴放样二维轮廓来建立三维形状,即绘制轴和轮廓来创建旋转,以固定的截面绕某一轴旋转而形成的建模的方式。

【实训二】　根据沉井的示意图 2-1-29,识读并创建沉井的模型图。

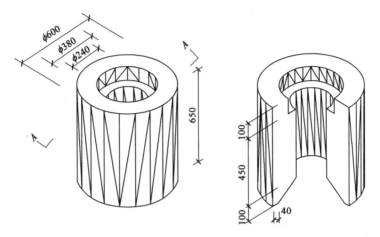

图 2-1-29　沉井示意图(尺寸单位:cm)

操作提示:

(1)单击"文件"菜单—"新建"—"族"—"公制结构柱",单击"打开"按钮,进入"公制结构柱"族编辑模式,如图 2-1-30 所示。

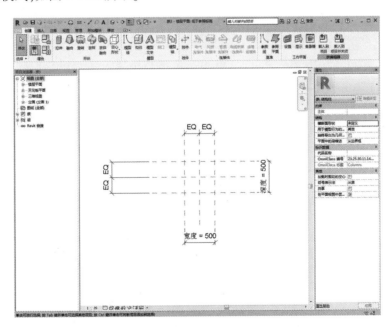

图 2-1-30　族编辑器对话框

(2)双击项目浏览器中"立面图:前",切换到前立面视图,单击"创建"选项卡—"形状"面

板—"旋转"命令，系统自动切换到"修改|创建旋转"上下文关联选项卡，单击"绘制"面板—"边界线"命令，绘制旋转边界线，单击"轴线"命令，拾取轴线，单击"模式"面板—"完成编辑模式"按钮，完成旋转操作，如图 2-1-31 所示。

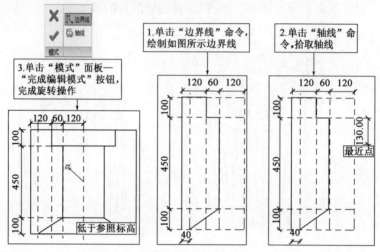

图 2-1-31　旋转建模操作(尺寸单位：cm)

（3）放样：通过沿路径放样二维轮廓来创建三维形状，绘制路径和轮廓来创建放样，即一个固定截面沿一路径而延伸以形成符合路径走向的条状形体的建模方式。放样操作如图 2-1-32 所示。

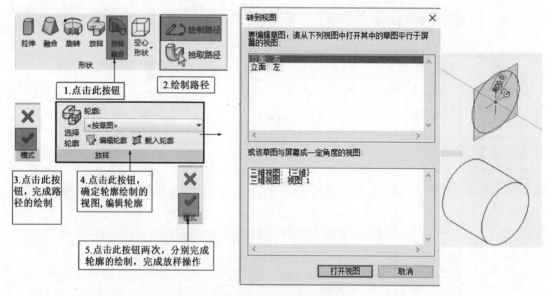

图 2-1-32　放样建模操作

提示：单击"形状"面板中"放样"，单击"绘制路径"命令按钮，在"楼层平面：参照标高"视图中，使用"直线"命令绘制一条路径线，切换到三维视图，单击"编辑轮廓"命令按钮，将鼠标移到先前绘制的线的转折点或者断点部位，当出现点标记时，单击鼠标以在该点设置参照平面,再点击"显示"按钮以高亮显示当前工作平面,此工作平面与线相垂直的。

单击"绘制"面板中的"圆"命令,以线和参照平面的交点为圆心绘制圆,通过临时标注尺寸定义半径,单击两次模式面板中的"✓",完成轮廓的绘制,完成放样操作。

在三维视图中进行任何绘制之前必须指定工作平面,平面视图的参照平面就是对应层的标高。因此一般不用特别设置。

使用参照平面命令绘制若干参照平面,参照平面之间的距离自定,注意保持参照平面位于视图标记范围之内。

(4)放样融合:用于创建沿路径的放样融合,由起始形状、最终形状和指定的二维路径来建模,即沿着指定路径,将路径两端不同的形状自然连接而成的建模方式。放样融合操作如图2-1-33所示。

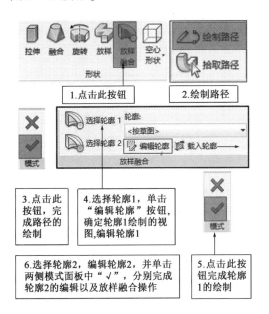
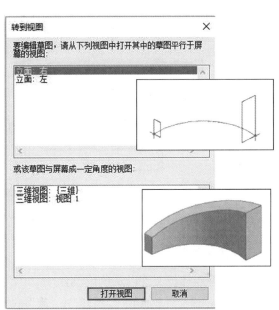

图 2-1-33　放样融合建模操作

单击"形状"面板中"放样融合",单击"绘制路径"命令按钮,在"楼层平面:参照标高"视图中,单击"起点-终点-半径弧"命令绘制一条弧线作为路径,使用点命令在圆弧上增加一些点,这些点会定义一个与圆弧在切线方向上相垂直的参照平面,在这些参照平面上定义不同形状的截面。

切换到三维视图,单击设置按钮,靠近第一个增加点,当出现点标记时,单击鼠标以在该点设置参照平面,再单击"显示"按钮以高亮显示当前工作平面。

三维视图并不能使我们精确定位截面与路径之间的位置关系,因此使用"查看器"命令以显示增加点所定义的工作平面,单击查看器将所弹出的视图是当前工作平面相平行的,在这一视图我们还可以清楚地观察到路径与工作平面的相交点。

切换到三维视图,按住 Ctrl 键配合鼠标依次点选各个参照平面上的图形与路径,单击"创建形状"以完成放样融合。

【**实训三**】 根据重力式桥墩图2-1-34,完成重力式桥墩的识图与建模,熟悉拉伸与融合命令操作。

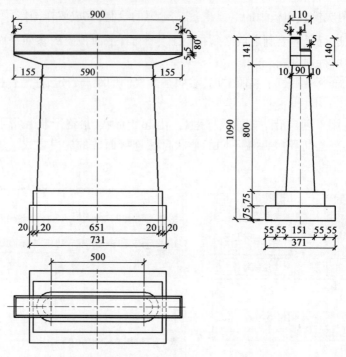

图 2-1-34 重力式桥墩图(尺寸单位:cm)

操作提示:

一、桥墩基础的建模

(1)选择族样板文件以及单位设置。

单击 Revit"文件"菜单—"新建"—"族"—"选择族样板文件"—"公制常规模型",进入族编辑模式。

单击"管理"选项卡—"设置"面板—"项目单位"命令,设置项目单位为 cm。

(2)双击项目浏览器中"楼层平面:参照标高",打开该视图。单击"创建"选项卡—"基准"面板—"参照平面"命令,绘制参照平面。单击"注释"选项卡—"尺寸标注"面板—"对齐"命令,标注参照平面与默认轴之间的尺寸,点击尺寸标注的对中标记符 EQ,使参照平面居中,标注长度方向的尺寸,选择该尺寸,在"选项栏"标签文本框的下拉列表中单击"添加参数",打开参数属性对话框,在"名称"文本框中输入"基础宽",定义了桥墩基础宽度标签,如图 2-1-35 所示。用同样的方法,添加基础"台阶宽"。

(3)双击项目浏览器中"楼层平面:低于参照平面",打开该视图,单击"创建"选项卡—"形状"面板—"拉伸"命令 ,单击"绘制"面板—"矩形"命令 ,鼠标捕捉参照平面的交点,单击"模式"面板中"完成编辑模式"按钮 ,完成桥墩基础底层拉伸操作,切换到南立面视图中,拖拽至参照平面位置,并进行锁定。

模块二 桥涵构件识图与建模——族与体量基础

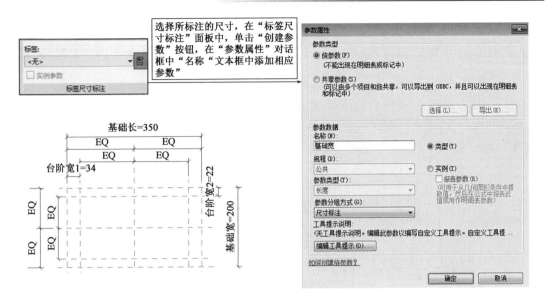

图 2-1-35 添加参数对话框

（4）单击"属性"面板—"族类型"命令，在族类型对话框中设置各参数值，桥墩基础参数设置如图 2-1-36 所示。

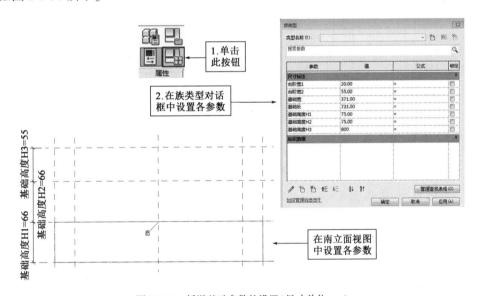

图 2-1-36 桥墩基础参数的设置（尺寸单位：cm）

二、桥墩墩身的建模

（1）双击项目浏览器中"立面：左"，打开左视图。单击"创建"选项卡—"形状"面板—"拉伸"命令，单击"绘制"面板—"直线"命令，绘制墩身中间部分的轮廓，上底 90cm，下底 151cm，高 920cm，单击"模式"面板中"完成编辑模式"按钮，完成墩身中间部分的拉伸。

（2）双击项目浏览器中"立面：前"，在前视图中，单击"创建"选项卡—"形状"面板—"旋转"命令，单击"绘制"面板—"直线"命令，绘制直角梯形边界线，上底45cm，下底75.5cm，高920cm，再单击"轴线"选项，确认绘制方式为"直线"命令，绘制一旋转轴线，单击"模式"面板中"完成编辑模式"按钮，完成墩身端部部分的旋转。

（3）切换左视图，检查圆台的位置，取消关联工作平面按钮，单击"修改"面板—"移动"命令，移动圆台位置，单击"修改"面板—"镜像"命令，完成另一端圆台，单击"几何图形"面板—"连接"命令，完成墩身端部与中间部分的连接。桥墩墩身的建模操作如图2-1-37所示。

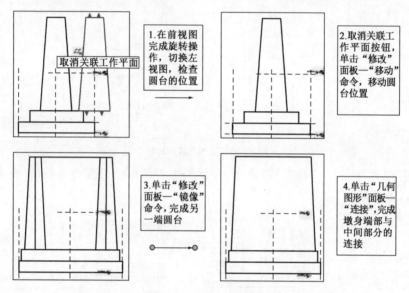

图2-1-37　墩身的建模操作

三、墩身帽石的建模

（1）把桥墩墩帽分成两部分，下部分为四棱柱，上部分为六棱柱。双击项目浏览器中"立面：前"，打开前视图，单击"创建"选项卡—"形状"面板—"拉伸"命令，确认绘制方式为"直线"命令，绘制墩帽下部分四边形轮廓，单击"模式"面板中"完成编辑模式"按钮，拉伸长度为110cm，完成墩帽下部分的拉伸。

（2）双击项目浏览器中"立面：左"，打开左视图，单击"创建"选项卡—"形状"面板—"拉伸"命令，确认绘制方式为"直线"命令，绘制墩帽上部分六边形轮廓，单击"模式"面板中"完成编辑模式"按钮，拉伸长度为900cm，完成墩帽上部分的拉伸。

（3）剪切操作。

在前视图中，上部以及中间部分的左右侧位置，单击"创建"选项卡—"形状"面板—"空心形状"命令选项"空心拉伸"，确认绘制方式为"直线"绘制三角形轮廓，单击"模式"面板中"完成编辑模式"按钮，完成三棱柱的空心拉伸操作，单击"几何图形"面板—"剪切"命令，完成三棱柱的空心剪切。

按同样的方法,完成在左视图的上部后面以及前侧、中间位置进行三棱柱的空心剪切,建模操作如图 2-1-38 所示。

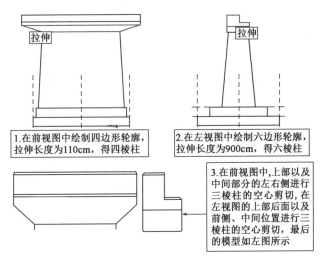

图 2-1-38 墩身帽石的建模操作

完成后切换到默认的三维视图,桥墩的三维效果图如图 2-1-39 所示。

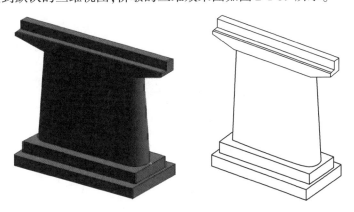

图 2-1-39 桥墩的三维效果图

【实训四】 根据桥台图 2-1-40,完成桥台的识图与建模(重力式 U 形)。桥台各组成部分如图 2-1-41 所示。

操作提示:

(1)单击 Revit"文件"菜单—"新建"—"族",打开"新族-选择样板文件"对话框,单击"公制常规模型"族样板类型,建立桥台族。单击"管理"选项卡,设置项目单位为 cm。

(2)基础的建模。

切换到"立面:右"视图,单击"创建"选项卡—"形状"面板—"拉伸"命令,Revit 自动切换到"修改|创建拉伸"上下文关联选项卡,单击"绘制"面板—"直线"命令,绘制如图 2-1-42 所示的多边形,在属性面板中设置拉伸起点为 0,终点为 930cm。单击"模式"面板中"完成编辑模式"按钮 ✓,完成基础拉伸操作。

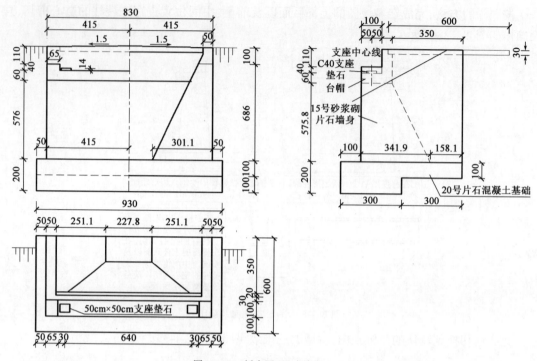

图 2-1-40　桥台图(尺寸单位:cm)

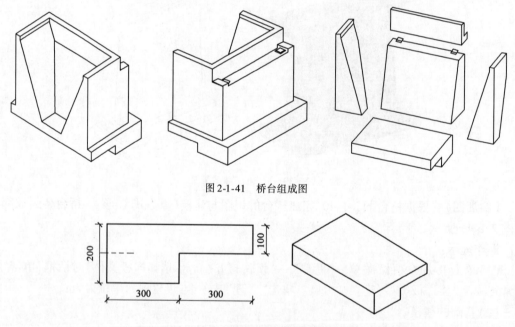

图 2-1-41　桥台组成图

图 2-1-42　桥台基础示意图(尺寸单位:cm)

(3)前墙的建模。

切换到立面:右视图,单击"创建"选项卡—"形状"面板—"拉伸"命令,Revit自动切换到"修改|创建拉伸"上下文关联选项卡,单击"绘制"面板—"直线"命令,绘制如图 2-1-43 所示

的多边形,在属性面板中设置拉伸起点为0,终点为830cm。单击"模式"面板中"完成编辑模式"按钮✓,完成基础拉伸操作。切换到立面:前视图,调整前墙与基础的位置。

(4)侧墙的建模。

切换到立面:前视图,单击"创建"选项卡—"形状"面板—"拉伸"命令,Revit自动切换到"修改|创建拉伸"上下文关联选项卡,单击"绘制"面板—"直线"命令,绘制侧墙外部轮廓的多边形,在属性面板中设置拉伸起点为0,终点为350cm。单击"模式"面板中"完成编辑模式"按钮✓,完成形体1拉伸操作。切换到立面:右视图,单击"创建"选项卡—"形状"面板—"空心形状"命令的下拉菜单选项"空心拉伸",确认绘制方式为"直线"命令,绘制侧墙轮廓下部多边形,在属性面板中设置拉伸起点为0,终点为301.1cm。切换到立面:前视图,调整空心形状与形体1的位置,单击"几何图形"面板—"剪切"命令,完成侧墙的建模。侧墙如图2-1-44所示。

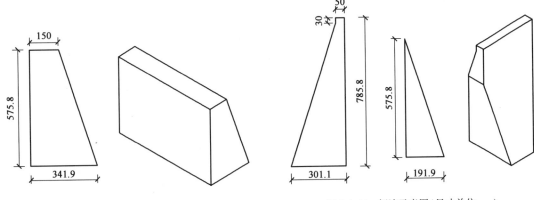

图2-1-43 前墙示意图(尺寸单位:cm)　　　　图2-1-44 侧墙示意图(尺寸单位:cm)

(5)台帽的建模。

切换到立面:右视图,单击"创建"选项卡—"形状"面板—"拉伸"命令,Revit自动切换到"修改|创建拉伸"上下文关联选项卡,单击"绘制"面板—"直线"命令,绘制台帽外部轮廓的多边形,在属性面板中设置拉伸起点为0,终点为830cm。单击"模式"面板中"完成编辑模式"按钮✓,完成形体1拉伸操作。切换到立面:前视图,单击"创建"选项卡—"形状"面板—"空心形状"命令的下拉菜单选项"空心拉伸",确认绘制方式为"矩形"命令,绘制700cm×40cm矩形,在属性面板中设置拉伸起点为0,终点为100cm。切换到立面:前视图,调整空心形状与形体1的位置,单击"几何图形"面板—"剪切"命令,完成台帽的建模,如图2-1-45所示。

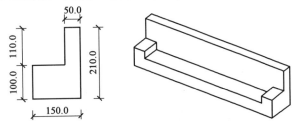

图2-1-45 台帽示意图(尺寸单位:cm)

(6)调整各部分的相对位置,单击"修改"选项卡—"几何图形"面板—"连接"命令,将各部分连接成一整体。

学习任务三 桥梁构件族的创建(之三)
——桩柱式桥墩

某预应力混凝土连续T梁,桥梁桥墩为双柱式墩配桩基础。图中尺寸均为cm计,桥墩支座及垫石高为25cm,桥墩总体宽度为8.05m,盖梁混凝土强度等级为C30,桥墩立柱的间距为4.5m,桥墩立柱间的系梁高度为1.4m,墩柱的直径分别为1.6m、1.4m,桩基之间的横梁高度为1.8m,桩基直径为1.8m。

【实训一】 根据所给的桩柱式桥墩图(图2-1-46),识图并创建桥墩族。

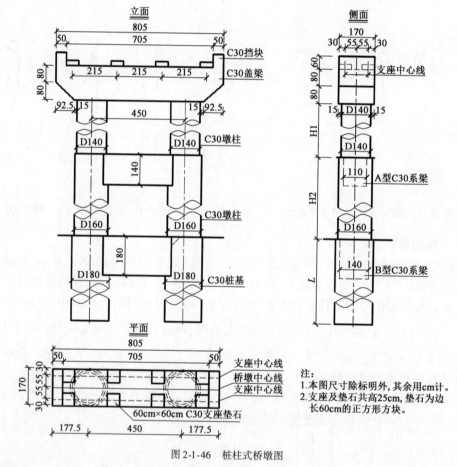

图2-1-46 桩柱式桥墩图

识图:

该桥墩属于桩柱式桥墩,包括:直径为180cm的桩基,直径为160cm的墩柱1,直径为140cm的墩柱2,盖梁。两桩基之间有厚度为140cm、高度为180cm的B型系梁,两墩柱1之间有厚度为110cm、高度为140cm的A型系梁,盖梁长度为805cm、宽度为170cm、高度为

160cm,两侧有挡板,垫石尺寸为 60cm×60cm×40cm。桥墩组成如图 2-1-47 所示。

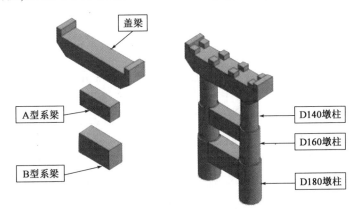

图 2-1-47　桥墩组成示意图

操作提示:

(1)打开"公制结构柱"族样板文件。

单击 Revit"文件"菜单—"新建"—"族",打开"新族-选择样板文件"对话框,单击"公制结构柱"族样板类型,单击"确定"按钮。进入"公制结构柱"族编辑模式来建立桥墩族。

在 Revit 系统中不包含桥墩族,所以,用户需要新建桥墩族。

单击"管理"选项卡—"设置"面板—"项目单位"命令,设置项目单位为 cm。该学习任务的各族项目单位均设置为 cm。

(2)添加桥墩各组成部分高度参数,族类型定义操作如图 2-1-48 所示。

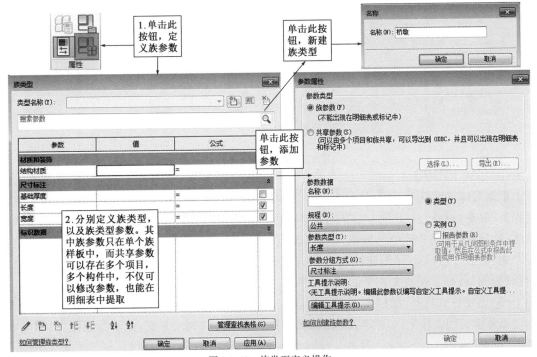

图 2-1-48　族类型定义操作

(3)绘制参照平面并定义参数标签。

①双击项目浏览器中"立面:前",进入参照标高立面视图,单击"创建"选项卡—"基准"面板—"参照平面"命令,分别绘制参照平面为"墩柱1顶标高""墩柱2顶标高""盖梁顶标高"参照平面。

②定义参照平面与高度方向的参数,以控制桥墩各组成部分的高度位置。

③单击"注释"选项卡—"尺寸标注"面板—"对齐"命令,为参照平面之间标注尺寸。选择此标注,单击选项栏中"标签"下拉按钮,在弹出的下拉列表中选择"添加参数"选项,2017以上版本是单击"标签尺寸标注"的"创建参数按钮",弹出"参数属性"对话框,将"参数类型"设置为"族参数",在"参数数据"选项区域添加参数"名称"为"桩基高度1",并设置其"参数分组方式"为"尺寸标注",并选择为"实例"属性,单击"确定"按钮完成参数的添加。添加族参数操作如图 2-1-49 所示。

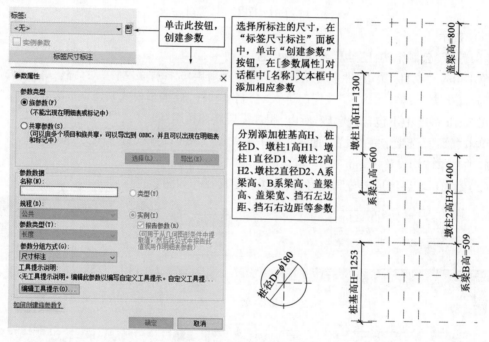

图 2-1-49 添加族参数操作

(4)设置工作平面。

根据形体的特征,创建形体前先设置工作平面。比如,创建桥墩基础部分设定工作平面的过程为:单击"创建"选项卡—"工作平面"面板中—"设置"按钮,在弹出的"工作平面"对话框中选择"拾取一个平面"单选按钮,单击"确定"按钮,在弹出的"转到视图"对话框中选择"楼层平面:低于参照标高"(创建桩基时,选择"低于参照标高"标高平面作为工作平面),单击"打开视图"按钮。设置工作平面操作如图 2-1-50 所示。

(5)创建柱式桩基、墩柱1、墩柱2形体。

桩基设定的工作平面为"低于参照标高"标高平面,在"楼层平面:低于参照标高"视图中,单击"创建"选项卡—"形状"面板—"拉伸"命令,Revit 自动切换到"修改|创建拉伸"上下

文关联选项卡,单击"绘制"面板—"圆"命令⊙,鼠标捕捉参照平面中心交点位置为圆心,绘制圆周,修改临时尺寸的数值为 90,按 Esc 键两次退出圆命令,单击"模式"面板—"完成编辑模式"按钮✓,切换到"前视图",拖拽"拉伸:造型操作柄"至高度"桩基长"所在参照平面,并创建对齐约束关系,完成桩基的建模。创建桩基操作如图 2-1-51 所示。

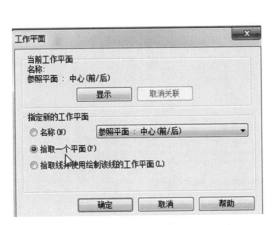
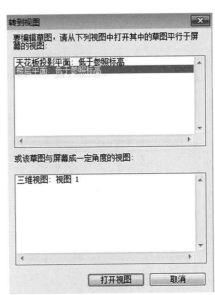

图 2-1-50　设置工作平面操作

同样的操作方法,设定"桩基顶所在的参照平面"为工作平面,转到"楼层平面:低于参照标高"视图中,单击"创建"选项卡—"形状"面板—"拉伸"命令,单击"绘制"面板—"圆"命令⊙,单击"模式"面板—"完成编辑模式"按钮✓,切换到前视图,拖拽"拉伸:造型操作柄"至高度"墩柱 1 高度 H1 所在参照平面",调整墩柱 1 的直径参数,圆半径为 80cm 并创建对齐约束关系,创建实心拉伸墩柱 1。

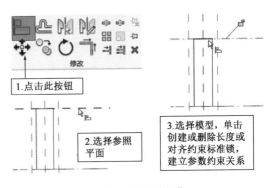

图 2-1-51　创建桩基操作

设定"墩柱 1 顶参照平面"为工作平面,转到"楼层平面:低于参照标高"视图中,单击"创建"选项卡—"形状"面板—"拉伸"命令,单击"绘制"面板—"圆"命令⊙,单击"模式"面板—"完成编辑模式"按钮✓,切换到前视图,拖拽"拉伸:造型操作柄"至高度"墩柱 2 高度 H2 所在参照平面",调整墩柱 2 的直径参数,圆半径为 70cm 并创建对齐约束关系,创建实心拉伸墩柱 2。

选择左侧桩基、墩柱 1、墩柱 2,单击"修改"面板—"复制"命令,勾选"选项栏"中"约束"选项,捕捉桩基底面中心位置,向右移动鼠标,输入450cm,创建右侧桩基以及墩柱,并建立参数约束关系。创建桩基、墩柱操作如图2-1-52所示。

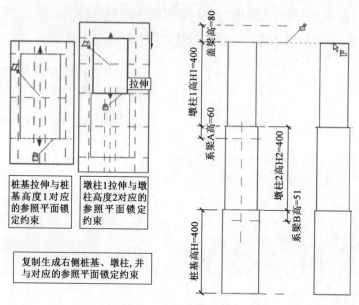

图 2-1-52　创建桩基、墩柱操作(尺寸单位:cm)

(6)创建 A、B 型系梁

①设定"墩柱1顶标高"标高平面为工作平面,在"楼层平面:低于参照平面"视图中,单击"创建"选项卡—"基准"面板—"参照平面"命令,确实参照平面绘制方式为"拾取线",在选项栏中"偏移量"文本框中输入55,选择水平中心参照平面,分别向两侧偏移55cm。

②单击"创建"选项卡—"形状"面板—"拉伸"命令,Revit自动切换到"修改|创建拉伸"上下文关联选项卡,单击"绘制"面板—"矩形"命令,鼠标分别捕捉距离水平中心参照平面55cm的参照平面与桩基圆周的交点为矩形的角点,按Esc键两次退出圆命令,单击"模式"面板—"完成编辑模式"按钮,切换到前视图,拖拽"拉伸:造型操作柄"至高度"A型系梁的位置"所在参照平面,并创建对齐约束关系,创建A型系梁。

③设定"墩柱2顶参照平面"为工作平面,在"楼层平面:低于参照平面"视图中,绘制距离中心参照平面为70cm的参照平面。单击"拉伸"命令,运用"矩形"命令,鼠标分别捕捉距离水平中心参照平面70cm的参照平面与桩基圆周的交点为矩形的角点绘制B型系梁的截面,单击"模式"面板—"完成编辑模式"按钮,切换到前视图,拖拽"拉伸:造型操作柄"至高度"B型系梁的位置"所在参照平面,并创建对齐约束关系,创建完成B型系梁。创建A、B型系梁操作如图2-1-53所示。

(7)创建盖梁以及垫石。

单击"创建"选项卡—"工作平面"面板—"设置"命令,指定新的工作平面名称为"参照平面:中心(前/后)",在"立面:前"视图中,单击"创建"选项卡—"形状"面板—"拉伸"命令,单击"绘制"面板—"直线"命令 , 绘制盖梁轮廓, 按 Esc 键两次退出圆命令, 单击"模式"面板—"完成编辑模式"按钮 , 拖拽"拉伸:造型操作柄"至"盖梁位置1""盖梁位置2"所在参照平面, 并创建对齐约束关系, 切换到右视图, 修改其宽度170cm, 创建盖梁。

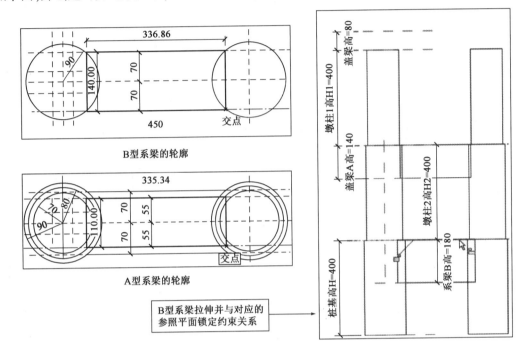

图 2-1-53 创建 A、B 型系梁操作(尺寸单位:cm)

双击项目浏览器中"楼层平面:低于参照平面", 打开该视图。单击"创建"选项卡—"形状"面板—"拉伸"命令 ![], 单击"绘制"面板—"矩形"命令 ![], 利用 Tab 键修改矩形的尺寸为 60cm×60cm, 单击"模式"面板—"完成编辑模式"按钮 ![]。单击"修改"面板—"移动"命令 ![], 移动垫石底中心的位置距离盖梁左侧挡板 80cm 的位置, 切换到前视图中, 修改垫石的高度为 40cm, 拖拽"拉伸:造型操作柄"至"垫石顶位置""垫石底位置"所在参照平面, 并创建对齐约束关系, 创建一个垫石。

单击"修改"面板—"复制"命令 ![] 以及"镜像"命令 ![], 复制镜像创建其他垫石, 切换到前视图, 拖拽"拉伸:造型操作柄"至"垫石顶位置""垫石底位置"所在参照平面, 并创建其他垫石与参照平面的对齐约束关系, 如图 2-1-54 所示。

(8) 参数的驱动。

桥墩族创建完成后, 在族参数中修改盖梁宽度尺寸以及各组成部分的高度等其他参数, 即可改变模型大小, 高度方向能随着参数的修改而发生变化, 完成后分别将文件保存。桥墩参数驱动如图 2-1-55 所示。

完成桥墩各组成部分的参数定义后, 切换到默认三维视图, 桩柱式桥墩三维效果如图 2-1-56所示。

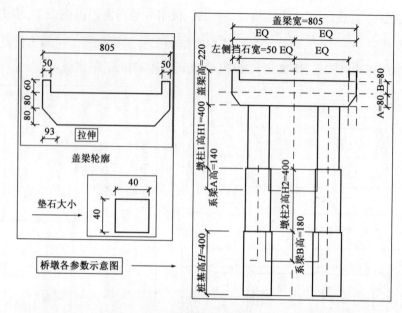

图 2-1-54 桥墩各参数图(尺寸单位:cm)

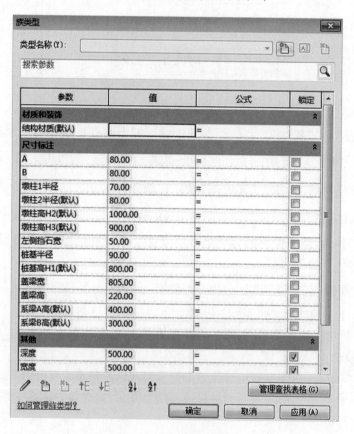

图 2-1-55 桥墩参数驱动

模块二　桥涵构件识图与建模——族与体量基础

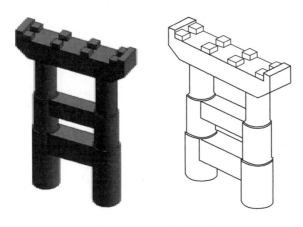

图 2-1-56　桥墩三维效果图

（9）载入项目。

①点击 Revit"文件"菜单—"新建"—"项目"，选择项目样板"结构样板"，新建项目。

②双击项目浏览器"立面:南"，在南立面视图中绘制标高，标高名称为"桥面标高"，设置桥面标高为工作平面，转到"楼层平面:场地"视图。

③单击"插入"选项卡—"从库中载入"面板—"载入族"命令，载入桥墩族。单击"建筑"选项卡—"构建"面板—"柱"命令中"结构柱"命令选项，在"放置"面板中单击"垂直柱"命令，在选项栏中勾选"放置后旋转"，捕捉到桥墩位置点。双击项目浏览器"立面:南"，在南立面视图中，单击"尺寸标注"面板—"高程点"命令，标注桩顶的高程，选择桥墩结构柱，调整属性面板中约束选项，设置底部标高和底部标高偏移，以及修改桩长达到所需桩长。桥墩载入项目操作如图 2-1-57 所示。

知识点:族参数。

一、族参数的种类和层次

参数的种类有:文字、数值、材质等类型。

族参数类型有项目参数、族参数和共享参数等，项目参数用于项目文件，按类别赋予参数信息，族参数用于单个文件构件参数的添加，共享参数用于多个文件和多个构件，添加相同的参数。

二、族参数的添加

族参数的添加，首先指定族类别，比如用常规模型样板创建一根桩，桩属于结构基础，可以指定新的族类别为结构基础。不同的族类别样板有对应的默认的基本族参数。

1. 族参数的添加

单击"属性"面板—"类型"命令，打开"族类型"对话框，一个族可以有多个族类型，单击"新建"命令按钮，可以新建族类型，打开"参数属性"对话框，选择参数类型，其中族参数是存在单独的文件中，共享参数是存在多个项目文件和族共享中。添加参数名称，指定参数的种类，进行具体的参数设置。族类别以及族参数的定义如图 2-1-58 所示。

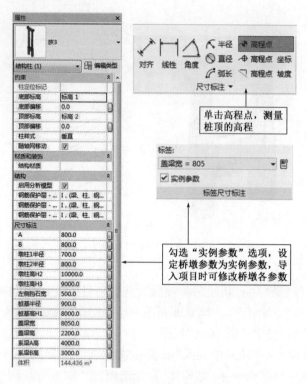

图 2-1-57　桥墩载入项目操作

图 2-1-58　族类别以及族参数的定义

2. 共享参数的添加

在打开的"参数属性"对话框,选择参数类型为"共享参数",单击"选择"按钮,打开"编辑共享参数"对话框,先创建共享参数文件。单击"组"选项中"新建"命令按钮,创建共享新参数组。单击参数选项中"新建"命令按钮,在不同的参数组中创建不同的参数。

创建族参数后,选择某一个参数,就在族文件中添加了该共享参数。

共享参数是用于多个文件、多个构件之间添加统一参数命名的工具。

创建共享参数文件的步骤为:

(1)创建共享文件及共享参数

①创建共享文件。

单击"属性"面板—"类型"命令,打开"族类型"对话框,点击"新建参数"按钮,打开"参数属性"对话框,选择"共享参数"选项中"选择"选项,在"共享参数"对话框中,点击"编辑"按钮,打开"共享参数文件"对话框,点击"创建"选项按钮,创建一个共享文件,保存共享文件。

②添加共享参数分组以及添加参数。

即定义的参数是按照一定的分类组成不同的族参数组,不同分类规则的参数存在不同的参数组中。在打开的"共享参数文件"对话框中分别单击"参数组"选项中的"新建"按钮,创建参数组,在参数组中单击"族参数"的"新建"按钮,在参数组中创建需要的族参数,以上所创建的族参数保存在共享文件中。共享参数的创建操作如图2-1-59所示。

(2)添加族参数并赋予一个初始值

族参数按照不同的分类规则放在不同的族,按照所创建的族文件的需要选择共享文件中所对应的族参数添加到族文件中。添加族参数的步骤如图2-1-60所示。

族中所使用的参数是保存在共享文件中,是从共享文件中调用而不是单独创建的族参数。

将"桩族"载入项目中,修改各参数,理解共享参数的含义。

单击"结构"选项卡—"基础"面板—"独立"命令,放置桩。因为桩顶标高为参照标高,故在标高1视图中不可见。在属性面板中单击"编辑类型",修改桩参数或者复制生成新的桩类型。修改族参数操作过程如图2-1-61所示。

3. 嵌套共享族

新建一个桥台共享嵌套族,先分别建立一些族,比如桩、承台、桥台族(公制结构基础族),然后再建立一个空的族,这个族不做任何模型,只定义前面三个族之间的相对位置关系以及尺寸,再载入项目中。

【实训二】 根据桥台图(图2-1-62),创建桥台(肋板式)的识图嵌套族。

该桥台构成部分如图2-1-63所示。

操作提示:

1. 建立共享文件以及共享参数

单击Revit"文件"菜单—"新建"—"族",打开"新族-选择样板文件"对话框,选择"公制结构基础"族样板。单击"管理"选项卡,设置项目单位为cm。单击"族类型"命令,打开"族类型"对话框,创建共享参数。

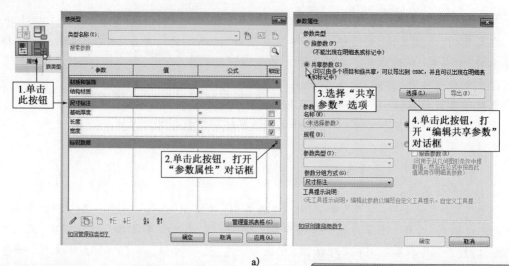

a)

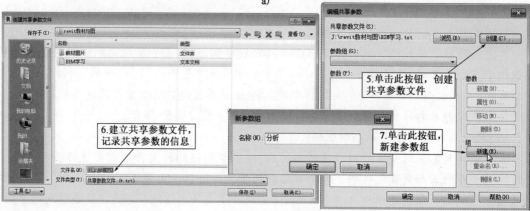

b)

c)

图 2-1-59 共享参数的创建操作

模块二 桥涵构件识图与建模——族与体量基础

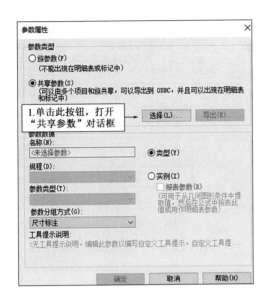

图 2-1-60 添加族参数的步骤

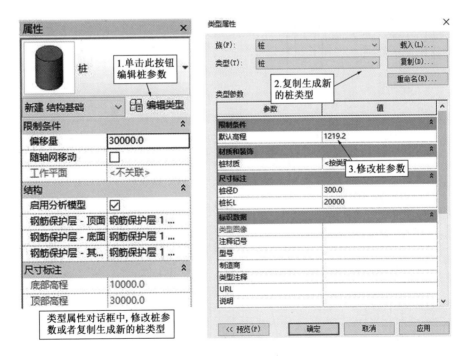

图 2-1-61 修改族参数操作过程

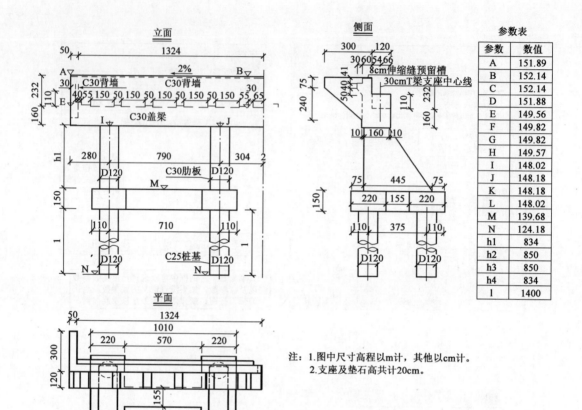

图 2-1-62 桥台图

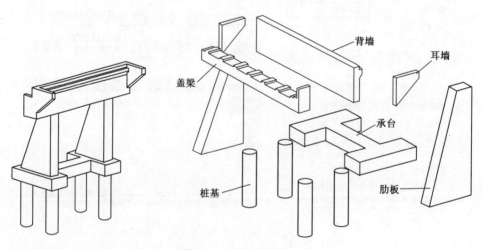

图 2-1-63 桥台组成部分

2. 创建桩基结构基础族

（1）单击"族类型"命令，进行桩基的族参数的定义，并赋予桩基参数一个初始值，桩基族参数定义如图 2-1-64 所示。

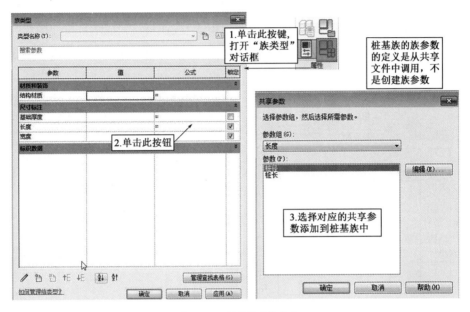

图 2-1-64　桩基族参数定义

（2）在"公制结构基础"族样板中，双击"楼层平面：参照标高"视图，单击"创建"选项卡—"形状"面板—"拉伸"命令，Revit 自动切换到"修改｜创建拉伸"上下文关联选项卡，单击"绘制"面板—"圆"命令，绘制一个圆，单击"测量"面板—"直径"命令标注圆的直径，选中桩基直径尺寸，并进行桩径的参数关联。单击"模式"面板中"完成编辑模式"按钮 ✓，完成桩基拉伸操作，双击"立面：前"视图，在参照标高下方绘制参照平面，并定义参数标签为"桩长"，拖拽桩基下表面的拖拽点到对应的参照平面，并进行约束锁定，保存桩基族。

3. 承台的创建

（1）选择"公制结构基础"族样板，单击"族类型"命令，进行承台族共享参数的定义。
（2）绘制参照平面，标注参照平面之间的尺寸。

绘制参照平面，标注参照平面的尺寸，单击"测量"面板—"标注"命令，在"尺寸标注"面板中选择"对齐"标注，标注参照平面的尺寸，选择尺寸，为尺寸添加标签以创建承台的共享参数。添加承台的共享参数操作，如图 2-1-65 所示。

（3）创建承台，关联参数标签。

创建承台，将承台轮廓与参照平面对齐约束，也就是进行模型边界与参照平面关联，为模型添加参数，改变参照平面的位置，从而改变模

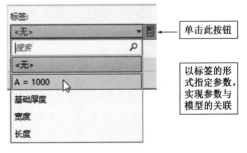

图 2-1-65　添加承台的共享参数操作

型的尺寸大小。

在"楼层平面:参照标高"视图中,单击"创建"选项卡—"形状"面板—"拉伸"命令,Revit自动切换到"修改|创建拉伸"上下文关联选项卡,单击"绘制"面板—"矩形"命令,并进行相应的修改命令,完成如图所示的承台轮廓,单击"修改"面板—"对齐"命令将承台轮廓分别与参照平面对齐约束,单击"模式"面板中"完成编辑模式"按钮 ✓,完成承台拉伸操作。

切换到"立面:前"视图,拖拽承台上表面的拖拽点到对应的参照平面,并进行锁定。承台参数如图2-1-66所示。

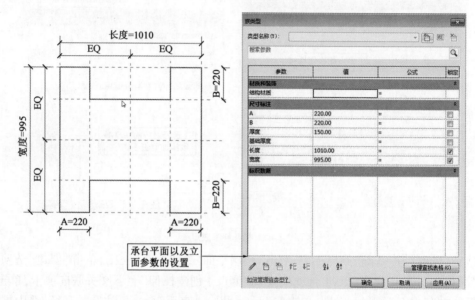

图2-1-66　承台共享参数

单击属性面板中"基于工作平面"以及"共享"选项,保存承台族。

4. 创建肋板族

(1)选择"公制结构基础"族样板,单击"族类型"命令,进行肋板族共享参数的定义。

(2)绘制参照平面,标注参照平面之间的尺寸。

在"楼层平面:参照标高"视图中,绘制参照平面,标注参照平面的尺寸,单击等分标志,并定义肋板厚度参数。单击"工作平面"面板—"设置"命令,设置左侧参照平面作为工作平面,转换到"立面:右"视图,绘制参照平面,单击"测量"面板—"标注"命令,在"尺寸标注"面板中选择"对齐"标注,标注参照平面的尺寸,选择尺寸,为尺寸添加标签,以创建肋板的共享参数。

(3)创建肋板,关联参数标签。

单击"工作平面"面板—"设置"命令,拾取"参照平面:中心(左/右)"作为工作平面,转换到"立面:右"视图,单击"创建"选项卡—"形状"面板—"拉伸"命令,Revit自动切换到"修改|创建拉伸"上下文关联选项卡,单击"绘制"面板的"直线"命令,完成如图2-1-67所示肋板轮廓,单击"修改"面板—"对齐"命令将肋板轮廓分别与参照平面对齐约束,单击"模式"面板中"完成编辑模式"按钮 ✓,完成肋板拉伸操作。

模块二 桥涵构件识图与建模——族与体量基础

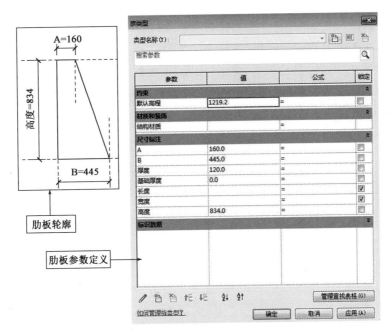

图 2-1-67 肋板轮廓参数(尺寸单位:cm)

切换到"楼层平面:参照标高"视图,拖拽肋板上表面的拖拽点到对应的参照平面,并进行锁定。单击属性面板中"基于工作平面"以及"共享"选项,保存肋板族。

5. 创建桥台上部结构族

(1)盖梁的创建。

单击 Revit"文件"菜单—"新建"—"族",打开"新族-选择样板文件"对话框,单击"公制常规模型"族样板类型,在公制常规模型族样板中,双击"立面:前"视图,单击"创建"选项卡—"形状"面板—"拉伸"命令,Revit 自动切换到"修改|创建拉伸"上下文关联选项卡,单击"绘制"面板—"直线"命令,绘制桥台上部结构的盖梁截面轮廓,如图 2-1-68 所示,在属性面板中设置拉伸起点与终点,使其另一长度方向的尺寸为 120cm,创建完成盖梁。

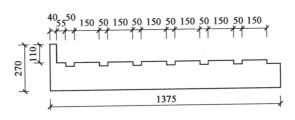

图 2-1-68 盖梁截面轮廓(尺寸单位:cm)

(2)耳墙的创建。

双击"立面:右"视图,单击"创建"选项卡—"形状"面板—"拉伸"命令,Revit 自动切换到"修改|创建拉伸"上下文关联选项卡,单击"绘制"面板的"直线"命令,绘制耳墙的轮廓截面,切换到"立面:前"视图,调整耳墙的位置,修改耳墙的临时尺寸值 50cm,并进行镜像操作得到

另一侧方向的耳墙。

(3)背墙的创建。

双击"立面:右"视图,单击"创建"选项卡—"形状"面板—"拉伸"命令,Revit 自动切换到"修改|创建拉伸"上下文关联选项卡,单击"绘制"面板的"直线"命令,绘制背墙的轮廓截面,切换到"立面:前"视图,调整背墙的位置,修改背墙的临时尺寸值1375cm。耳墙和背墙轮廓如图 2-1-69 所示。

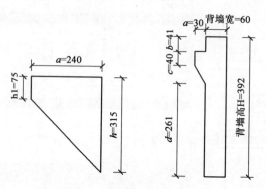

图 2-1-69　耳墙和背墙轮廓(尺寸单位:cm)

6.创建桥台共享嵌套族

新建一个空族(公制常规模型),目的是为了明细表统计。明细表统计是按类别进行统计,为了避免空族与结构基础族相干扰,所以用公制常规模型族样板类别来创建族。这个共享嵌套族主要是定义桩、承台、墩之间的相对位置关系,定义下部结构参照标高,默认用承台顶标高作为下部结构的限制条件标高。

(1)单击 Revit"文件"菜单—"新建"—"族",打开"新族-选择样板文件"对话框,单击"公制常规模型"族样板类型,在公制常规模型族样板中,单击"族类型"命令,在共享文件中,添加一个参数组,在这个参数组添加"指向性命名的族参数",比如桩长、桩径、承台长等。

(2)在立面视图中,把参照标高作为承台顶部标高,分别绘制参照平面名称为"参照平面:桩顶标高"以及"参照平面:肋板顶标高",标注参照平面之间的尺寸,进行尺寸的关联,即定义各构件的相互位置关系的共享参数。在平面视图中,绘制参照平面,标注参照平面之间的尺寸,定义桩纵向与横向距离的共享参数,如图 2-1-70 所示。

(3)分别将桩基、承台、肋板族以及桥台上部结构族载入该共享嵌套族文件中,注意:桩基、承台、肋板族等族文件中族参数分别为"实例参数"。

单击"插入"选项卡—"从库中载入"面板—"载入族"命令,分别载入桩基、承台、肋板以及桥台上部结构族。单击项目浏览器中"族/结构基础/共享桩基族",右键,在快捷菜单中选择"创建实例",单击"放置"面板中"放置在工作平面上"选项,在参照平面交点位置处放置桩,并进行约束锁定(图 2-1-71),切换到"立面:前"视图中,选择桩,右键菜单中"选择全部实例"中"在视图中可见"选项,选中所有的桩基,单击"工作平面"面板—"编辑工作平面"命令,在弹出的"工作平面"对话框中选择"参照平面:桩顶标高",把桩基顶部放置在"参照平面:桩顶标高"位置,并进行约束锁定。

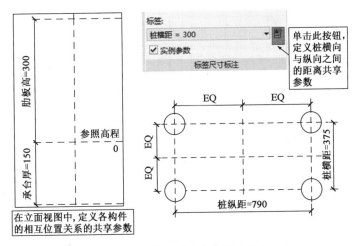

图 2-1-70　位置关系的族共享参数(尺寸单位:cm)

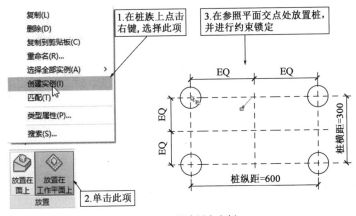

图 2-1-71　创建桥台实例

(4)关联参数

选择桩,在属性面板中进行桩径以及桩长与该共享嵌套族文件中的指向性命名的桩长、桩径族参数进行关联,关联参数前须给予共享嵌套族文件中的指向性命名的桩长、桩径族参数一个初始值。

(5)同样的操作,放置承台、肋板以及上部结构,调整桥台共享嵌套族各组成部分的与参照平面之间的位置关系,并进行对应的约束锁定,以及与该共享嵌套族文件中的指向性命名族参数进行关联,如图 2-1-72 所示。

(6)保存为桥台共享嵌套族,载入项目中

单击"族编辑器"面板—"载入到项目中"命令,将共享桥台族载入到项目中。双击"楼层平面:场地"视图,单击"建筑"选项卡—"构建"面板—"构件"命令中"放置构件",或者单击项目浏览器中"族"下拉列表中"常规模型"中的"桥台共享嵌套族",单击右键,在弹出的快捷菜单中选择"创建实例",鼠标捕捉对应的桥台放置点,把桥台共享嵌套族放置在项目中。单击属性面板中"编辑类型"修改桥台共享嵌套族参数或者复制生成新的桥台族。共享参数驱动如图 2-1-73 所示。

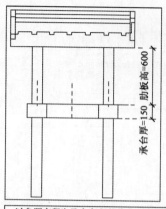
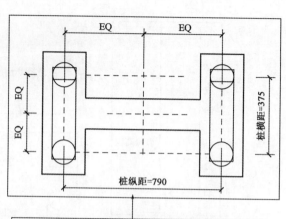

以参照高程为承台高程的基准,在立面视图中定义各构件之间的相互关系

a)

在平面视图中定义各构件之间的相互关系,并进行约束锁定

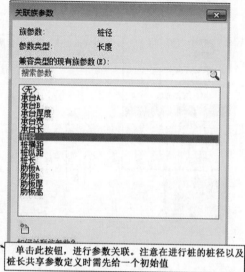

单击此按钮,进行参数关联。注意在进行桩的桩径以及桩长共享参数定义时需先给一个初始值

b)

图 2-1-72 定义各构件之间的关系

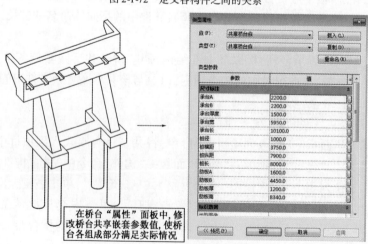

在桥台"属性"面板中,修改桥台共享嵌套参数值,使桥台各组成部分满足实际情况

图 2-1-73 桥台共享参数驱动

学习任务四 桥梁构件族的创建(之四)
——变截面 T 梁

单元一 T 梁截面轮廓族参数的设置

【实训一】 完成 T 梁截面轮廓参数的设置。

操作提示:

(1)打开族编辑器以及项目单位设置。

点击 Revit"文件"菜单—"新建"—"族"—"选择族样板文件"—"公制轮廓",进入族编辑模式。

单击"管理"选项卡—"设置"面板—"项目单位"命令,设置项目单位为 mm。

(2)定义 T 梁的各参数

双击项目浏览器中"楼层平面:参照标高",打开该视图。单击"创建"选项卡—"基准"面板—"参照平面"命令,绘制参照平面。

单击"注释"选项卡—"尺寸标注"面板—"对齐"命令,标注参照平面与默认轴之间的尺寸,单击等分标志符 EQ,使参照平面与默认的中心参照平面对称。标注长度方向的尺寸,选择该尺寸,在"选项栏"标签文本框的下拉列表中单击"添加参数",打开参数属性对话框,在"名称"文本框中输入"T 梁翼板宽度",定义了 T 梁翼板宽度标签,用同样的方法添加 T 梁其他参数。参照平面参数如图 2-1-74 所示。

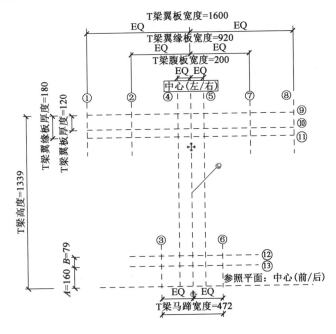

图 2-1-74 参照平面参数(尺寸单位:mm)

（3）单击"创建"选项卡—"详图"面板—"直线"命令，系统自动进入"修改 | 放置线"上下文关联选项卡，默认绘制方式为直线，绘制 T 梁的轮廓。并运用对齐命令，使 T 梁各轮廓与对应的参照平面对齐锁定。绘制 T 梁轮廓操作，如图 2-1-75 所示。

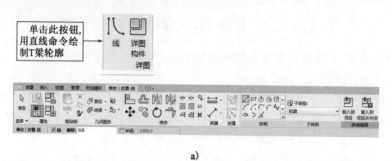

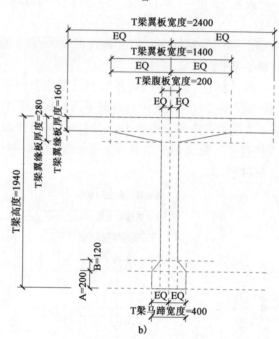

图 2-1-75　T 梁轮廓操作（尺寸单位：mm）

（4）单击"属性"面板—"族类型"命令，打开"族类型"对话框，设置 T 梁中梁各参数，结果如图 2-1-76 所示。

（5）点击 Revit"文件"菜单—"另存为"—"族"，打开"另存为"对话框，保存 T 梁中梁轮廓族。

（6）单击"属性"面板—"族类型"命令按钮，打开"族类型"对话框，设置 T 梁边梁腹板宽度参数，得到 T 梁边梁轮廓族，结果如图 2-1-77 所示。

（7）点击 Revit"文件"菜单—"另存为"—"族"，打开"另存为"对话框，保存 T 梁边梁轮廓族。

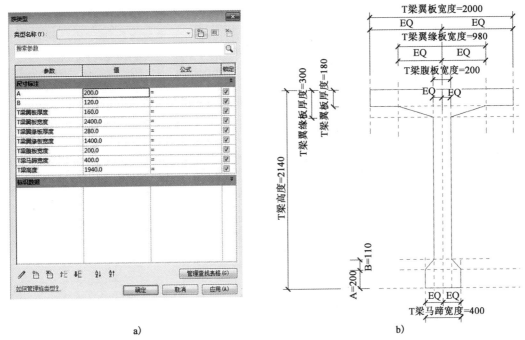

图 2-1-76　T 梁中梁各参数(尺寸单位:mm)

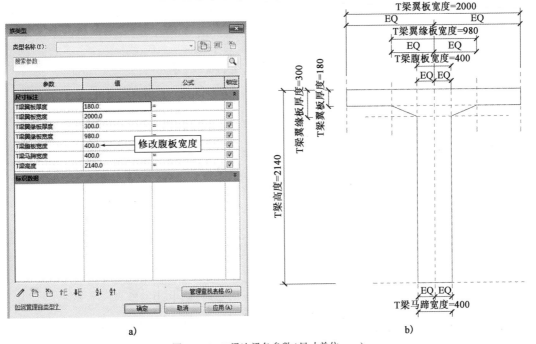

图 2-1-77　T 梁边梁各参数(尺寸单位:mm)

(8)按同样的方法,绘制 T 梁隔板轮廓,并定义 T 梁中梁隔板参数,如图 2-1-78 所示。

(9)点击 Revit"文件"菜单—"另存为"—"族",打开"另存为"对话框,保存 T 梁中梁隔板轮廓族。

(10)单击"属性"面板—"族类型"命令 ![icon], 打开"族类型"对话框, 设置 T 梁隔板宽度参数, 得到 T 梁边梁隔板轮廓族, 结果如图 2-1-79 所示。

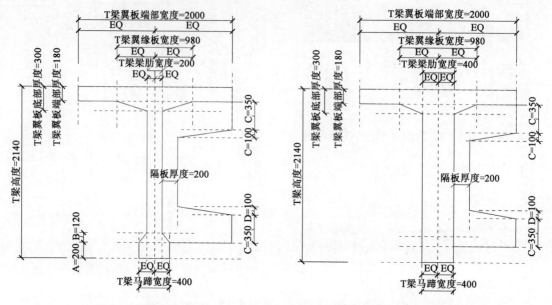

图 2-1-78　T 梁中梁隔板参数(尺寸单位:mm)　　　　图 2-1-79　T 梁边梁隔板参数(尺寸单位:mm)

(11)点击 Revit"文件"菜单—"另存为"—"族", 打开"另存为"对话框, 保存 T 梁边板隔板轮廓族。

单元二　创建变截面 T 梁

【实训二】　根据所给的 T 梁立体图(图 2-1-80), 完成 T 梁的建模。

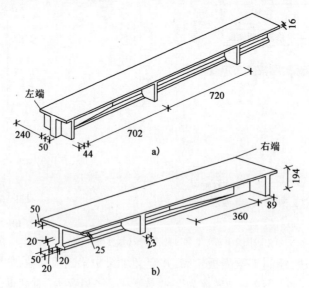

图 2-1-80　T 梁立体(尺寸单位:cm)

识图：

根据所给的立体图得知：该T梁从左到右截面有变化，左端有一段360cm长的变截面段，中间是均匀截面段，右端又有一个360cm的变截面段，有四个横隔板，厚度为23cm。

操作提示：

(1)单击Revit"文件"菜单—"打开"—"族"，分别打开"单元"—"所创建的T梁轮廓参数族"，修改T梁轮廓族参数，分别得到T梁端部以及跨中T梁轮廓。端部及跨中T梁轮廓参数如图2-1-81、图2-1-82所示。

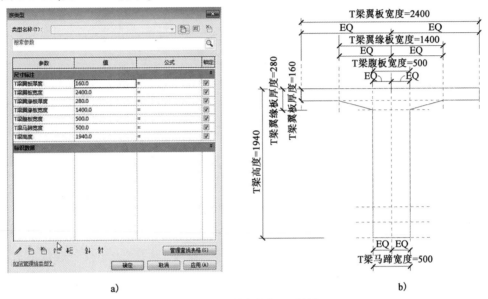

图2-1-81　T梁端部轮廓参数(尺寸单位：mm)

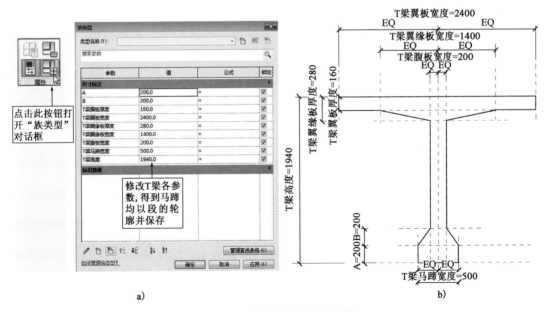

图2-1-82　T梁跨中轮廓参数(尺寸单位：mm)

（2）单击 Revit"文件"菜单—"新建"—"族"—选择族样板文件—"公制结构框架-梁和支撑"族，进入族编辑模式。

（3）单击"创建"选项卡—"绘制"面板—"参照平面"命令，Revit 自动切换到"修改|放置参照平面"上下文关联选项卡，在选项栏中"偏移量"文本框中输入各偏移值，单击绘制方式为拾取线，绘制如图 2-1-83 所示的参照平面。

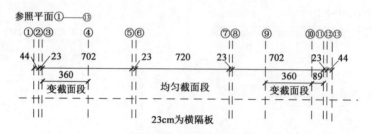

图 2-1-83 T 梁参照平面体系（尺寸单位：cm）

（4）单击"插入"选项卡—"从库中载入"面板—"载入"命令，分别载入 T 梁各轮廓族。

（5）T 梁左侧端部变截面段的建模。

单击项目浏览器"立面：左"，打开左视图，单击"创建"选项卡—"工作平面"面板—"设置"命令，设置参照标高为工作平面，切换到"楼层平面：参照标高"视图。单击"创建"选项卡—"形状"面板—"放样"命令，Revit 自动切换到"修改|放样"上下文关联选项卡，选择"绘制路径"绘制路径，用"直线"命令绘制参照平面①到参照平面③之间的直线，单击"完成编辑"模式中的"✓"，完成路径的绘制，单击"编辑轮廓"按钮，切换到"立面：左"，单击编辑轮廓按钮，单击轮廓面板中"草图"下拉列表，选择 T 梁（无马蹄形）轮廓族，单击"完成编辑"模式中的"✓"，完成轮廓的绘制，再次"完成编辑"模式中的"✓"，完成放样操作。T 梁左侧端部均匀段的建模操作如图 2-1-84 所示。

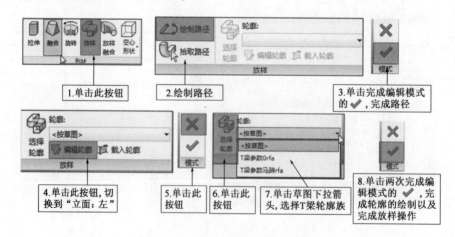

图 2-1-84 T 梁左侧端部均匀段的建模操作

(6) T梁中间均匀段的建模。

按照以上操作,绘制参照平面④到参照平面⑨之间的带有马蹄形的均匀段,载入马蹄形T梁轮廓族。

(7) T梁变截面段的建模。

设置参照标高为工作平面,切换到"楼层平面:参照标高"视图。单击"创建"选项卡—"形状"面板—"放样融合"命令,Revit自动切换到"修改|放样融合"上下文关联选项卡,选择"绘制路径"绘制路径,用"直线"命令绘制操作平面③到参照平面④之间的直线,单击"完成编辑"模式中的✓,完成路径的绘制,单击"选择轮廓1"按钮,单击"编辑轮廓"按钮,切换到"立面:左",单击"绘制"面板—"拾取线"命令,拾取T梁(无马蹄形轮廓),注意距离马蹄位置单独绘制直线,单击"完成编辑"模式中的✓,完成T梁无马蹄形轮廓的绘制。单击"选择轮廓2"按钮,单击"编辑轮廓"按钮,切换到"立面:左",拾取线的方式拾取T梁(马蹄形轮廓),单击"完成编辑"模式中的✓,完成轮廓的绘制,再次"完成编辑"模式中的✓,完成放样融合操作。T梁变截面段的建模操作以及三维效果如图2-1-85所示。

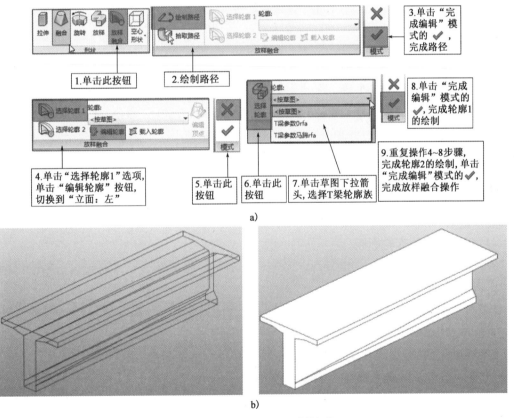

图2-1-85 T梁变截面段的建模操作

注意:变截面段没有马蹄形轮廓,注意在T梁下部20cm位置单独画直线。

(8) 完成其他均匀段和变截面段的绘制。

(9)横隔板的绘制。

设置参照标高为工作平面,切换到"楼层平面:参照标高"视图。单击"创建"选项卡—"形状"面板—"放样"命令,Revit自动切换到"修改|放样"上下文关联选项卡,选择"绘制路径"绘制路径,用"直线"命令绘制操作平面②到参照平面③之间的直线,单击"完成编辑"模式中的,完成路径的绘制,单击"编辑轮廓"按钮,切换到"立面:左",单击"绘制"面板—"直线"命令,绘制横隔板的轮廓,绘制完成后,单击"完成编辑"模式中的,完成轮廓的绘制,再次单击"完成编辑"模式中的,完成横隔板的放样操作。

选择已创建的横隔板,单击"修改"面板—"镜像"命令,完成T梁另一侧横隔板的创建,单击"修改"面板—"复制"命令,完成T梁其他横隔板的创建。

创建完成T梁,切换到默认的三维视图,T梁的三维效果图如图2-1-86所示。

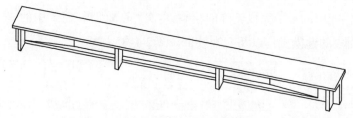

图2-1-86 T梁的三维效果图

(10)载入项目,并创建T梁。

单击"修改"选项卡—"族编辑器"面板—"载入到项目并关闭"命令,载入到项目中。

双击"结构平面:场地",打开该视图,单击"结构"选项卡—"结构"面板—"梁"命令,鼠标捕捉梁的起点和终点,放置梁。单击该T梁,在属性面板中设置起点标高偏移,终点标高偏移,完成梁的创建。

【实训三】 根据所给的T梁图(图2-1-87),使用内建族的方式创建变截面T梁。
建模提示:
(1)创建T梁外部轮廓族。

点击Revit"文件"菜单—"新建"—"族"—"选择族样板文件"—"公制轮廓",创建T梁中梁以及边梁外部轮廓族。

(2)单击"建筑"选项卡—"构建"面板—"构件"的下拉菜单,选择"内建模型"命令选项(此处的"内建模型"和"内建族"是同一个概念)。

(3)在弹出的"族类别和族参数"对话框中选择适合的族类别,选择"常规模型"。定义内建模型的名称,如T梁中梁,操作如图2-1-88所示。

(4)双击项目浏览器"楼层平面:标高1",打开标高1视图。单击"创建"选项卡—"基准"面板—"参照平面"命令,绘制如图2-1-89所示的变截面T梁参照平面体系。

(5)单击"插入"选项卡—"从库中载入"面板—"载入族"命令,找到T梁中梁以及边梁轮廓族。

模块二 桥涵构件识图与建模——族与体量基础

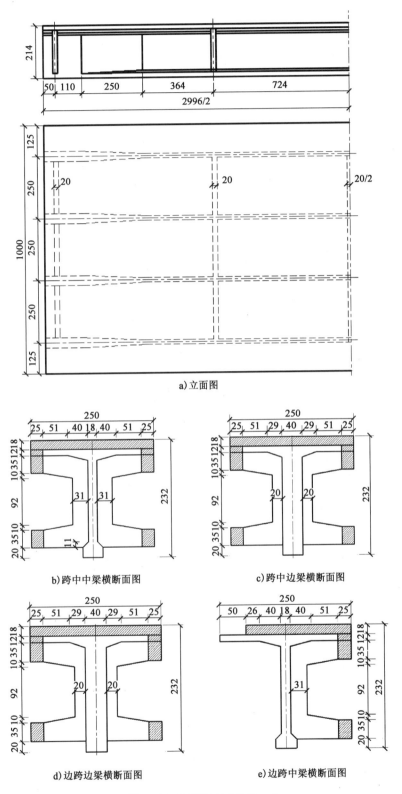

图 2-1-87 T 梁图(尺寸单位:cm)

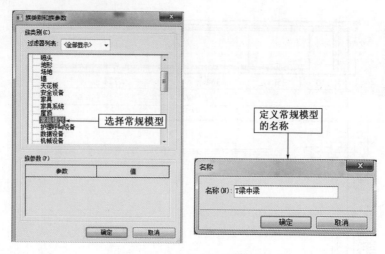

图 2-1-88 定义内建模型名称操作

(6)创建均匀段 T 梁。

单击"创建"选项卡—"形状"面板—"放样"命令选项，进入"放样"编辑模式。

单击"放样"面板—"绘制路径"，捕捉参照平面③与参照平面⑧的交点作为路径的起点，向右绘制路径，绘制参照平面③与参照平面⑤之间的 T 梁路径，单击"模式"面板中"完成编辑模式"按钮，完成放样路径操作。

①单击"选择轮廓"，选择载入的轮廓族，也

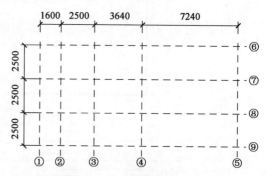

图 2-1-89 变截面 T 梁参照平面体系（尺寸单位：mm）

可以采用编辑轮廓的方式，应根据桥面板的实际尺寸创建桥面板形状的截面。请注意放样路径和截面之间的关系，路径必须穿过截面，单击"模式"面板中"完成编辑模式"按钮，完成轮廓的绘制。再次单击"完成编辑模式"按钮可完成放样，单击"在位编辑器"面板—"完成模型"按钮，完成 T 梁中梁的创建。放样建模操作如图 2-1-90 所示。

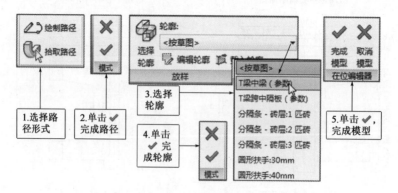

图 2-1-90 放样建模操作

②选中放样生成的模型,通过更改其"图元属性"中的"材质"可以定义其材质。

③选择 T 梁,单击"修改"面板—"复制"命令选项,选择选项栏中"多个"复选项,复制生成其他的 T 梁。

(7)变截面段的 T 梁。

①按照上述操作过程,单击"建筑"选项卡—"构建"面板—"构件"的下拉菜单,选择"内建模型"命令选项,定义新的内建模型。单击"创建"选项卡—"形状"面板—"放样融合"命令选项,进入"放样融合"编辑模式。单击"放样融合"面板—"绘制路径",捕捉参照平面②与参照平面⑧的交点作为路径的起点,向右绘制路径,单击"模式"面板中"完成编辑模式"按钮,完成参照平面②与参照平面③之间的 T 梁路径。

②分别选择 T 梁两端部以及带马蹄的断面轮廓作为轮廓 1 和轮廓 2,单击"模式"面板中"完成编辑模式"按钮,完成轮廓的绘制。单击"在位编辑器"面板—"完成模型"按钮,完成 T 梁变截面段梁的创建。放样融合建模操作如图 2-1-91 所示。

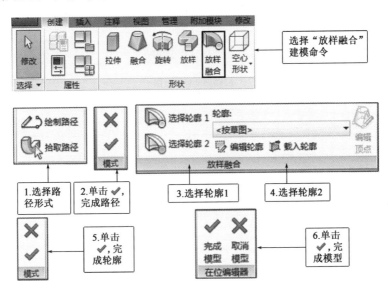

图 2-1-91　放样融合建模操作

变截面段的 T 梁的三维效果图如图 2-1-92 所示。

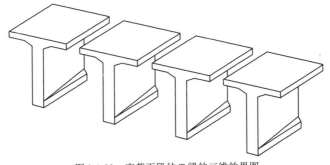

图 2-1-92　变截面段的 T 梁的三维效果图

(8)同样的操作,创建端部 T 梁。
(9)隔板的创建。

同样的操作,创建隔板,注意中部隔板和端部隔板轮廓不同,如图 2-1-93 所示。
隔板平面图以及三维效果图,如图 2-1-94 所示。

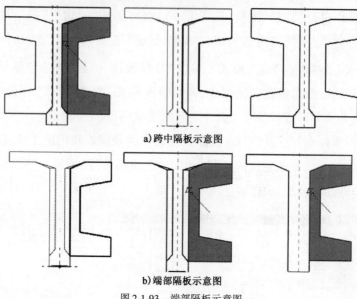

图 2-1-93　端部隔板示意图

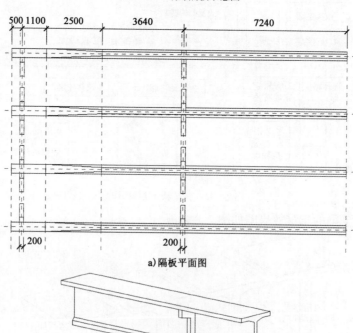

图 2-1-94　隔板(尺寸单位:mm)

（10）创建两 T 梁间现浇段以及隔板现浇段模型，主要是利用拉伸命令。现浇段截面轮廓以及 T 梁三维效果如图 2-1-95 所示。

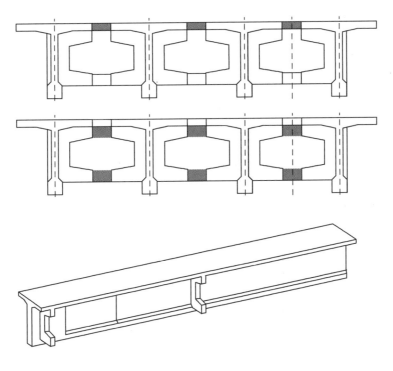

图 2-1-95　现浇段截面轮廓以及 T 梁三维效果

学习任务五　桥梁构件族的创建（之五）——箱梁族（一）

单元一　内建箱梁模型

【实训一】　创建单箱单室箱梁，箱梁梁高 2.2m，梁顶宽 13.25m，梁底宽 7.05m，跨中腹板厚 0.6m，顶板中部厚 0.45m，底板厚 0.45m，顶板翼缘厚 0.2m，如图 2-1-96 所示。

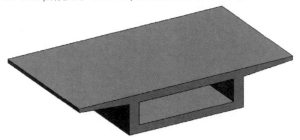

图 2-1-96　单箱单室箱梁示意图

操作提示：

一、箱梁截面族参数的设置

（1）打开族编辑器以及设置项目单位

点击 Revit"文件"菜单—"新建"—"族"，打开"新族-选择样板文件"族编辑对话框，选择"公制轮廓"族样板，进入族编辑模式，新建轮廓族。

单击"管理"选项卡—"设置"面板—"项目单位"命令，设置项目单位为 cm。

（2）定义箱梁轮廓参数

双击项目浏览器中"楼层平面:参照标高"，打开该视图。单击"创建"选项卡—"基准"面板—"参照平面"命令，绘制参照平面。

单击"创建"选项卡—"尺寸标注"面板—"对齐"命令，标注参照平面尺寸。选中尺寸标注，对尺寸添加标签。单击选项栏中"标签"文本框的"添加参数"选项，设置参数名称、参数类型，如图 2-1-97 所示。

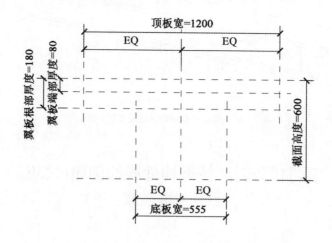

图 2-1-97　箱梁轮廓参数(尺寸单位:mm)

（3）创建箱梁轮廓并与参照平面关联

单击"创建"选项卡—"详图"面板—"直线"命令选项，在"绘制"面板中选择绘制轮廓的命令"直线"，绘制完成箱梁外部轮廓，单击"修改"面板—"对齐"命令，使箱梁轮廓线与各参照平面进行关联，完成箱梁轮廓族的创建，并定义箱梁族参数，修改箱梁各参数，检查参数是否能驱动。操作如图 2-1-98 所示。

（4）箱梁内部轮廓参数的定义，如图 2-1-99 所示。点击 Revit"文件"菜单—"另存为"—"族"，打开"另存为"对话框，保存箱梁外部轮廓以及内部轮廓族。

（5）调整箱梁族参数，分别生成如图 2-1-100 所示的箱梁轮廓族。

模块二 桥涵构件识图与建模——族与体量基础

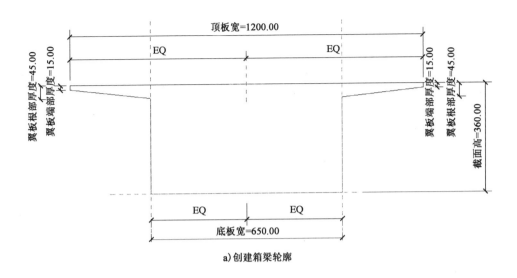

a)创建箱梁轮廓

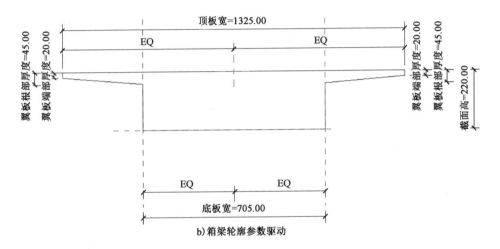

b)箱梁轮廓参数驱动

图 2-1-98 操作(尺寸单位:mm)

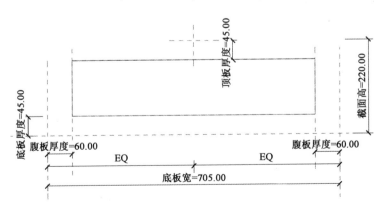

图 2-1-99 定义箱梁内部轮廓参数(尺寸单位:mm)

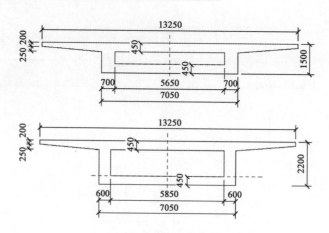

图 2-1-100　箱梁轮廓族(尺寸单位:mm)

二、创建箱梁

1. 新建项目,并保存为"变截面箱梁"项目文件

单击 Revit 软件"文件"菜单—"新建"—"项目",打开"新建项目"对话框,选择"建筑样板",选择"项目",新建一个项目文件

2. 内建模型,通过放样融合以及空心融合命令建立变截面箱梁

(1)单击"建筑"选项卡—"构建"面板—"构件"命令下拉菜单—"内建模型"命令,在打开的族类别和族参数对话框中选择"常规模型",定义常规模型的名称为"变截面箱梁"。操作如图 2-1-101 所示。

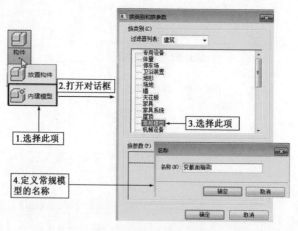

图 2-1-101　定义内建模型的名称操作

(2)单击"创建"选项卡—"形状"面板—"放样融合"命令,Revit 自动切换到"修改 | 放样融合"上下文关联选项卡。选择"绘制路径"选项,绘制放样融合,单击"完成编辑模式"按钮,完成变截面箱梁路径的编辑。单击"放样融合"面板中"载入轮廓"命令,分别载入轮廓1、轮廓2,单击"选择轮廓1"选项,在轮廓列表中选择端部箱梁的外部轮廓,再单击"选择轮廓

2"选项,选择中部箱梁外部轮廓,单击"完成编辑模式"按钮 ✓,完成变截面箱梁的外部创建。变截面箱梁外部放样融合建模操作及三维效果如图 2-1-102 所示。

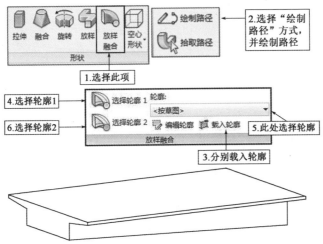

图 2-1-102　变截面箱梁外部放样融合建模操作以及三维效果图

(3)单击"创建"选项卡—"形状"面板—"空心形状"命令中的"空心融合"命令,Revit 自动切换到"修改|创建融空心合底部边界"上下文关联选项卡。双击项目浏览器中"楼层平面:标高1",打开该视图,单击"工作平面"面板—"设置"命令，设置左侧跨中截面为工作平面,并转换到东立面视图。单击"绘制"面板—"矩形"命令,绘制矩形,并修改矩形大小为 5650mm × 600mm,用"移动"命令调整矩形位置。

(4)单击"模式"面板中"编辑顶部",双击项目浏览器中"楼层平面:标高1",打开该视图,Revit 自动切换到"修改|创建融空心合顶部边界"上下文关联选项卡。设置右侧端部截面为工作平面,在东视图中绘制矩形截面,调整大小为 5850mm × 1300mm 以及位置,单击"完成编辑模式"按钮 ✓,完成变截面箱梁的创建。变截面箱梁内部空心放样融合建模操作及三维效果如图 2-1-103 所示。

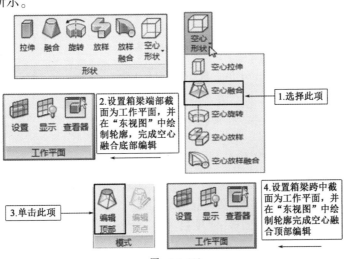

图 2-1-103

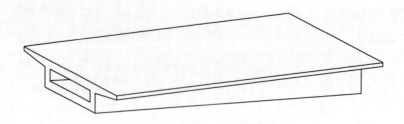

图 2-1-103 变截面箱梁内部空心放样融合建模操作及三维效果

单元二 创建直线形变截面箱梁(公制结构框架-梁与支撑族)

【实训二】 创建变截面箱梁 0 号块族,如图 2-1-104 所示。

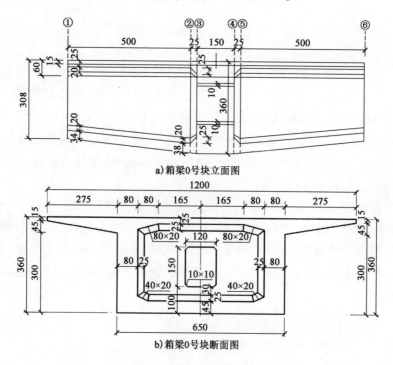

a)箱梁0号块立面图

b)箱梁0号块断面图

图 2-1-104 箱梁 0 号块(尺寸单位:cm)

操作提示:

采用"公制结构框架-梁与支撑"族来创建箱梁。

一、定义箱梁内部轮廓参数

点击 Revit"文件"菜单—"新建"—"族",打开"新族-选择样板文件"族编辑对话框,选择"公制轮廓"族样板,进入族编辑模式,新建轮廓族。

单击"管理"选项卡—"设置"面板—"项目单位"命令,设置项目单位为 cm。

绘制如图所示的参照平面,并进行尺寸标注,绘制箱梁内部轮廓,对内部轮廓与参照平面进行关联,单击Revit"文件"菜单保存选项,保存箱梁内部轮廓族如图2-1-105所示。

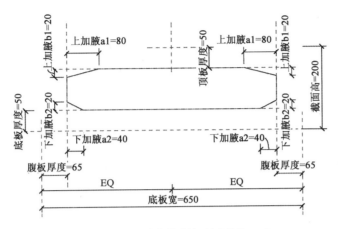

图 2-1-105　箱梁内部轮廓族(尺寸单位:mm)

按照如图2-1-106所示箱梁截面,调整各参数,检查箱梁各参数的驱动。

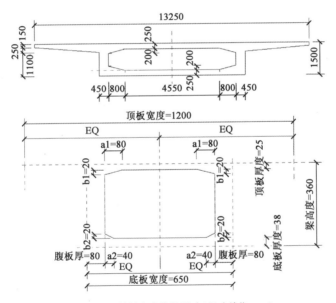

图 2-1-106　箱梁各参数的驱动(尺寸单位:mm)

二、连续梁变截面 0 号块操作提示

根据 0 号块的立面视图,把 0 号块分段,分成五段,又知 0 号块具有对称的特点,只需创建左侧部分,右侧部分采用"修改"面板中的"镜像"命令完成。

(1)点击Revit"文件"菜单—"新建"—"族",打开"新族-选择样板文件"族编辑对话框,选择"公制结构框架-梁和支撑"族样板,进入族编辑模式,删除已有的参照平面。

(2)单击"创建"选项卡—"基准"面板—"参照平面"命令,绘制参照平面,如图 2-1-107 所示。

图 2-1-107　参照平面图(尺寸单位：mm)

(3)创建箱梁 0 号块的左侧外部顶板。

该部分采用"融合"命令。单击"创建"选项卡—"形状"面板—"融合"命令,设置参照平面①为工作平面,切换到右视图,在右视图中完成参照平面①箱梁的外部截面轮廓的绘制;双击"楼层平面:参照标高"视图,设置参照平面③为工作平面,切换到右视图,单击"融合命令的编辑顶部",在右视图中完成参照平面③箱梁的外部截面轮廓的绘制,单击"模式"面板中"完成编辑模式"按钮✓,完成融合生成箱梁 0 号块的左侧外部顶板。箱梁 0 号块的左侧外部顶板截面轮廓以及操作如图 2-1-108 所示。

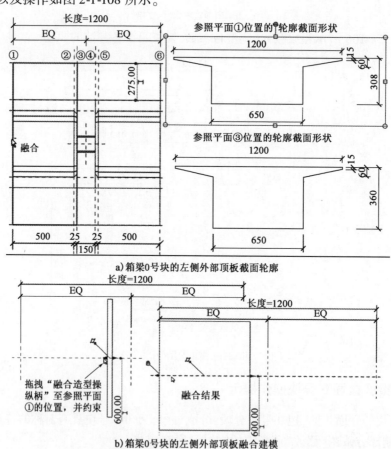

图 2-1-108　箱梁 0 号块的左侧外部顶板截面轮廓以及操作

(4)创建箱梁 0 号块的左侧内部腹板。

该部分采用"空心融合"命令。单击"创建"选项卡—"形状"面板—"空心形状"命令选项中"空心融合"命令,设置参照平面①为工作平面,切换到右视图,在右视图中完成参照平面

①箱梁的内部截面轮廓的绘制:双击"楼层平面:参照标高"视图,设置参照平面②为工作平面,切换到右视图,单击"融合命令的编辑顶部",在右视图中完成参照平面②箱梁的内部截面轮廓的绘制,单击"模式"面板中"完成编辑模式"按钮✓,完成融合生成箱梁 0 号块的左侧内部腹板。箱梁 0 号块的左侧内部顶板截面轮廓以及操作如图 2-1-109 所示。

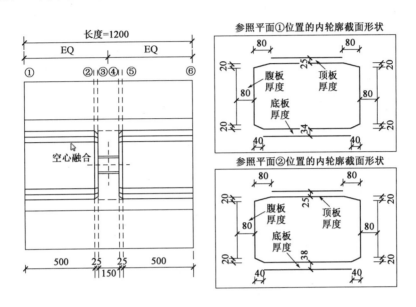

图 2-1-109　箱梁 0 号块的左侧外部顶板截面轮廓(尺寸单位:mm)

(5)创建箱梁 0 号块的左侧参照平面②、③位置内部腹板,其截面轮廓以及操作如图 2-1-110 所示。

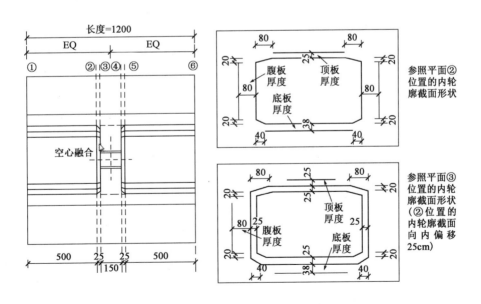

图 2-1-110　箱梁 0 号块参照平面②、③位置内部腹板截面轮廓(尺寸单位:mm)

(6)创建箱梁0号块的左侧参照平面③、④位置外轮廓截面。

该部分采用"放样"命令。单击"创建"选项卡—"形状"面板—"放样"命令,单击"绘制路径",绘制参照平面③、④之间的路径,单击"模式"面板中"完成编辑模式"按钮✔,完成路径的绘制;单击"编辑轮廓",在右视图中完成箱梁参照平面③、④位置的外部截面轮廓的绘制,单击"模式"面板中"完成编辑模式"按钮✔,完成融合生成箱梁0号块的参照平面③、④位置外部顶板。其截面轮廓以及操作如图2-1-111所示。

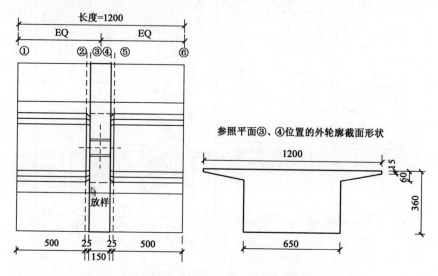

图2-1-111 箱梁0号块参照平面③、④位置外轮廓截面(尺寸单位:mm)

(7)创建箱梁0号块的左侧参照平面③、④位置内部腹板截面轮廓。

该部分采用空心拉伸,其截面轮廓以及操作如图2-1-112所示。

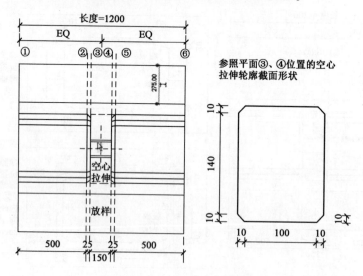

图2-1-112 箱梁0号块参照平面③、④位置内部腹板截面轮廓(尺寸单位:mm)

(8)箱梁 0 号块的三维效果图如图 2-1-113 所示。

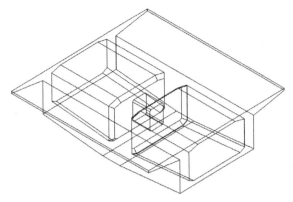

图 2-1-113　箱梁 0 号块的三维效果图

(9)箱梁 0 号块创建完成后,单击 Revit 软件"文件"菜单—"另存为"—"族",保存箱梁 0 号块族,载入项目中。

【实训三】　创建箱梁现浇段,如图 2-1-114 所示。

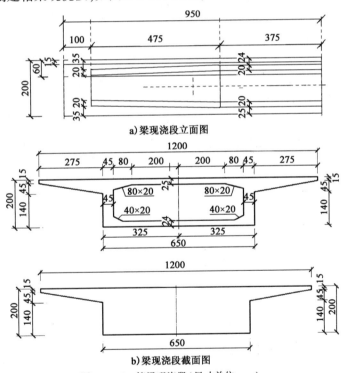

图 2-1-114　箱梁现浇段(尺寸单位:mm)

操作提示:

(1)采用"放样融合"创建箱梁外部。其截面轮廓以及操作如图 2-1-115 所示。

(2)创建箱梁变截面空心段。其截面轮廓以及操作如图 2-1-116 所示。

(3)创建箱梁均匀段的空心段,其截面轮廓以及操作如图 2-1-117 所示。

(4)现浇段箱梁三维,切换到三维视图,其三维效果图如图 2-1-118 所示。

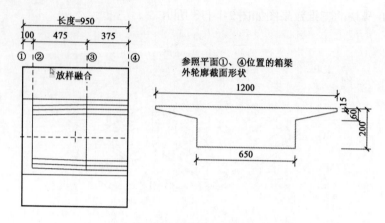

图 2-1-115　箱梁外轮廓截面形状(尺寸单位:mm)

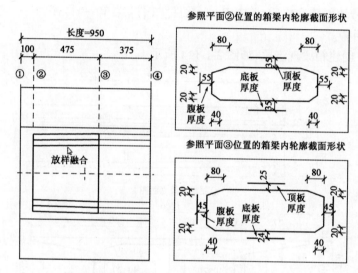

图 2-1-116　变截面空心段截面轮廓(尺寸单位:mm)

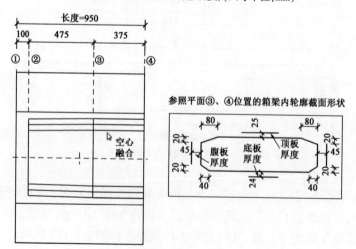

图 2-1-117　均匀段空心部分截面轮廓(尺寸单位:mm)

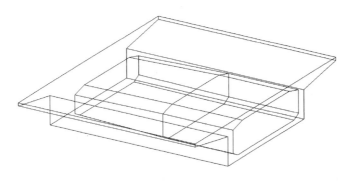

图2-1-118　现浇段箱梁三维效果图

（5）现浇段箱梁创建完成后，单击Revit软件"文件"菜单—"另存为"—"族"，保存箱梁现浇段族，载入项目中。

单元三　创建曲线型变截面箱梁（公制结构框架-梁与支撑族）

【实训四】　创建纵断面竖曲线为圆曲线线形的箱梁族，如图2-1-119所示。

操作提示：

该梁族采用放样命令创建，放样路径为横桥向截面方向，轮廓为纵断面竖曲线为圆曲线线型的轮廓，分别拆分为顶板、底板以及腹板轮廓。

1. 打开"公制轮廓"族编辑器

点击Revit"文件"菜单—"新建"—"族"，打开"新族-选择样板文件"族编辑对话框，选择"公制轮廓"族样板，进入族编辑模式，新建轮廓族。

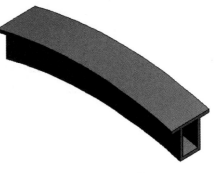

图2-1-119　箱梁族

2. 定义竖向轮廓族

单击"创建"选项卡—"基准"面板—"参照平面"命令，绘制参照平面。单击"创建"选项卡—"尺寸标注"面板—"对齐"命令，标注参照平面尺寸。选中尺寸标注，对尺寸添加标签，分别添加前后段竖曲线的水平坡长。

运用圆弧命令绘制竖向圆弧，定义圆弧的中心和半径参数，如图2-1-120所示。

绘制竖向轮廓，并进行相应的约束，移动参照平面位置，检查坡长的参数驱动，保存该轮廓族。竖向轮廓以及参数如图2-1-121所示。

3. 创建箱梁顶板族、底板族以及腹板族

点击Revit"文件"菜单—"新建"—"族"，打开"新族-选择样板文件"族编辑对话框，选择"公制结构框架-梁与支撑"族样板，进入族编辑模式。

单击"载入"选项卡—"从库中载入"面板—"载入"命令，把"轮廓族"载入到该箱梁顶板梁族中。绘制参照平面，定义顶板、底板宽度参数，定义圆心位置。单击"创建"选项卡—"形状"面板—"放样"命令，选择"绘制路径"方式绘制横桥向的路径，并与圆心位置以及顶板宽度

参照平面进行约束,选择"轮廓"族,完成箱梁顶板族的创建。梁顶板族的创建如图 2-1-122 所示。

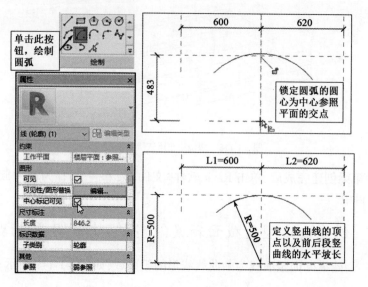

图 2-1-120 圆弧的绘制

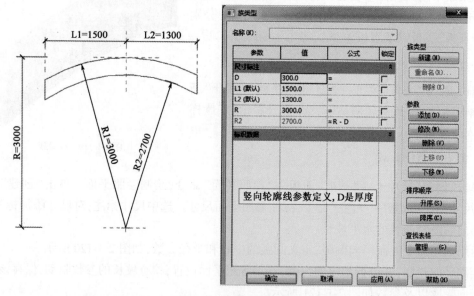

图 2-1-121 竖向轮廓以及参数

箱梁顶板族与对应的轮廓族进行关联得到箱梁顶板族,关联操作如图 2-1-123 所示。

4. 创建箱梁底板族以及腹板族

(1)定义箱梁高度,复制顶板到底板位置,设置底板的工作平面,调整底板的相应参数,箱梁底板轮廓参数与箱梁族底板参数关联。设置底板的工作平面以及箱梁底板族与对应的轮廓族关联操作,如图 2-1-124 所示。

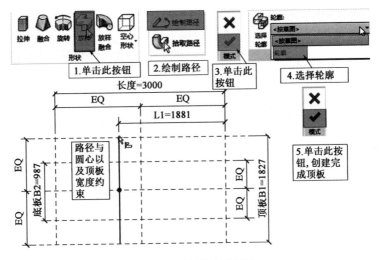

图 2-1-122 梁顶板族的创建

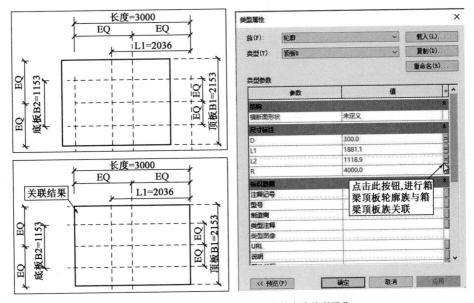

图 2-1-123 箱梁顶板族与对应的轮廓族关联操作

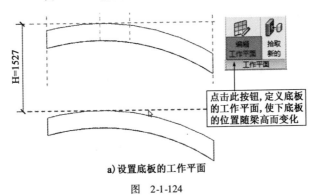

a) 设置底板的工作平面

图 2-1-124

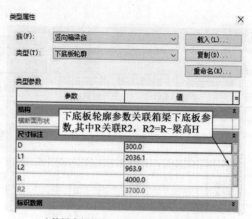

b) 箱梁底板族与对应的轮廓族关联操作

图 2-1-124　设置底板的工作平面以及箱梁底板族与对应的轮廓族关联操作

（2）放样生成箱梁底板，底板由顶板复制生成，选择复制生成的底板，修改底板的路径，调整底板的宽度。操作如图 2-1-125 所示。

（3）依上所述，复制顶板到腹板位置，设置腹板的工作平面，调整腹板的相应参数，腹板轮廓参数与箱梁腹板参数关联，如图 2-1-126 所示。

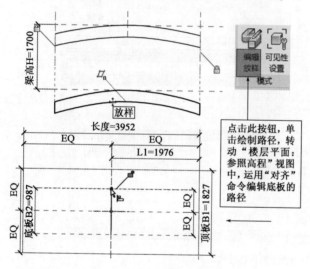

图 2-1-125　箱梁底板的建模

图 2-1-126　腹板轮廓参数与箱梁腹板参数关联

（4）箱梁族参数以及各参数之间的关系，如图 2-1-127 所示。

（5）单击"几何图形"面板—"连接"命令，把箱梁顶板、底板以及腹板连接成为一个整体。

5. 翼板的操作

翼板采用空心放样创建，其操作过程如图 2-1-128 所示。

保存该箱梁族，并单击"族编辑器"面板中的"载入到项目中"命令，可以在项目中创建竖曲线线形的变截面箱梁。

模块二 桥涵构件识图与建模——族与体量基础

图 2-1-127 箱梁族参数以及各参数之间的关系

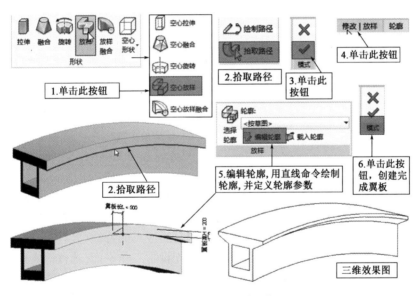

图 2-1-128 翼板的创建操作

学习任务六 桥梁构件族的创建(之六)
——箱梁族(二)

可采用"自适应"族编辑模式创建箱梁族

单击 Revit"文件"菜单—"新建"—"族"选项,在打开的"新族-选择样板文件"对话框中选择"自适应公制常规族.rft",单击"打开"按钮,进入族编辑模式,如图 2-1-129 所示。

图 2-1-129　"新族-选择样板文件"对话框

双击项目浏览器面板中"楼层平面:参照标高"视图,切换至参照标高平面视图中,单击"绘制"面板—"点图元"命令 ⊙,鼠标单击建立参照点,按 Esc 键退出绘制状态后,选中参照点,单击"自适应构件"面板—"使自适应"命令 △,为参照点添加顺序编号。选择两自适应点,单击"绘制"面板—"通过点的样条曲线"命令 ⊙,在两自适应点之间创建一条样条曲线。操作如图 2-1-130 所示。

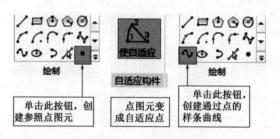

图 2-1-130　自适应操作

创建一个点,并把这个点变成自适应构件,载入项目中后鼠标点击捕捉的点就变成定位的点,如果不是自适应点,鼠标捕捉的点默认状态是参照平面的交点。使用自适应点的目的是当点移动时,物体的位置也跟着一起移动。所以,利用自适应点的特性可以控制物体的位置。当物体的工作平面放置在自适应点上,创建物体之前,先设置工作平面,选自适应点的面,自适应点有三个工作平面,水平方向一个面,竖直方向有两个面,先选择点上的一个面,然后在面上绘制模型。当选择自适应点,进行移动操作时,可以实现自适应点控制物体的移动,载入体量中,鼠标的位置就是自适应点所在的空间位置。自适应点可以选择放置在面上,放置在工作平面上,也可以捕捉到已有模型上的点、线、面上,点击即可放置模型。

【实训一】　自适应单点控制模型的位置。

操作提示:

(1)创建自适应点,单击"绘制"面板—"点图元"命令 ⊙,鼠标单击建立参照点,选中参照点,单击"自适应构件"面板—"使自适应"命令 △,创建自适应点。

(2)选择自适应点上的面作为工作平面,自适应点有三个工作平面:一个水平方向,两个竖直方面的平面。选择物体放置方向前先确定自适应点的工作平面。

（3）选择自适应点水平方向的面作为工作平面来创建长方体，在水平方向的工作平面上，单击"绘制"面板—"矩形"命令 ▭，绘制矩形，单击"形状"面板—"创建形状"命令选项"实心形状"，完成由单点控制位置的长方体。操作如图 2-1-131 所示。

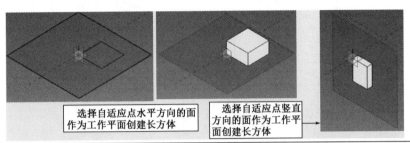

图 2-1-131　单点控制模型操作

【实训二】　自适应族创建箱梁族。

用自适应族来建桥梁模型，主要是采用双点控制的方式来控制箱梁截面。将双自适应点控制的面设置为工作平面，自适应点移动，对应的工作平面就移动。由双点控制的方式控制箱梁截面，一个点控制箱梁顶部，另一个点控制箱梁下底面。

操作提示：

（1）点击"View Cube"工具中"上"，设置上表面为工作平面。创建两自适应点，单击"绘制"面板—"点图元"命令 工具，鼠标单击建立参照点，选中参照点，单击"自适应构件"面板—"使自适应"命令 ，创建两自适应点。单击"绘制"面板—"通过点的样条曲线"命令工具，在两自适应点之间创建一条样条曲线。点击样条曲线，在"属性"面板中选择"参照线"选项，设置该样条曲线为参照线。选择该参照线水平方向的面为工作平面，在水平工作平面上绘制箱梁轮廓。设置箱梁绘制轮廓的工作平面操作，如图 2-1-132 所示。

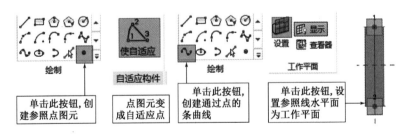

图 2-1-132　箱梁绘制轮廓的工作平面操作

（2）定义箱梁的轮廓族参数以及与自适应点约束。

单击"绘制"面板—"直线"命令，绘制箱梁轮廓，单击"修改"面板—"对齐"命令，箱梁顶部、底部分别对齐自适应点，并与自适应点进行约束，标注尺寸，并定义箱梁轮廓参数。单击自适应点，拖拽绿色箭头，检验自适应点与箱梁顶板的约束情况。箱梁的轮廓族参数定义如图 2-1-133 所示。

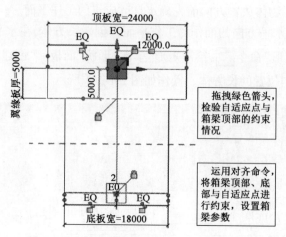

图2-1-133　箱梁的轮廓族参数定义与自适应点约束

（3）把定义的箱梁自适应轮廓族载入新的族中，点击"View Cube"工具中"左"，在左视图中，单击"绘制"面板—"通过点的样条曲线"命令，绘制两条纵向坡度线。

（4）单击"分割路径"按钮，分割路径成10份。单击"创建"面板—"构件"命令，选择"放置"面板中"放置在面上"选项，选择纵向坡度线上下两点位置，放置箱梁轮廓族。选中轮廓族，单击"修改"面板中"重复"命令，在各分割点复制生成箱梁轮廓截面，选中截面，单击"删除中继器"命令，删除"中继器"，选中所有的截面，单击"创建形状"命令中"创建实体"选项，创建箱梁模型族。操作如图2-1-134所示。

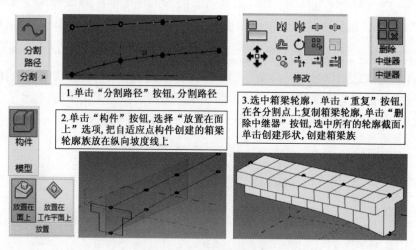

图2-1-134　箱梁模型族创建

（5）创建箱梁内部轮廓。

箱梁内部轮廓的创建主要按照上述操作过程再创建一个自适应截面。创建两个自适应点以及通过两自适应点的样条曲线，设置该样条曲线为"模型线"，设置该模型线的水平方向平面为工作平面，在工作平面上绘制矩形，设置参数，载入箱梁族中，选择"面上放置"选项，调整内部参数值，单击"重复命令"，删除中继器，选中内部轮廓，单击"创建形体"命令中"空心形状"，完成箱梁族的创建。操作如图2-1-135所示。

模块二 桥涵构件识图与建模——族与体量基础

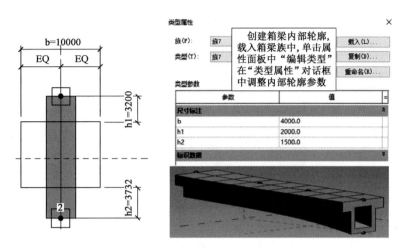

图 2-1-135 箱梁内部轮廓的创建

（6）自适应族两点控制线在空间方向上的位置，完成曲线箱梁族的创建。

【实训三】 创建自适应构件——拉索的建模

斜拉桥的拉索将桥梁与索塔相连，需要在桥梁和索塔上都分布有节点，用来控制拉索的位置，建立自适应构件——拉索族。

自适应族在 Revit 中是非常重要的一种"族"，复杂形体都可以依靠自适应族来实现参数化的几何形体建模。

操作提示：

（1）单击"文件"菜单—"新建"—"族"，打开"新族-选择样板文件"对话框，选择"自适应公制常规模型"族样板文件。

（2）单击"创建"选项卡—"绘制"面板—"点图元"命令 ，Revit 自动切换到"修改｜置线"上下文关联选项卡，在参照标高平面上放置两个点，选择该两点，单击"自适应构件"面板—"使自适应"命令 ，并单击"创建"选项卡—"绘制"面板—"通过两点的样条曲线"命令 ，绘制一条通过两自适应点的样条曲线。操作如图 2-1-136 所示。

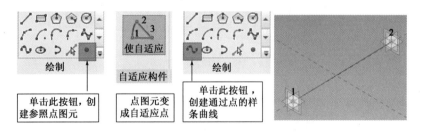

图 2-1-136 自适应点以及通过两点的样条曲线操作

（3）单击"工作平面"面板—"设置"命令 ，选择"自适应点"竖直方向的平面作为工作平面，单击"工作平面"面板—"显示"命令 ，在该工作平面上，单击"创建"选项卡—"绘制"面板—"圆"命令，绘制一个圆周，圆的半径设置为 0.1m，同样的操作，在另一个自适应点的竖直平面上绘制一个同样大小的圆周,选择圆周,配合键盘的 Ctrl 键,并单击"创建形体"命令生成一个圆柱体。

(4)设置圆柱体端部自适应点所在的平面为工作平面,在圆柱体端部自适应点位置再绘制两个圆柱体,在自适应点 2 绘制一个圆柱体以及一个球体,拖拽调整拉索端部圆柱以及运用对齐命令对齐端部球体的位置。操作如图 2-1-137 所示。

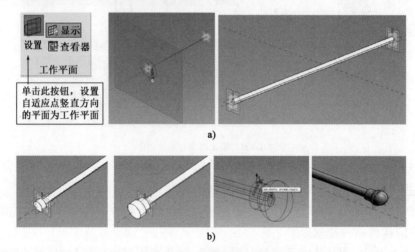

图 2-1-137　拉索的创建操作

学习任务七　桥梁构件族的创建(之七)
——桥面铺装

【实训】　完成桥面铺装的建模,如图 2-1-138 所示。

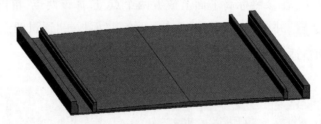

图 2-1-138　桥面铺装示意图

操作提示:

(1)创建桥面铺装各轮廓族。

桥面铺装层分别由垫层、找平层以及人行道组成,人行道由地梁、缘石以及盖板组成。单击 Revit"文件"菜单—"新建"—"族",打开"新族-选择样板文件"对话框,选择"公制轮廓"族样板文件。分别创建垫层、找平层、地梁以及缘石轮廓族。各轮廓族如图 2-1-139 所示。

(2)创建桥面铺装的垫层。

单击 Revit"文件"菜单—"新建"—"族",打开"新族-选择样板文件"对话框,选择"公制结构框架-梁与支撑"族样板文件,进入族编辑模式。

模块二　桥涵构件识图与建模——族与体量基础

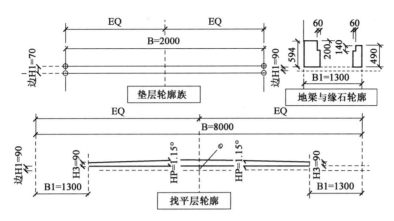

图 2-1-139　桥面铺装各轮廓族(尺寸单位:mm)

单击"创建"选项卡—"形状"面板—"放样融合"命令,绘制路径,并约束路径的端点,选择垫层轮廓,轮廓1、轮廓2确定后,单击"模式"面板中 ✓,完成垫层的建模,操作如图 2-1-140 所示。

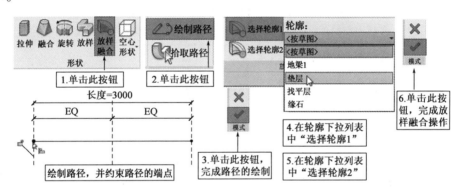

图 2-1-140　垫层的建模(尺寸单位:mm)

(3)创建桥面铺装的找平层。

创建垫层后,选择垫层,单击"修改"面板—"复制"命令,在"楼层平面:参照标高"视图中复制垫层,选中复制的垫层,单击"模式"面板—"编辑放样融合"命令,单击"绘制路径"命令,运用"对齐"命令对齐路径至中心参照平面的交点位置,单击"模式"面板中 ✓,完成路径的绘制。确定轮廓1、轮廓2,单击"模式"面板中 ✓,完成找平层的放样融合操作。

依此操作分别创建缘石和地梁。

定义各层材质,材质定义操作如图 2-1-141 所示。

(4)添加族参数:梁宽度、人行道宽度、垫层厚、找平层厚以及横坡。

单击"属性"面板—"族类型"命令,打开"族类型"对话框,单击"添加"按钮,打开"参数属性"对话框,依次添加梁宽度、人行道宽度、垫层厚、找平层厚以及横坡等族参数,各参数如图 2-1-142所示。

定义偏移量:垂直偏移量并关联偏移量。

(5)保存桥面铺装族,载入项目中,关联有关参数。

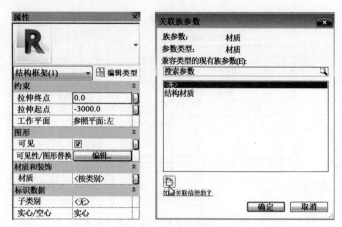

图 2-1-141 材质定义

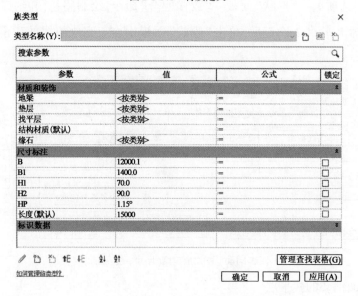

图 2-1-142 桥面铺装各参数的添加

(6)运用楼板命令创建人行道盖板。

单击"结构"选项卡—"结构"面板—"楼板"命令中"结构:楼板"选项,在属性面板中设置楼板的结构,采用"绘制"面板中"拾取线"的方式,分别拾取盖板轮廓线,单击"模式"面板中 ✓ ,完成人行道盖板的绘制。

项目二　体　量　建　模

学习要点

1. 掌握 Revit 2018 体量建模模式的基本命令;
2. 理解体量建模模式与族命令建模模式的差异。

在 Revit 中，体量是指建筑模型的初始设计中使用的三维形状，整个建筑是由多个形状拼起来的，形状可以是一个单独的几何体，也可以是立方体、圆柱体或者不规则体等。体量就是由一个或者多个形状拼接和连接组成的几何形体。

在 Revit 中，为了创建概念体量而开发了一个操作界面，这个界面专门用来创建概念体量，概念设计环境其实是一种族编辑器，在该环境中，可以使用内建和可载入的体量族图元来创建概念设计。

Revit 提供了两种创建体量的方式：内建体量与可载入体量族。其中，内建体量用于表示项目独特的体量形式。当一个项目中放置体量的多个实例或者多个项目中需要使用同一体量族时，通常使用可载入体量族。

1. 内建体量

在项目文件中，单击"体量与场地"选项卡—"概念体量"面板—"内建体量"按钮，Revit 显示"体量-显示体量已启用"对话框，单击关闭按钮，在打开的名称对话框中，输入体量名称，单击确定按钮，即可进入概念体量族编辑器，如图 2-2-1 所示。

图 2-2-1　概念体量族编辑器

单击"创建"选项卡—"绘制"面板中的工具，即可创建体量模型，完成体量模型绘制后，单击"在位编辑器"面板—"完成体量"按钮，完成内建体量。

2. 可载入体量族

可载入体量族与族文件相似，属于独立的文件。可以通过单击 Revit "文件"菜单—"新建"命令，建立体量族文件，从而进入概念体量族编辑器绘制体量模型，先创建模型造型轮廓线，再生成相应的几何形体。

完成体量模型的绘制后，保存体量族文件，然后在项目文件中使用"体量场地"选项卡中的"放置体量"工具，将体量族文件载入项目文件中放置后使用。

两者的区别：内建体量和可载入体量族的体量模型的创建方法完全一样，但一个是项目内，一个是项目外。

3. 体量族与构件族的区别

体量族一般不需要像构件族一样设置很多的控制参数，只有几个简单的尺寸控制参数或没有参数。另外，两者的创建方式也不一样，体量族是先创建模型造型轮廓、对称轴、路径等三维图元，根据所创建的造型轮廓线，才能用"创建形状"工具的"实心形状"或者"空心形状"选项创建三维模型；构件族是通过先选择某一个"实心"或者"空心"形状命令，再创建模型轮廓线、路径等的方式生成相应的实体模型。

【实训一】　创建如图 2-2-2 所示八字翼墙，熟悉通过模型线绘制图元的体量建模方法。

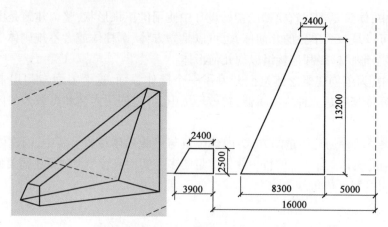

图 2-2-2　八字翼墙示意图(尺寸单位:mm)

操作提示：

(1)点击 Revit"文件"菜单—"新建"—"概念体量"，打开"新概念体量"选择样板文件对话框，选择"公制体量"，进入体量编辑模式。

(2)选择"楼层平面:标高1"视图，单击"创建"选项卡—"绘制"面板—"参照平面"命令，绘制一个距离中心(左/右)参照平面16000mm 的参照平面1。

(3)设置八字翼墙左侧面为工作平面。

方式一:单击"工作平面"面板—"设置"命令，在"工作平面"对话框中选择"拾取一个平面"的方式，拾取参照平面1作为八字翼墙左侧面的工作平面，在"转到视图"对话框中选择"立面:东"，在东立面视图中绘制八字翼墙的左侧面的截面轮廓。操作如图 2-2-3 所示。

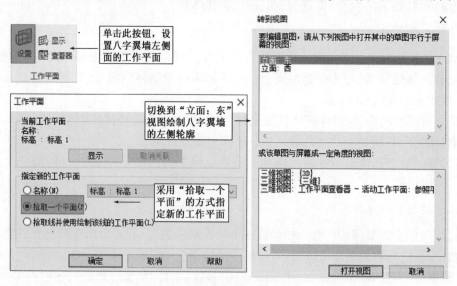

图 2-2-3　设置工作平面的方式一

方式二:直接选择参照平面1，点击"View Cube"工具的"左"，切换到左视图。操作如图 2-2-4所示。

模块二 桥涵构件识图与建模——族与体量基础

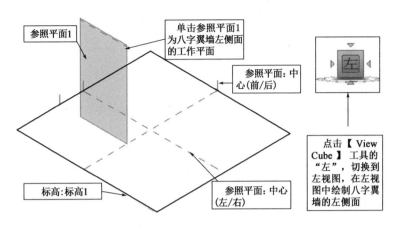

图 2-2-4 设置工作平面的方式二

(4)在左视图中,单击"创建"选项卡—"绘制"面板—"直线"命令 ,绘制如图 2-2-2 所示的进口处八字翼墙的左侧面。

(5)按照(2)或者(3)的操作过程,选择水平中心(左/右)参照平面为工作平面,点击"View Cube"工具的"左",切换到左视图,绘制如图 2-2-2 所示的进口处八字翼墙的右侧面。

(6)按两次 Esc 键退出绘制状态,按照如图 2-2-2 所示,调整八字翼墙左右方向的位置。单击快速访问工具栏中的"默认三维视图"按钮 ,切换至三维视图,移动光标到绘制完的八字翼墙的轮廓线上,当轮廓高亮显示时点击鼠标选中轮廓,按住 Ctrl 键,依次单击图元,同时选中这两个图元,单击"形状"面板—"创建形状"命令下拉菜单中的"实心形状"选项 ,创建三维模型。

 知识点:概念体量。

1. 概念体量的定义

无论是内建体量还是可载入体量族,其概念设计环境就是一种族编辑器。可载入的概念体量是通过新建独立的体量族文件来建立体量模型。

方法是:单击 Revit"文件"菜单—"新建"—"概念体量"命令,打开"新概念体量-选择样板文件"对话框,如图 2-2-5 所示。选择"概念体量"文件夹中的"公制体量"族样板文件,单击"打开"按钮,新建体量族文件,进入体量族编辑器界面,如图 2-2-6 所示。

2. 概念体量模式下的工作界面

(1)常用选项卡(图 2-2-7)。

选择:其中的修改命令是默认开启的。

属性:用于给体量赋予材质等各种属性。

绘制:用于绘制生成体量所需要的截面、路径、参照平面与参照线。

工作平面:可以设置当前的功能工作平面,高亮显示当前的工作平面以及弹出与当前工作平面垂直的视图。

模型:其中的构件命令可以允许用户载入构件。

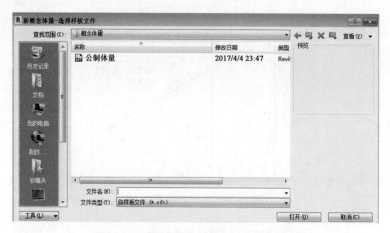

图 2-2-5 "新概念体量-选择样板文件"对话框

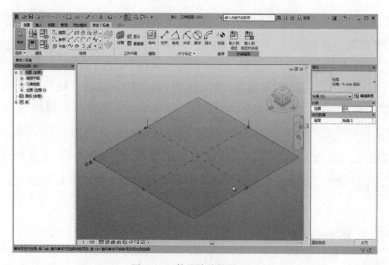

图 2-2-6 体量族编辑器界面

图 2-2-7 "常用"选项卡

尺寸标注：用于标注各种尺寸。

基准：其中的标高命令可以添加新标高。

(2)"插入"选项卡(图 2-2-8)。

图 2-2-8 "插入"选项卡

其中的"链接"与"导入"命令允许用户导入 CAD 图作为建模的参照,同时用户也可以导入其他软件生成的模型作为体量。

(3)"修改"选项卡(图 2-2-9)。

图 2-2-9 "修改"选项卡

剪贴板:可以将选中对象复制到剪贴板,并选择用不同的方式粘贴。

几何图形:可以给体量的面做简单着色处理,并提供体量间的布尔运算。

测量:可以测量点到点的距离(在三维状态下不可用),也可以进行标注。

修改:可进行"移动""复制""修建""镜像""旋转""对齐""偏移"和"拆分"操作。

3. 概念体量模式下的工作平面

在体量编辑器中,Revit 提供了默认的标高以及默认相交的参照平面,如图 2-2-10 所示。其中,标高与参照平面的交点被认为是体量的原点。

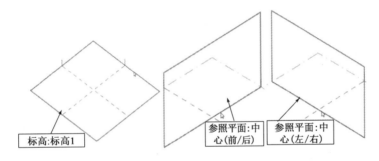

图 2-2-10 默认的标高工作平面

双击项目浏览器"立面:南"打开南立面视图,单击"创建"选项卡—"基准"面板—"标高"命令,系统自动切换到"修改|放置标高"上下文选项卡。移动鼠标,根据光标与已有标高之间的临时尺寸标注,建立一个新的标高 2,按 Esc 键两次,退出标高放置状态,即可开始建立体量模型。标高 2 的工作平面如图 2-2-11 所示。

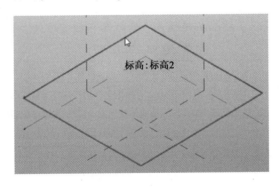

图 2-2-11 标高 2 工作平面

要绘制体量模型,首先必须指定工作平面。单击"工作平面"面板—"显示"按钮后,直接单击某一个平面,即可显示已经激活的工作平面。单击不同的参照平面或标高后,将显示不同的工作平面。

注意:当创建造型轮廓线时,既可以在某个指定的面上绘制,也可以在预设的工作面上绘制。单击"标高:标高1"作为工作平面,单击"矩形"命令,选择"在面上绘制"选项,鼠标移到长方体的上表面,即可在长方体上表面创建矩形轮廓线。选择"在工作面上绘制",则所绘制的矩形在设定的工作面上。操作如图2-2-12所示。

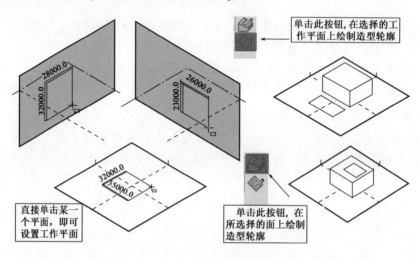

图 2-2-12 "在面上绘制"与在"工作平面上绘制"的区别

提示:在概念体量建模环境的默认视图中,标高会作为线,以三维形式显示在立方体背面周围,而参照平面此时在概念体量建模环境的三维视图中,可以作为三维图元来编辑。

注意:在族编辑模式下,设置工作平面的操作是单击"创建"选项卡—"工作平面"面板—"设置"命令,打开"工作平面"对话框,指定新的工作平面为"拾取一个平面"的方式,点击"确认"按钮,拾取某一参照平面作为工作平面,在转换视图对话框中选择对应的视图。

4. 体量常用的建模操作

体量常用的建模操作有创建实心形状与创建空心形状,不管是创建实心形状还是空心形状,在 Revit 中有 5 种基本的体量建模方式,分别是:"拉伸""旋转""放样""融合""放样融合"。表 2-2-1 分别介绍了这 5 种基本建模方式的概念与操作方法。

体 量 建 模 方 法　　　　表 2-2-1

基本建模方式	概念与操作方法
拉伸	基于一个平面,以固定的截面拉伸固定的高度而形成体量的方式,比如桩基、立柱等的建模
旋转	以固定的截面绕某一轴旋转而形成体量的方式,比如圆锥体的建模
放样	即一个固定截面沿一路径延伸以形成符合路径走向的条状形体,比如桥面板的创建方式
融合	自然连接有高差的两个平面的闭合截面而形成体量的方式,比如顶面和底面形状不同的异形柱的形状
放样融合	沿指定路径,将路径两端不同形状自然连接而形成体量的方式

【实训二】 完成桥墩图2-2-13墩身的建模。

操作提示：

(1)点击Revit"文件"菜单—"新建"—"概念体量",打开"新概念体量"选择样板文件对话框,选择"公制体量",进入体量编辑模式。

(2)参照平面的绘制。

在项目浏览器双击"楼层平面:标高1",打开标高1平面视图。单击"创建"选项卡—"绘制"面板—"参照平面"命令，在中心参照平面左侧绘制参照平面A,距离水平中心参照平面的距离为1500mm。

(3)在工作平面上绘制墩身中间部分轮廓。

选择参照平面A,点击"View Cube"工具的"右",切换到右视图。在右视图中,单击"创建"选项卡—"绘制"面板—"直线"命令,绘制一个桥墩墩身等腰梯形的封闭轮廓。采用同样的操作,设置中心(左/右)参照平面为工作平面,并在右视图中绘制桥墩墩身等腰梯形的封闭轮廓。

(4)融合建模方式创建生成墩身中间部分。

切换到三维视图,框选绘制好的桥墩墩身封闭的等腰梯形轮廓,单击"形状"面板—"创建形状"命令下拉菜单中的"实心形状"，则可自动创建生成桥墩中间部分,操作如图2-2-14所示。

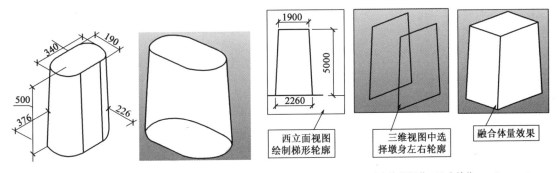

图2-2-13　桥墩示意图(尺寸单位:cm)　　　图2-2-14　融合体量操作(尺寸单位:mm)

(5)旋转建模方式创建生成桥墩墩身左右部分。

选择参照平面A,点击"View Cube"工具的"右",切换到右视图。在右视图中,单击"创建"选项卡—"绘制"面板—"直线"命令,绘制一个桥墩墩身直角梯形以及一条竖向直线。

切换到三维视图,选择该直角梯形以及直线,单击"形状"面板—"创建形状"命令下拉菜单中的"实心形状"，则可自动旋转创建生成桥墩中间部分,操作如图2-2-15所示。

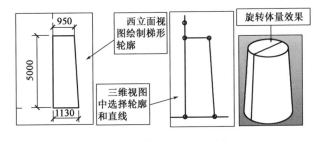

图2-2-15　旋转体量操作(尺寸单位:mm)

（6）复制生成右侧的圆锥，最后用"连接"命令桥墩墩身生成一个整体。

知识点：拉伸体系、旋转体量、融合体量。

1. 拉伸体量

创建一个造型轮廓线，单击"创建形状"命令中"实心形状"选项，系统默认为拉伸轮廓，即可创建完成拉伸体量。

用拉伸体量建模方式生成墩身中间部分，操作如下：选择参照平面A，点击"View Cube"工具的"右"，切换到右视图。在右视图中，单击"创建"选项卡—"绘制"面板—"直线"命令，绘制一个桥墩墩身等腰梯形的封闭轮廓。

切换到三维视图中单击"形状"面板—"创建形状"命令下拉菜单中的"实心形状"，修改临时尺寸长度为1500mm。

或者切换到"楼层平面：标高1"视图中，拖拽红色箭头至中心参照平面，也可以通过修改临时尺寸标注为1500mm，操作如图2-2-16所示。

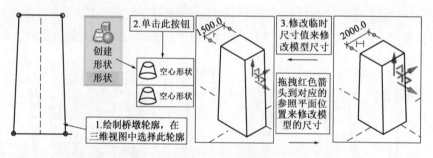

图2-2-16 拉伸体量操作

单击"创建形状"按钮的下拉箭头可以选择生成实心形状或是空心形状（空心形状用于剪切实心形状）。事实上，在绘制封闭轮廓图形后，切换到三维视图来执行创建形状的步骤，这样会更加直观，读者应当重视在平面视图和三维视图中的操作；以加深熟练度和理解。要切换到三维视图，可在项目浏览器中双击"三维视图"下的"3D"，也可以单击快速访问工具栏中的"默认三维视图"按钮。在三维视图中按住Shift键和鼠标中键并配合鼠标的移动可变换视角。

在三维视图中单击墩身的前表面，在一侧将出现"临时标注尺寸"。单击"临时标注尺寸"的数值可以输入新的数值以此精确控制拉伸长度。在任何需要临时标注尺寸时，均可通过此方法重新赋予其新值。

2. 旋转体量

创建一个造型轮廓以及一条线，单击"创建形状"命令中"实心形状"选项，系统将造型轮廓绕直线旋转，即可完成旋转体量。

操作提示：在"楼层平面：标高1"视图中，"参照平面：中心（前/后）"实质上是平行于南立面或北立面，在平面视图上显示为一条线。切换到三维视图，单击"参照平面：中心（前/后）"，点击"View Cube"工具的"前"，可进入南立面视图。

单击"创建"选项卡—"绘制"面板—"直线"命令绘制出一个封闭直角梯形，在梯形的外部画一条竖向的直线。用鼠标框选中梯形和线后，单击"创建形状"以旋转梯形生成一个圆锥体,切换到三维视图观察体量。操作如图 2-2-17 所示。

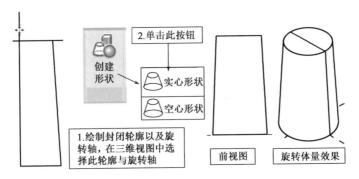

图 2-2-17　旋转体量操作

框选生成的体量,单击"属性"按钮,在打开的对话框中可以选择旋转的角度范围。

3. 融合体量

融合体量:创建两个造型轮廓线,选择两造型轮廓,单击"创建形状"命令中"实心形状"选项,系统默认将两个轮廓融合形成实体,即可完成创建融合体量模型。

【实训三】　根据托盘示意(图 2-2-18),创建完成托盘,熟悉融合与放样建模方式。

体量建模模式下,在三维视图中进行任何绘制之前,必须指定工作平面。平面视图的参照平面就是对应层的标高,因此一般不用特别设置。

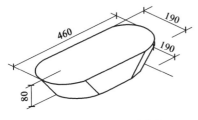

图 2-2-18　托盘示意图(尺寸单位:cm)

操作提示:

1. 创建托盘左右部分

(1) 双击项目浏览器"立面:南",打开南立面视图,单击"创建"选项卡—"基准"面板—"标高"命令,系统自动切换到"修改|放置标高"上下文选项卡。移动鼠标,根据光标与已有标高之间的临时尺寸标注,建立一个新的标高值为 800mm 的标高 2,按 Esc 键两次,退出标高放置状态。

(2) 设置标高 2 平面为工作平面,点击"View Cube"工具的"上",转到"楼层平面:标高 1"视图,在标高 1 的平面视图中,利用"直线""圆""拆分图元""修剪/延伸为角""删除"等命令,绘制一个封闭的半圆周。选择半圆周,利用复制生成一个半圆周,移动到圆原点位置,选择该半圆周,单击"剪贴板"面板——"剪切到粘贴板"命令,再单击"剪贴板"面板——"粘贴"命令中的"与选定的标高对齐"选项,选择"标高 1",即在标高 1 平面中复制生成半圆周。

(3) 调整标高 1、标高 2 的半圆周的位置,工作平面标高 2 上的圆周向右移动 1350mm,工作平面标高 1 上的圆周向右移动 750mm。

(4) 切换到三维视图,按住 Ctrl 键选择两圆周,单击"创建形状"以完成融合。

(5) 在南立面视图中,选择该半个斜圆柱,单击"修改"面板—"镜像"命令,完成另一侧的半个斜圆柱的绘制。操作如图 2-2-19 所示。

2. 创建托盘中间部分

用拉伸体量或者融合体量以及放样体量建模的方式完成托盘中间部分。

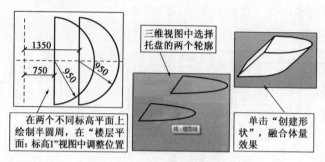

图 2-2-19　融合建模操作

（1）放样体量建模：在项目浏览器双击"楼层平面：标高1"，打开标高1平面视图。单击"创建"选项卡—"绘制"面板—"参照平面"命令，在"参照平面：中心（前/后）"一侧绘制参照平面A，距离水平中心参照平面950mm。

设置参照平面A为工作平面，在"转到视图"对话框中选择"立面：南"，在南立面视图中，单击"绘制"面板—"直线"命令，绘制托盘中间部分的轮廓。

双击项目浏览器中"楼层平面：标高1"，打开该视图，单击"创建"选项卡—"绘制"面板—"直线"命令，绘制一段垂直于轮廓的线作为路径。

切换到三维视图，选择轮廓与直线，单击"形状"面板—"创建形状"命令选项中"实心形状"，完成托盘中间部分的放样建模，操作如图2-2-20所示。

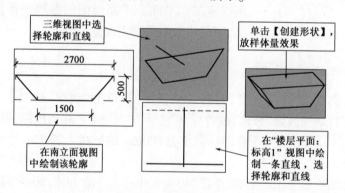

图 2-2-20　放样建模操作

（2）融合体量建模：在项目浏览器双击"楼层平面：标高1"，打开标高1平面视图。单击"创建"选项卡—"绘制"面板—"参照平面"命令，在"参照平面：中心（前/后）"两侧绘制参照平面A、B，距离水平中心参照平面950mm。

分别设置参照平面A、B为工作平面，在"转到视图"对话框中选择"立面：南"，在南立面视图中绘制中间部分的轮廓。

切换到三维视图，选择两轮廓，单击"形状"面板—"创建形状"命令选项中"实心形状"，完成托盘中间部分的融合建模，操作如图2-2-21所示。

（3）拉伸体量建模：在项目浏览器双击"楼层平面：标高1"，打开标高1平面视图。单击"创建"选项卡—"绘制"面板—"参照平面"命令，在"参照平面：中心（前/后）"一侧绘制参照平面A，距离水平中心参照平面950mm。

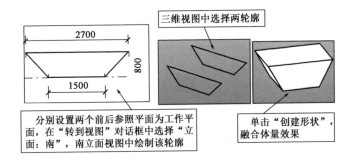

图 2-2-21 融合体量建模

设置参照平面 A 为工作平面,在"转到视图"对话框中选择"立面:南",在南立面视图中绘制中间部分的轮廓。

切换到三维视图,选择轮廓,单击"形状"面板—"创建形状"命令选项中"实心形状",在"楼层平面:标高 1"中拖拽箭头至另一参照平面或者修改临时尺寸长度,完成托盘中间部分的拉伸建模,操作如图 2-2-22 所示。

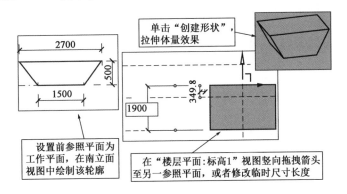

图 2-2-22 拉伸体量建模(尺寸单位:mm)

(4)放样融合建模:创建两个造型轮廓,一条路径线,单击"创建形状"命令,系统默认为两个轮廓沿着路径放样融合形成模型实体,即可完成放样融合体量操作。在体量模式下,放样融合操作中轮廓可以是多个轮廓。

【实训四】 创建完成图 2-2-23 结构物模型。

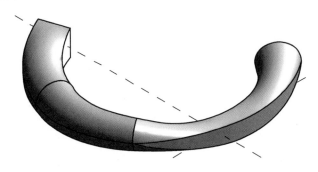

图 2-2-23 结构物模型

操作提示：

(1)创建路径

在"楼层平面:标高1"平面视图中,运用"起点-终点-半径弧"命令绘制一条弧线作为路径。

(2)创建各截面轮廓

使用"点"命令在圆弧上增加一些点。可在这些点上定义一个与圆弧在切线方向上相垂直的参照平面,再在这些参照平面上定义不同形状的截面。

切换到三维视图,单击"设置"按钮,靠近第一个增加点;当出现点标记时,单击鼠标以在该点设置参照平面;再点击"显示"按钮以高亮显示当前工作平面。

三维视图并不能精确定位截面与路径的位置关系。使用"查看器"命令以显示增加点所定义的工作平面,单击"查看器"所弹出的视图是否与当前工作平面平行,可以清楚观察到路径与工作平面的相交点,也可以方便地绘制截面轮廓并精确定位截面与路径的位置关系。

在该视图中绘制闭合图形,并用同样的方法完成其余增加点处的闭合图形绘制。

(3)创建完成结构物模型

按住 Ctrl 键配合鼠标依次点选各个参照平面上的图形与路径,单击"创建形状",系统默认为多个轮廓沿着路径放样融合形成模型实体,即可完成放样融合体量操作。操作如图 2-2-24 所示。

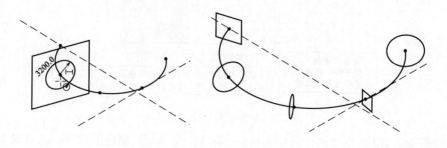

图 2-2-24　多个截面的放样融合建模

除了添加点这一步在平面视图中方便定位以外,其他步骤建议读者在三维视图中操作以加强操作熟练度。

当体量创建好后,单击"在位编辑器"中的"完成体量"以退出体量编辑模式。当发现需要修改体量时,单击需要修改的体量,单击"模型"中的"在位编辑"以重新进入体量编辑模式。

(4)编辑体量

体量的编辑主要包括体量间的布尔运算与体量图元的编辑。体量子图元即三维形体中点、线、面的再编辑。

体量的布尔运算：

①剪切几何体。

可以使用空心体量来剪切实心体量。只需要让新创建的空心体量与已创建的实心体量相交,则相交的部分即可被剪切。

单击"立面:南"视图,绘制一封闭图形,选中封闭图形后单击"创建形状"按钮的下拉菜单选择创建"实心形状",创建几何形体,并切换到三维视图中观察。

创建造型轮廓,然后单击"创建形状"命令中"空心形状"选项,所创建的实体为红色显示。如果空心形状未与实心形状相贯,可以通过拉伸蓝色箭头或通过更改临时标注尺寸的值以使之与实心形状相贯。单击"几何图形"面板—"剪切"命令，完成剪切操作。操作如图 2-2-25 所示。

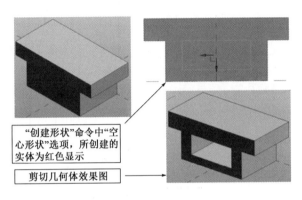

图 2-2-25　剪切几何体操作

空心形状一旦剪切实心形状后将不再显示,要选中空心形状可以将鼠标移至剪切处,按 Tab 键直至空心形状高亮显示时,单击鼠标选中。

实心体量间也可以剪切,通过工具面板中的"几何图形"下的命令就可以实现。但剪切后实心形状并不会消失,并且点选实心形状的顺序不同产生的效果也不同。先点击的实心体量将被剪切(即先点击的实心形状是被剪切的对象),可以通过剪切按钮下拉菜单中的"取消剪切几何图形"命令以取消剪切。

②连接几何体。

实心体量之间可相互连接以清除互贯部分的面,具体操作同"剪切几何体"相同。单击"几何图形"面板—"连接"命令中"连接几何图形"选项,完成物体之间的连接操作,使相邻共面的物体之间不再有交线。操作如图 2-2-26 所示。

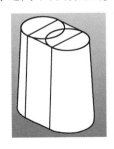 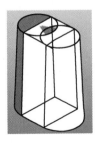 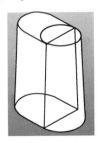 

图 2-2-26　连接几何体操作

【实训五】 根据涵洞口的三视图(图 2-2-27),识读并完成涵洞口的三维模型(图 2-2-28)。该涵洞口由基础、端墙以及两侧的八字翼墙组成。

操作步骤如图 2-2-29 所示。

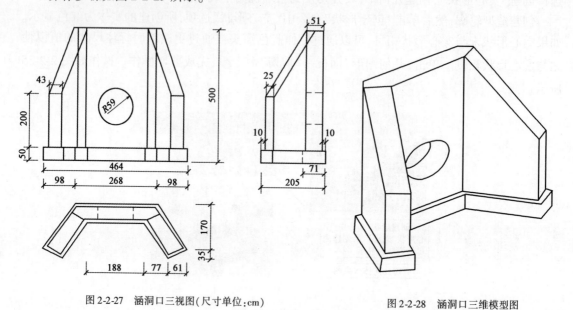

图 2-2-27 涵洞口三视图(尺寸单位:cm)

图 2-2-28 涵洞口三维模型图

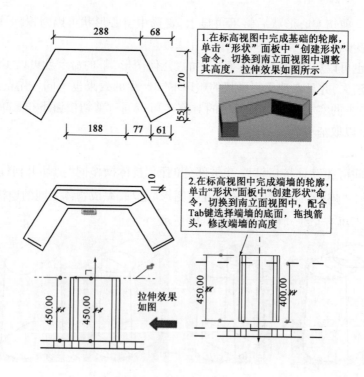

图 2-2-29

模块二 桥涵构件识图与建模——族与体量基础

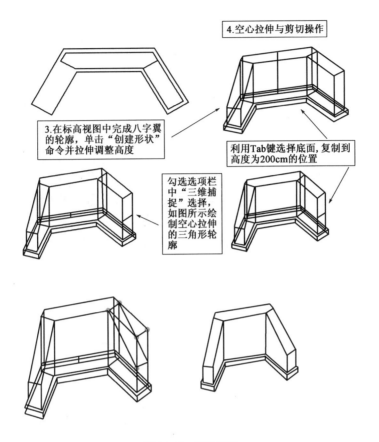

图 2-2-29 操作步骤

【实训六】 根据涵洞口的三视图(图 2-2-30),识读并完成涵洞口的三维模型(图 2-2-31)。该涵洞口由基础、端墙以及两侧的八字翼墙组成。

操作步骤如图 2-2-32 所示。

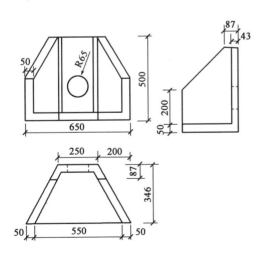

图 2-2-30 涵洞口三视图(尺寸单位:cm)

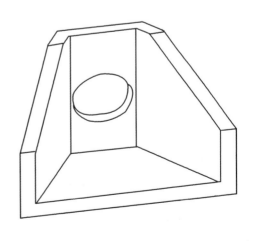

图 2-2-31 涵洞口三维模型图

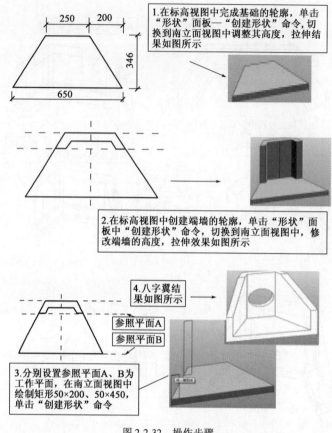

图 2-2-32 操作步骤

学习任务一 端墙式圆管涵的识图与建模

【实训一】 根据所给的带有跌水井的盖板涵三视图(图 2-2-33),创建盖板涵洞模型。

识图:

圆管涵由基础、洞身和洞口三部分组成;洞口又由端墙、护坡、截水墙、洞口铺砌和缘石等部分组成,如图 2-2-34 所示。

操作提示:

一、建模前的基本设置

(1)点击 Revit"文件"菜单—"新建"—"概念体量"—"公制体量",单击"打开"按钮,进入公制体量族编辑环境。

(2)单击"管理"选项卡—"设置"面板—"项目单位"命令,设置项目单位为 cm。

(3)建立参照平面体系。

单击"创建"选项卡—"绘制"面板—"参照平面"命令,确认绘制方式为直线,绘制参照平面体系,如图 2-2-35 所示。

模块二　桥涵构件识图与建模——族与体量基础

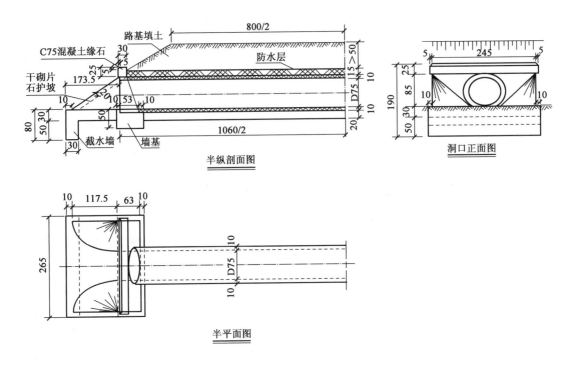

图 2-2-33　带有跌水井的盖板涵三视图(尺寸单位:cm)

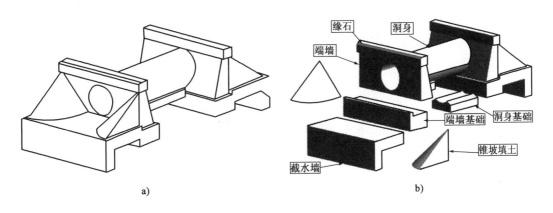

图 2-2-34　圆管涵组成

二、洞口的创建

1. 截水墙以及洞口铺砌的创建

设置水平参照平面 O 为工作平面,在南立面视图中,单击"绘制"面板—"直线"命令，绘制截水墙轮廓,单击"创建形状"命令选项"实心形状"，在"楼层平面:标高 1"视图中拉伸调整截水墙的长度为 256cm,完成截水墙以及洞口铺砌的创建,截水墙创建如图 2-2-36 所示。

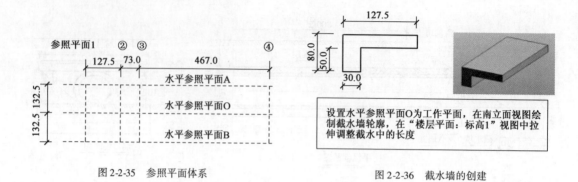

图 2-2-35　参照平面体系　　　　图 2-2-36　截水墙的创建

2. 墙基的创建

设置水平参照平面 O 为工作平面,在南立面视图中,单击"绘制"面板—"直线"命令，绘制墙基轮廓,单击"创建形状"命令选项"实心形状"，在"楼层平面:标高 1"视图中拉伸调整墙基的长度为 256cm,完成墙基的创建,如图 2-2-37 所示。

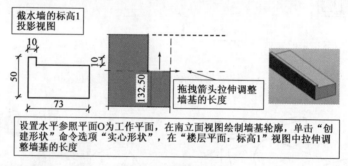

图 2-2-37　墙基的创建

3. 锥坡填土的创建

(1)双击项目浏览器"楼层平面:标高 1"视图,打开该视图,单击"绘制"面板—"椭圆"命令，绘制椭圆,单击"直线"命令绘制椭圆水平方向的长轴,单击"绘制"面板—"椭圆"命令，单击"修改"面板—"拆分图元"命令对椭圆进行拆分,单击"修剪/延伸为角"命令，修剪椭圆成为椭圆弧。

(2)单击"绘制"面板—"圆"命令，绘制半径很小的圆。

(3)双击项目浏览器"立面:南"视图,打开该视图,单击"创建"选项卡—"基准"面板—"标高"命令,绘制标高 2,标高值为 80cm;标高 3,标高值为 165cm。

(4)双击项目浏览器"楼层平面:标高 1"视图,打开该视图,选择椭圆弧,单击"剪贴板"面板—"剪切到剪贴板"命令，再单击"剪贴板"面板—"从剪贴板中粘贴"命令选项中"与选定的标高对齐",选择标高 2;采用同样的操作选择圆,剪贴到标高 3 视图中。

(5)切换到三维视图,选择椭圆弧以及圆,单击"创建形状"命令选项"实心形状",完成锥坡填土的创建,如图 2-2-38 所示。

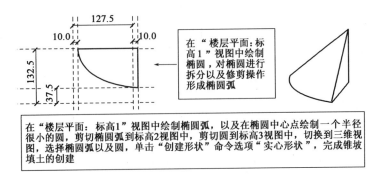

图 2-2-38 锥坡填土的创建(尺寸单位:cm)

4. 端墙、缘石的创建

设置水平参照平面 O 为工作平面,在南立面视图中,单击"绘制"面板—"直线"命令,分别绘制端墙、缘石轮廓,单击"创建形状"命令选项"实心形状",在标高 1 视图中拉伸调整端墙的长度为 245cm、缘石的长度为 255cm,如图 2-2-39 所示。

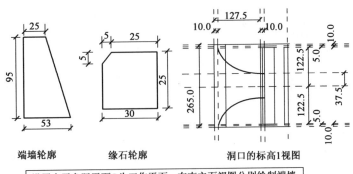

图 2-2-39 端墙与缘石的创建(尺寸单位:cm)

左侧洞口创建完成后,选择洞口的组成部分,单击"修改"面板—"镜像"命令,选择参照平面④为镜像轴,镜像得到涵洞出口处的洞口。

三、洞身的创建

1. 圆管的创建

(1)设置参照平面④为工作平面,在西立面视图中,单击"绘制"面板—"圆"命令,绘制直径为 95cm 的圆,单击"创建形状"命令选项"实心形状"中圆柱选项,在"楼层平面:标高1"视图中拖拽箭头拉伸调整圆管的位置至端墙的左侧。

(2)在三维视图中,单击"几何图形"面板—"连接"命令,选择端墙与圆管,完成端墙与圆管的连接。

(3)设置参照平面④为工作平面,在西立面视图中,单击"绘制"面板—"圆"命令,绘制直径为75cm的圆,单击"创建形状"命令选项"空心形状"中圆柱选项,在"楼层平面:标高1"视图中拖拽箭头拉伸调整圆管的位置至端墙的左侧。

(4)在三维视图中,单击"几何图形"面板—"剪切"命令,完成洞身圆管的剪切。

2. 洞身基础的创建

设置参照平面④为工作平面,在西立面视图中,单击"绘制"面板—"直线"命令,绘制洞身基础的轮廓,单击"创建形状"命令选项"实心形状",在"楼层平面:标高1"视图中拖拽箭头拉伸洞身基础调整至墙基的右侧边缘,完成洞身基础的创建,如图2-2-40所示。

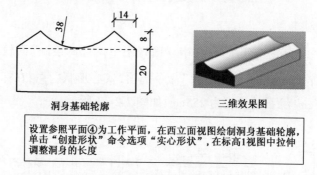

图2-2-40 洞身基础的创建

创建完成圆管涵各组成部分后,切换到默认的三维视图,涵洞的三维效果图如图2-2-41所示。

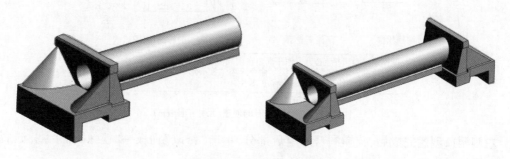

图2-2-41 涵洞三维效果图

【实训二】 根据所给的圆管涵三视图(图2-2-42),创建圆管涵洞模型。

识图:

圆管涵由基础、洞身和洞口三部分组成,洞口由八字翼墙、截水墙、洞口铺砌和缘石等部分组成,如图2-2-43所示。

操作提示:

一、建模前的基本设置

(1)点击Revit"文件"菜单—"新建"—"概念体量"—"公制体量",单击"打开"按钮,进入公制体量族编辑环境。

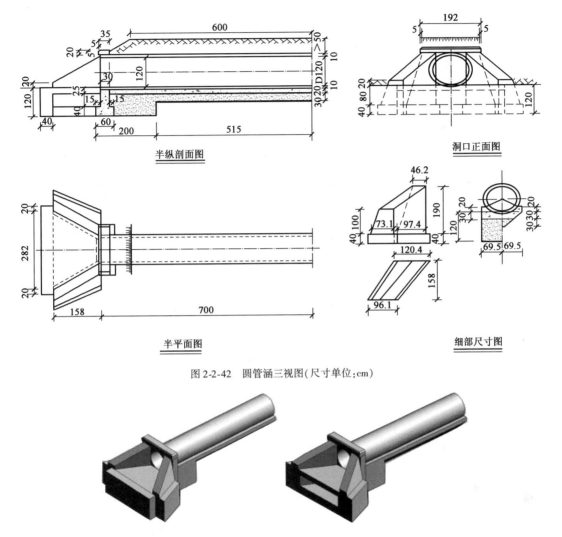

图 2-2-42 圆管涵三视图(尺寸单位:cm)

图 2-2-43 圆管涵的组成

（2）单击"管理"选项卡—"设置"面板—"项目单位"命令,设置项目单位为 cm。

（3）建立参照平面体系。

单击"创建"选项卡—"绘制"面板—"参照平面"命令,确认绘制方式为直线,绘制参照平面体系,如图 2-2-44 所示。

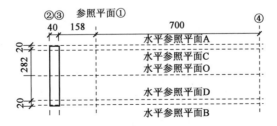

图 2-2-44 参照平面体系(尺寸单位:cm)

二、洞口的创建

1. 截水墙以及洞口铺砌的创建

双击项目浏览器"立面:南",打开南立面视图,单击"基准"面板—"标高"命令,创建标高分别为 -120cm 的标高 2,110cm 的标高 3,-80cm 的标高 4,-25cm 的标高 5。

双击项目浏览器"楼层平面:标高 1",打开该视图,单击"绘制"面板—"矩形"命令 ,绘制截水墙轮廓,单击"创建形状"命令选项中的"实心形状" ,在"立面视图:南"视图中拉伸调整截水墙的长度为 120cm,完成截水墙的创建,如图 2-2-45 所示。

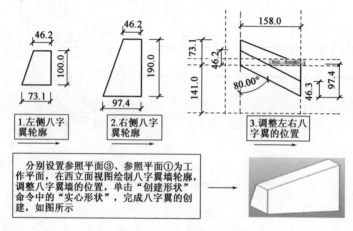

图 2-2-45 八字翼墙的创建

2. 八字翼墙的创建

设置参照平面③为工作平面,切换到西立面视图,在西立面视图中,单击"绘制"面板—"直线"命令 ,绘制左侧八字翼的轮廓;切换到"楼层平面:标高 1",设置参照平面 1 为工作平面,切换到西立面视图,在西立面视图中,单击"绘制"面板—"直线"命令 ,绘制右侧八字翼的轮廓;切换到"楼层平面:标高 1",调整八字翼的轮廓位置,如图 2-2-45 所示,切换到三维视图,选择两八字翼的轮廓,单击"创建形状"命令选项"实心形状" ,完成八字翼墙的创建,如图 2-2-45 所示。

3. 八字翼墙基础以及洞口铺砌的创建

(1)双击项目浏览器"楼层平面:标高 1",打开该视图,单击"绘制"面板—"直线形"命令 ,绘制八字翼墙以及洞口铺砌的轮廓,选中八字翼墙基础轮廓,单击"剪贴板"面板—"复制到剪贴板"命令 ,再单击"剪贴板"面板—"从剪贴板中粘贴"命令 选项中"与选定的标高对齐",选择标高 2,把八字翼基础轮廓粘贴到标高 2 中,然后切换到三维视图中,选择八字翼基础轮廓,单击"创建形状"命令选项"实心形状" ,完成八字翼墙基础的创建。

(2)选中洞口铺砌轮廓,单击"剪贴板"面板—"剪切到剪贴板"命令 ,再单击"剪贴板"面板—"从剪贴板中粘贴"命令 选项中"与选定的标高对齐",选择标高 4、标高 5,把洞口铺砌轮廓剪切到标高 4、标高 5 中,然后切换到三维视图中,选择洞口铺砌轮廓,单击"创建形状"命令选项"空心形状" ,单击"几何图形制"面板—"剪切"命令 ,选择八字翼墙基础,完成洞口铺砌的创建,如图 2-2-46 所示。

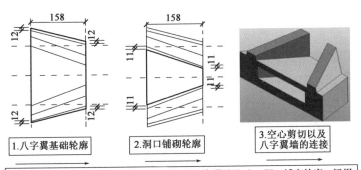

图 2-2-46　八字翼墙基础以及洞口铺砌的创建(尺寸单位:cm)

4. 端墙以及缘石的创建

(1)设置水平参照平面 O 为工作平面,切换到南立面视图,在南立面视图中,单击"绘制"面板—"直线形"命令 ,分别绘制端墙以及端墙基础。选择端墙以及端墙基础,单击"创建形状"命令选项"实心形状",在"楼层平面:标高 1"视图拉伸调整端墙以及基础长度为 222cm。采用同样的操作过程,完成缘石的创建。

(2)设置参照平面①为工作平面,切换到西立面视图,在西立面视图中,单击"绘制"面板—"直线形"命令 ,在缘石左侧绘制三角形端墙,选择三角形轮廓,单击"创建形状"命令选项"空心形状",在"楼层平面:标高 1"视图拉伸调整三棱柱的长度为 35cm,单击"几何图形"面板—"剪切"命令 ,选择缘石,完成三棱柱与缘石的剪切操作。采用同样的方法,完成缘石另一端的空心剪切,如图 2-2-47 所示。

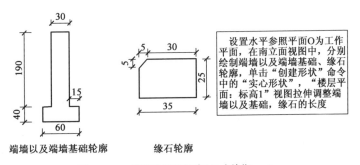

图 2-2-47　端墙缘石的创建(尺寸单位:cm)

5. 洞身圆管的创建

(1)设置参照平面④为工作平面,切换到西立面视图,在西立面视图中,单击"绘制"面板—"圆"命令 ,绘制半径为 60cm 的圆。选择圆周,单击"创建形状"命令选项"实心形状"

中圆柱选项,在"楼层平面:标高1"视图,拖拽拉伸调整圆柱至端墙左侧,完成圆管外侧圆柱的创建。

(2)单击"几何图形"面板—"连接"命令,选择圆柱以及端墙,完成圆柱与端墙的连接操作。

(3)设置参照平面④为工作平面,切换到西立面视图,在西立面视图中,单击"绘制"面板—"圆"命令,绘制半径为50cm的圆周。选择圆周,单击"创建形状"命令选项"空心形状"中圆柱选项,在"楼层平面:标高1"视图,拖拽拉伸调整圆柱至端墙左侧,完成圆管内侧圆柱的创建。

(4)单击"几何图形"面板—"剪切"命令,选择端墙,完成内侧圆柱与端墙的剪切操作。

6. 洞身混凝土管基的创建

根据洞身断面大样图可知,混凝土管基的形状端部和中部不一样,所以应分别创建。

(1)端部混凝土管基的创建

设置参照平面④为工作平面,切换到西立面视图,在西立面视图中,单击"绘制"面板—"圆"命令,以及"直线"命令,绘制如图所示的中部洞身断面图,单击"创建形状"命令选项"实心形状",在"楼层平面:标高1"视图,拖拽拉伸调整混凝土管基的长度,完成中部混凝土管基的创建。

(2)中部混凝土管基的创建

设置参照平面④为工作平面,切换到西立面视图,在西立面视图中,单击"绘制"面板—"圆"命令,以及"直线"命令,绘制如图所示的中部洞身断面图,单击"创建形状"命令选项"实心形状",在"楼层平面:标高1"视图,拖拽拉伸调整混凝土管基的长度,完成中部混凝土管基的创建,如图2-2-48所示。

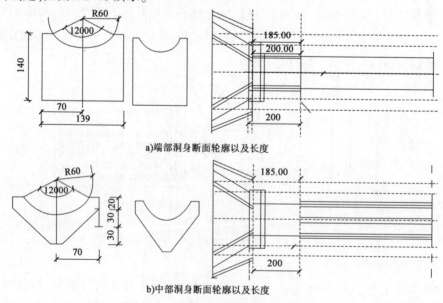

图2-2-48 混凝土管基的创建(尺寸单位:cm)

7.创建完成混凝土管基

单击"几何图形"面板—"连接"命令，分别选择端墙、混凝土管基，完成端墙与混凝土管基的连接操作。切换到默认的三维视图，涵洞的三维效果图如图 2-2-49 所示。

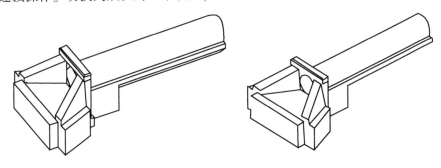

图 2-2-49　涵洞三维效果图

学习任务二　盖板涵的识图与建模(入口处带有跌水井)

【实训】　根据所给的带有跌水井的盖板涵投影图(图 2-2-50)，创建盖板涵洞模型。

该涵洞由进水洞口、涵身、出水洞口三部分组成。进水洞口为跌水井，长度为 164cm，涵身为盖板涵，洞身长为 750cm，出水洞口为八字翼墙式洞口，洞口长度为 97cm。盖板涵各组成部分示意图如图 2-2-51 所示。

操作提示：

一、创建跌水井模型

(1)打开"公制常规模型"族样板文件，单击 Revit"文件"菜单—"新建"—"族"，打开"新族-选择样板文件"对话框，单击"公制常规模型"族样板类型，建立跌水井族。

(2)双击项目浏览器"立面:前"，打开该视图。单击"创建"选项卡—"形状"面板—"拉伸"命令，Revit 自动切换到"修改|创建拉伸"上下文关联选项卡，单击"绘制"面板—"直线"命令，绘制的拉伸轮廓 1，在属性面板中设置拉伸起点为 -1050cm，拉伸终点为 1050cm，单击"模式"面板—"完成编辑模式"按钮，完成物体 1 的拉伸操作。

(3)双击"立面:右"绘制拉伸轮廓 2，在属性面板中设置拉伸起点为 -820cm，拉伸终点为 820cm，完成物体 2 的拉伸操作。

(4)切换到前视图，调整两拉伸物体的相对位置，检查右视图，再次调整两拉伸物体的相对位置。

(5)在"立面:前视图"中，绘制空心拉伸轮廓 3，在属性面板中设置拉伸起点为 -1250cm，拉伸终点为 1250cm(这个拉伸长度只是一个大于跌水井的宽度即可)，单击"模式"面板—"完成编辑模式"按钮，完成空心拉伸操作。

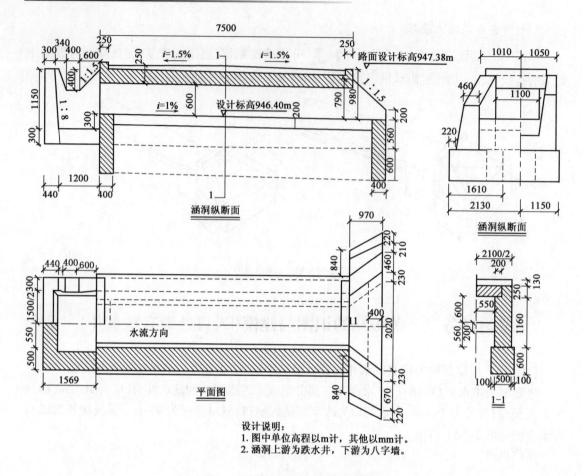

图 2-2-50 带有跌水井的盖板涵投影图

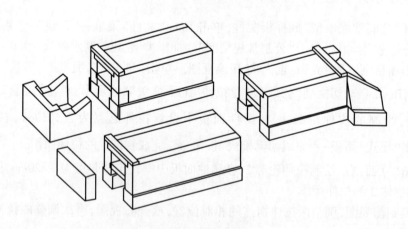

图 2-2-51 盖板涵各组成部分示意图

(6) 进行剪切与保存跌水井族。

调整空心柱体和物体2的相对位置,单击"几何图形"面板—"剪切"命令,对两者进行剪切操作。跌水井模型创建操作,如图 2-2-52 所示。

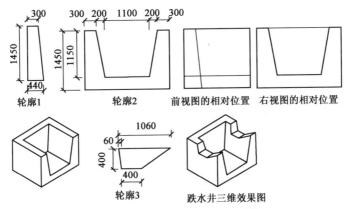

图 2-2-52 跌水井模型创建操作(尺寸单位:mm)

二、创建洞身

1. 打开公制概念体量族样板

单击 Revit"文件"菜单—"新建"—"概念体量",打开"新概念体量-选择样板文件"对话框,单击"公制体量"族样板类型,点击确定按钮,进入体量建模界面。

2. 绘制参照平面

双击项目浏览器"楼层平面:标高1"视图。绘制参照平面,名称分别为水平方向参照平面A、参照平面B,左右方向分别为参照平面1、2、3、4,参照平面体系如图 2-2-53 所示。

3. 创建涵洞基础与洞身

设置参照平面2为工作平面,在"立面:西"视图中单击"创建"选项卡—"绘制"面板—"直线"命令,绘制如图 2-2-54 所示的涵洞洞身界面轮廓。设置参照平面3为当前工作平面,绘制涵洞洞身截面轮廓,选择刚创建的轮廓(不同参照平面上的两个洞身截面轮廓),单击"形状"面板—"创建形状"命令下拉菜单中的"实心形状"。

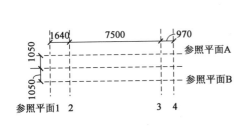

图 2-2-53 参照平面体系(尺寸单位:cm)

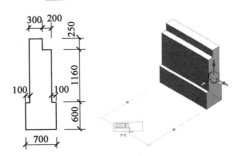

图 2-2-54 涵洞基础与洞身建模操作(尺寸单位:mm)

切换到默认三维视图,按住 Shift 键旋转形体,鼠标指向形体,利用 Tab 键切换到"形式,形状图元:表面",单击鼠标左键,选中该平面,也可以拖拽红色箭头拉伸形体到对应的长度,或者修改临时尺寸数字。涵洞基础与洞身建模操作如图 2-2-54 所示。

一侧涵洞基础与洞身创建完成后,用鼠标捕捉水平方向中间轴线,镜像生成在另一侧洞身图元。

4. 洞身涵底以及盖板的绘制

设置参照平面2为工作平面，在"立面：西"视图中，单击"创建"选项卡—"绘制"面板—"矩形"命令，绘制一矩形，利用Tab键选择矩形左侧模型线，修改临时尺寸标注为1100mm，修改矩形另一侧长度为200mm，单击"修改"面板—"移动"命令，利用参照平面定位矩形的位置。再次单击"矩形"命令，用鼠标捕捉左侧涵洞洞身的右上角点作为矩形的第一角点，移动鼠标捕捉矩形的另一角点，完成盖板的轮廓绘制。

设置"参照平面3"为当前工作平面，按照上述操作绘制涵洞洞身涵底和盖板截面轮廓，分别选择刚创建的轮廓（不同参照平面上的两个涵底和盖板截面轮廓），单击"形状"面板—"创建形状"命令下拉菜单中的"实心形状"。

选中盖板，在"属性"面板中"材质"文本框中，打开"材质浏览器"对话框，如图2-2-55所示，在"搜索材质"文本框中输入"混凝土"，在搜索结果栏中单击"将材质添加到文档中"按钮，选择"混凝土-预制嵌板"，右键点击"复制"，并修改材质名称为"盖板"，在"外观"选项中单击右键选择"复制"，单击"着色"选项卡，修改材质颜色，这样就不会把系统中"混凝土-预制嵌板"的材质修改。采用同样的方法，给涵底赋予新的材质颜色，如图2-2-55所示。

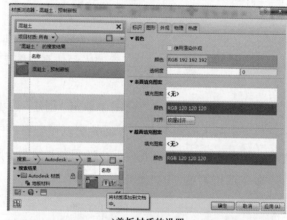

a) 盖板材质的设置

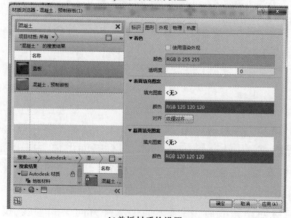

b) 盖板材质的设置

图 2-2-55　盖板材质的设置

涵洞洞身基础、涵底以及盖板的三维效果如图 2-2-56 所示。

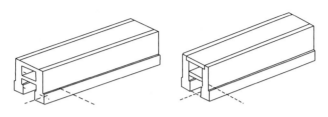

图 2-2-56　涵洞洞身基础、涵底以及盖板的三维效果图

三、左侧跌水井处的截水墙

在"立面:南"视图中,设置参照平面 2 为当前的工作平面,在"楼层平面:标高 1"视图中,单击"绘制"面板—"矩形"命令,绘制矩形轮廓,选中该矩形轮廓,单击"形状"面板—"创建形状"命令下拉菜单选择"实心形状",完成截水墙的绘制。

四、绘制洞口处的缘石

在洞口处绘制缘石长方体,尺寸是 250mm×2100mm×130mm。

设置"楼层平面:标高 1"中水平方向的一个参照平面 A 为当前工作平面,在"立面:南"视图中,单击"绘制"面板—"矩形"命令,在洞口处绘制缘石矩形轮廓,大小 250mm×130mm,选中该缘石轮廓,单击"形状"面板—"创建形状"命令下拉菜单选择"实心形状",在另一视图中拖拽至参照平面 B 的位置,完成缘石的绘制。

在"楼层平面:标高 1"视图中,绘制左右方向的参照平面,标注参照平面之间的尺寸,点击等分标记符 EQ,选择左侧缘石,单击"修改"面板—"镜像"命令,完成右侧缘石的绘制。

五、创建八字翼墙洞口与基础

1. 创建八字翼墙

切换到"楼层平面:标高 1"视图,为了简化建模,单击底部视图控制栏"临时隐藏与隔离"按钮，把洞身结构物包括涵底以及盖板临时隐藏。设置参照平面 3 为当前工作平面,在"立面:西"视图,单击"绘制"面板—"直线"命令绘制八字翼左侧面的轮廓。设置参照平面 4 为当前工作平面,在西立面视图中,确认绘制方式为直线,绘制另一个八字翼墙右侧面的轮廓,切换到"楼层平面:标高 1",调整八字翼墙的两个侧面位置。配合 Ctrl 键,选择刚绘制的两八字翼墙两个侧面的轮廓,单击"形状"面板—"创建形状"命令下拉菜单选择"实心形状"，完成涵洞洞口一侧八字翼墙的绘制。八字翼墙创建操作如图 2-2-57 所示。

在"楼层平面:标高 1"中,选择刚绘制的八字翼墙,单击"修改"面板—"镜像"命令,完成另一侧八字翼墙的绘制。

2. 创建截水墙

在"立面:南"视图中,单击"创建"选项卡—"基准"面板—"标高"命令,创建标高值分别为 1160mm 和 960mm 的标高 2、标高 3。

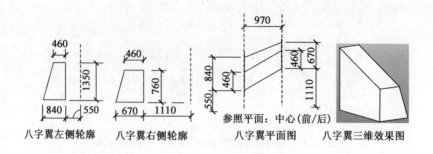

图 2-2-57 八字翼墙创建操作(尺寸单位:mm)

切换到"楼层平面:标高 1"视图,单击"创建"选项卡—"绘制"面板—"直线"命令,沿前后两个八字翼的外轮廓线绘制截水墙的轮廓,利用 Tab 键选择该轮廓,单击"剪贴板"面板—"复制"命令,然后单击粘贴命令的下拉菜单,选择"与选定的标高对齐"选项,打开"选择标高"对话框选择标高 2。

切换到默认的三维视图,选中截水墙的两个轮廓,单击"形状"面板—"创建形状"命令下拉菜单选择"实心形状",完成截水墙外部的创建。

在"楼层平面:标高 1"视图中,单击"绘制"面板—"参照平面"命令绘制一个距离截水墙右侧 400mm 的参照平面,绘制截水墙内部轮廓。利用 Tab 键结合视图控制栏"临时隐藏与隔离"命令,隐藏两个八字翼墙。单击"剪贴板"面板—"复制"命令,然后单击粘贴命令的下拉菜单,选择"与选定的标高对齐"选项,选择标高 3。为了方便选中截水墙内部轮廓,单击视图控制栏中视觉样式命令的"线框"模式,利用 Tab 键选中该两个轮廓,单击"形状"面板—"创建形状"命令下拉菜单选择"空心形状",完成截水墙内部形体的创建。

对截水墙内外形体进行剪切操作,单击"几何图形"面板—"剪切"命令,选中截水墙外部形体,然后选择内部形体,完成截水墙的空心剪切操作。截水墙的创建如图 2-2-58 所示。

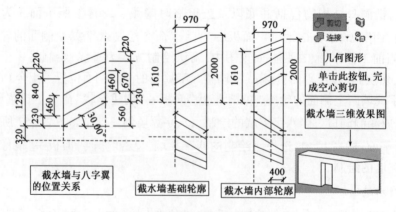

图 2-2-58 截水墙的创建(尺寸单位:mm)

模块二 桥涵构件识图与建模——族与体量基础

再次单击底部视图控制栏"临时隐藏与隔离"按钮，选中"重设临时隐藏/隔离"，选中八字墙和截水墙，单击"几何图形"面板—"连接"命令，截水墙和八字翼墙连接成一个整体。

六、载入跌水井常规模型族

切换到"楼层平面:标高1"视图，单击"插入"选项卡—"从库中载入"面板—"载入族"命令，找到跌水井族所在位置，载入涵洞体量模型中。

打开项目浏览器"族"，鼠标指向"常规模型"—"跌水井族"，单击鼠标右键在弹出的快捷菜单中选择"创建实例"选项，在涵洞体量模型中创建跌水井常规模型实例，调整跌水井族到左侧涵洞口，完成涵洞的绘制。

切换到默认的三维视图中，涵洞的三维效果如图2-2-59所示。

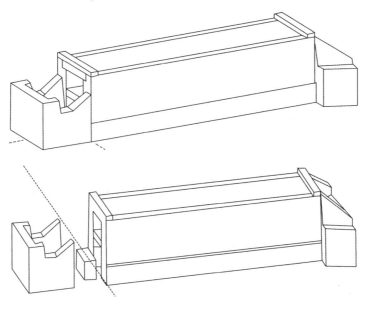

图2-2-59 涵洞的三维效果

学习任务三 拱涵的识图与建模（入口带有扭曲面）

【实训】 根据所给的带有扭曲面的拱涵轴测图2-2-60，创建涵洞模型。
操作提示：

一、打开公制概念体量族样板

单击Revit"文件"菜单—"新建"—"概念体量"，打开"新概念体量-选择样板文件"对话框，单击"公制体量"族样板类型，单击确定按钮，进入体量建模界面。

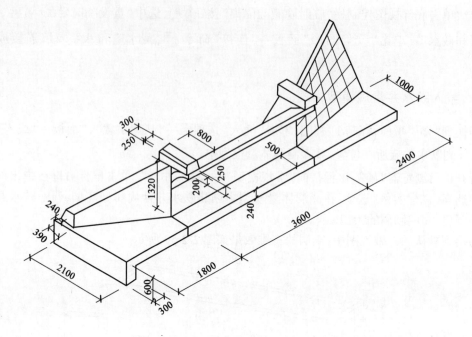

a) 剖切轴测图

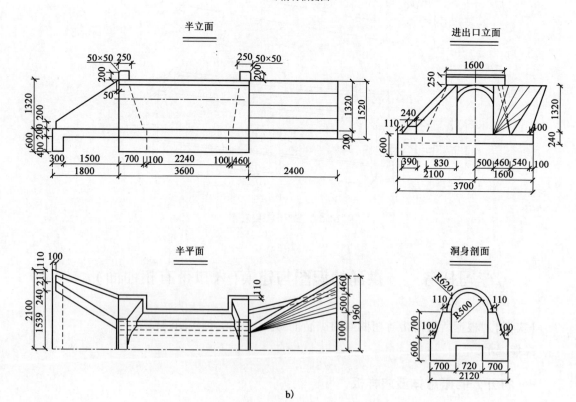

b)

图 2-2-60

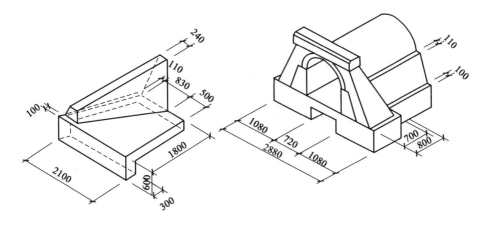

进口段八字墙

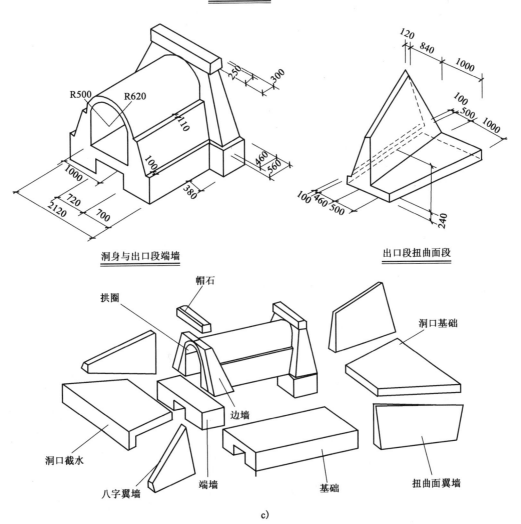

洞身与出口段端墙　　　　　　　出口段扭曲面段

c)

图 2-2-60　带有扭曲面的翼墙的拱涵投影图（尺寸单位：mm）

二、绘制参照平面

双击项目浏览器"楼层平面:标高 1",打开该视图,单击"创建"选项卡—"绘制"面板—"参照平面"命令![ ],Revit 自动切换到"修改 | 放置参照平面"上下文关联选项卡,在选项栏中"偏移量"文本框中输入 17000mm,单击绘制方式为拾取线![ ],鼠标移动到"参照平面:中心(左/右)"参照平面附近,在中心参照平面附近出现参照平面预览,确定参照平面的位置,单击鼠标左键绘制参照平面 1。采用同样的方式完成其他参照平面的绘制,参照平面名称分别为参照平面 2,参照平面 3,参照平面 A、B、C、D,如图 2-2-61 所示。

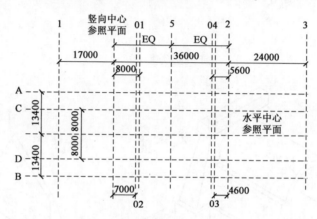

图 2-2-61　参照平面体系(尺寸单位:mm)

三、进口段八字翼墙及截水墙的绘制

1. 八字翼墙的绘制

(1)单击"创建"选项卡—"工作平面"面板—"设置"命令![ ],打开"工作平面"对话框,指定新的工作平面为"拾取一个平面"的方式,点击确认按钮,回到新建体量工作界面,拾取参照平面 1,即八字翼墙作侧面为工作平面,在转换视图对话框中选择"立面:西",打开视图。

(2)单击"创建"选项卡—"绘制"面板—"直线"命令![ ],绘制进口处八字翼墙的左侧面。

(3)按照前面(1)、(2)的操作过程,设置水平中心参照平面,绘制进口处八字翼墙的右侧面。

(4)按照如图 2-2-62 所示调整八字翼墙左右方向的位置。切换到默认三维视图,移动光标到绘制完的轮廓线上,当轮廓高亮显示时点击鼠标选中轮廓,按住键盘的 Ctrl 键,选中另一个轮廓,单击"形状"面板—"创建形状"命令下拉菜单中的"实心形状"![ ],则可自动创建生成八字翼墙。

八字翼墙的左右截面,平面投影以及三维效果图如图 2-2-63 所示。

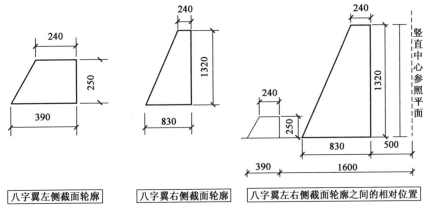

图 2-2-62　八字翼墙左右截面轮廓示意图以及相对位置(尺寸单位:mm)

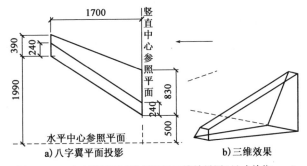

图 2-2-63　八字翼墙平面投影以及三维效果图(尺寸单位:mm)

2. 进水口截水墙的绘制

(1) 切换到南立面视图,单击"创建"选项卡—"基准"面板—"标高"命令,绘制两个标高值分别为 -0.6m 的标高 2,-0.24m 的标高 3。

(2) 切换到"楼层平面:标高 1"视图,单击"创建"选项卡—"绘制"面板—"直线"命令绘制截水墙的轮廓,移动光标到绘制完的轮廓线上,当轮廓高亮显示时点击鼠标选中轮廓,单击"形状"面板—"创建形状"命令选项中的"实心形状"，则可自动创建生成截水墙的外部结构。

(3) 截水墙的剪切操作

切换到"楼层平面:标高 1"视图,"绘制"面板—"直线"命令,绘制如图 2-2-64 所示的轮廓,移动光标到绘制完的轮廓线上,当轮廓高亮显示时点击鼠标选中轮廓,单击"剪贴板"面板—"剪切"命令剪切到粘贴板上,再单击"剪贴板"面板—"粘贴"命令下拉菜单中"与选定的标高对齐",在弹出的"选择标高"对话框中选择标高 2、标高 3。

切换到默认三维视图,移动光标到绘制完的轮廓线上,当轮廓高亮显示时点击鼠标选中轮廓,利用键盘的 Ctrl 键选中刚完成的截水墙内部的上下截面轮廓,单击"形状"面板—"创建形状"命令下拉菜单中的"空心形状"，则可自动创建生成截水墙的剪切操作,操作如图 2-2-64 所示。

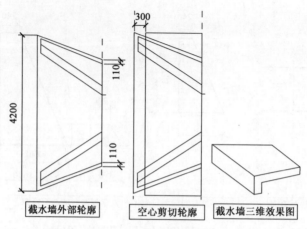

图 2-2-64　截水墙建模操作

四、进口段端墙与帽石的绘制

1. 进口段端墙基础的绘制

（1）切换到"楼层平面:标高 1"视图，在"参照平面:中心（左/右）"右侧 8000mm 单击鼠标左键绘制参照平面:01，在"参照平面:中心（左/右）"右侧 7000mm 单击鼠标左键绘制参照平面:02。

（2）设置"参照平面:中心（左/右）"为工作平面，在西立面视图中绘制进口段端墙基础的轮廓。

（3）设置"参照平面:01"为工作平面，同样在西立面视图中绘制进口段端墙基础的轮廓。

（4）切换到三维视图，选择进口段端墙基础的两轮廓线，单击"形状"面板—"创建形状"命令下拉菜单中的"实心形状"，则可自动创建进口段端墙基础，进口段端墙基础操作结果如图 2-2-65 所示。

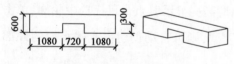

图 2-2-65　进口段端墙基础操作

2. 进口段端墙的绘制

（1）切换到"楼层平面:标高 1"视图，设置"参照平面:中心（左右/）"为工作平面，在西立面视图中绘制进口段端墙右侧的轮廓。

（2）设置"参照平面:02"为工作平面，在西立面视图中绘制进口段端墙右侧的轮廓。切换到三维视图，选择刚完成的进口段端墙右侧的轮廓，单击"形状"面板—"创建形状"命令下拉菜单中的"实心形状"，则可自动创建生成进口段右侧端墙。

（3）切换到"楼层平面:标高 1"视图，在"参照平面:中心（前/后）"上下侧单击鼠标，绘制距离"参照平面:中心（前/后）"13400mm 的参照平面:A，参照平面:B。

（4）设置"参照平面:A"为工作平面，转到"立面:南"视图，在南立面视图中，在端墙的前侧绘制一个三角形轮廓。采用同样的操作，在"参照平面:B"中绘制三角形轮廓，切换到三维视图，选择两三角形轮廓，单击"形状"面板—"创建形状"命令下拉菜单中的"空心形状"，则可自动创建生成端墙的剪切操作。

（5）切换到西立面视图，对剪切后的端墙进行镜像操作，选择端墙以及空心三棱柱，单击"修改"面板—"镜像"命令，拾取中心参照平面，完成另一侧端墙的绘制，单击"几何图形"面板—"连接"命令，使左右端墙连接成一个整体。

（6）按照（1）（2）步骤，在西立面视图中，绘制半圆柱，选择两半圆柱轮廓，并单击"形状"面板—"创建形状"命令下拉菜单中的"空心形状"，则可自动创建生成端墙的剪切操作。进口段端墙建模过程如图2-2-66所示。

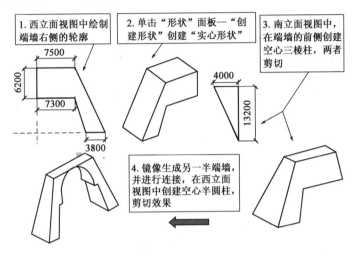

图2-2-66　进口段端墙建模

3. 进口段帽石的绘制

（1）切换到"楼层平面：标高1"视图，鼠标移动到水平向"参照平面：中心"的参照平面附近8000mm，在"中心参照平面"上下侧单击鼠标，绘制参照平面：C和参照平面：D。

（2）设置"参照平面：C"为工作平面，转到"立面：南"视图，在南立面视图中，绘制帽石的轮廓。采用同样的操作，在"参照平面：D"中绘制帽石轮廓，切换到三维视图，选择两帽石轮廓，单击"形状"面板—"创建形状"命令下拉菜单中的"实心形状"，则可自动创建生成帽石，进口段帽石轮廓与三维效果图如图2-2-67所示。也可以采用拉伸建模方式。

注意修改帽石的另一方向长度的方法：切换到三维视图，在三维视图中移动鼠标到帽石的顶面（侧面），当侧面高亮显示时单击鼠标选择侧面（可借助键盘的Tab键切换鼠标所在的线、面、体的高亮显示，方便选择对象），拖拽绿色箭头，修改长度临时尺寸，调整帽石的长度为16000mm，修改长度示意图如图2-2-68所示。

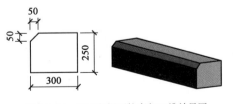

图2-2-67　进口段帽石轮廓与三维效果图

也可以在"楼层平面：标高1"视图中，拖拽帽石前端面或者后端面修改临时尺寸直到满足帽石的尺寸要求。

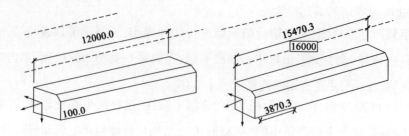

图 2-2-68　修改帽石尺寸(尺寸单位:mm)

五、创建出口段扭曲翼墙

1. 出口扭曲翼墙的绘制

(1)设置"参照平面 2"为工作平面,即扭曲面翼墙的侧面为工作平面,在转换视图对话框中选择"立面:西",打开视图。

(2)单击"创建"选项卡—"绘制"面板—"直线"命令，绘制如图 2-2-70 所示的出口处扭曲面翼墙的左侧面。

(3)按照前面(1)、(2)的操作过程,设置"参照平面 3"为参照平面,绘制出口处扭曲面翼墙的右侧面。

(4)调整扭曲面翼墙左右方向的位置。切换到默认三维视图，移动光标到绘制完的轮廓线上,当轮廓高亮显示时点击鼠标选中轮廓,按住键盘的 Ctrl 键,选中另一个轮廓,单击"形状"面板—"创建形状"命令下拉菜单中的"实心形状"，则可自动创建生成八字翼墙,出口段扭曲翼墙截面轮廓如图 2-2-69 所示。

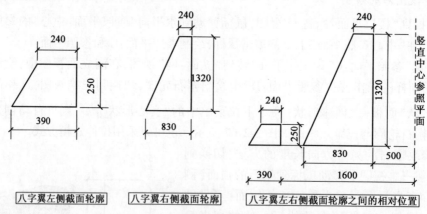

图 2-2-69　出口段扭曲翼墙截面轮廓(尺寸单位:mm)

出口处扭曲面翼墙平面投影以及三维效果图如图 2-2-70 所示。

2. 出口扭曲翼墙基础的绘制

(1)切换到"楼层平面:标高 1"视图,单击"绘制"面板—"直线"命令，绘制如图 2-2-71

所示的轮廓,移动鼠标到刚绘制的轮廓,当轮廓高亮显示时点击鼠标选中轮廓,单击"剪贴"面板—"复制"命令复制到粘贴板上,再单击"剪贴"面板—"粘贴"命令下拉菜单中"与选定的标高对齐",在弹出的"选择标高"对话框中选择标高3。

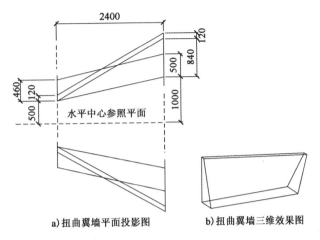

图 2-2-70　扭曲面翼墙平面投影以及三维效果图(尺寸单位:mm)

（2）切换到默认三维视图,移动光标到绘制完的轮廓线上,当轮廓高亮显示时点击鼠标选中轮廓,利用键盘的 Ctrl 键选中两扭曲面墙基础的上下截面轮廓,单击"形状"面板—"创建形状"命令下拉菜单中的"实心形状",则可自动创建生成扭曲面翼墙基础,如图2-2-71 所示。

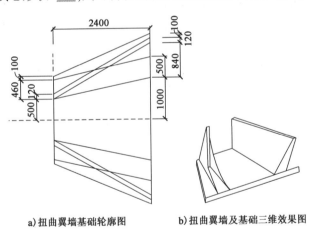

图 2-2-71　扭曲翼墙及基础三维效果图(尺寸单位:mm)

六、出口段端墙与帽石的绘制

(1)创建出口段端墙基础

切换到"楼层平面:标高3"视图,因为进口与出口段翼墙的基础形状一致,只是长度方向尺寸不同,选择进口段端墙基础,单击"修改"面板—"复制"命令,如图2-2-72 所示。

利用键盘的 Tab 键切换鼠标到基础的左侧面,向右拖拽红色箭头至参照平面上,或者修改长度临时尺寸,调整基础的长度为 5600mm,结果如图2-2-73 所示。

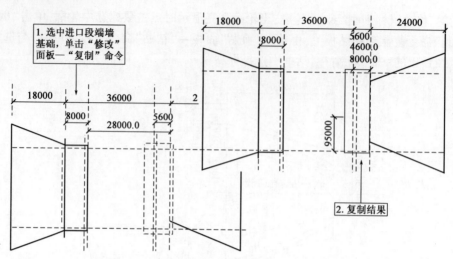

图 2-2-72 出口段端墙基础复制创建(尺寸单位:mm)

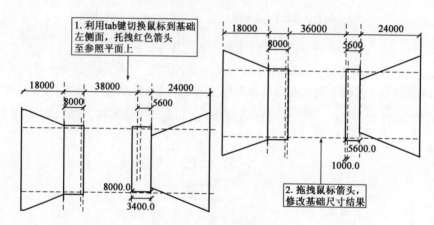

图 2-2-73 修改基础尺寸

(2)创建出口段端墙

绘制方法参照进口段端墙的绘制。

注意:与进口段端墙不同之处是,设置"参照平面 2"为工作平面,转换到"立面:东",在东立面视图中绘制端墙的轮廓。

再设置"参照平面:2"为工作平面,转到"立面:北"视图,在北立面视图中,在端墙的前侧绘制一个三角形轮廓。采用同样的操作在"参照平面:04"中绘制三角形轮廓,切换到三维视图,选择两三角形轮廓,进行空心三棱柱自动创建生成端墙的剪切操作。出口段端墙建模如图 2-2-74 所示。

(3)出口段帽石的绘制

切换到"楼层平面:标高 1"视图,在"参照平面:中心(左/右)"以及"参照平面:2"之间绘制一个"参照平面:5",单击"测量"面板—"对齐尺寸标注"命令标注中心参照平面和参照平面之间的尺寸,单击尺寸标注中的 EQ 标记,使刚绘制的参照平面位于中心参照平面和参照平面 B 的中间位置。

模块二 桥涵构件识图与建模——族与体量基础

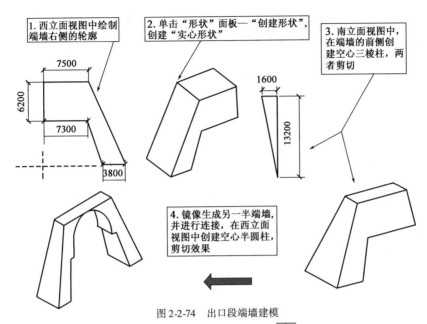

图 2-2-74 出口段端墙建模

选择进口段的帽石,单击"修改"面板—"镜像"命令,选择参照平面5,完成出口段的帽石的绘制。

七、涵洞洞身的绘制

(1)切换到"楼层平面:标高1"视图,设置"参照平面:中心(左/右)"为工作平面,在转换视图对话框中选择"立面:西",打开视图。

(2)单击"创建"选项卡—"绘制"面板—"直线"命令,绘制涵洞洞身截面轮廓。

(3)设置参照平面,2为工作平面,绘制涵洞洞身截面轮廓。

(4)切换到默认三维视图,利用键盘的Ctrl键选中洞身前后截面轮廓,单击"形状"面板—"创建形状"命令下拉菜单中的"实心形状",则可自动创建生成洞身,选择涵洞洞身内部轮廓,单击"形状"面板—"创建形状"命令下拉菜单中的"空心形状",进行剪切操作,则可自动创建生成洞身。涵洞洞身截面以及三维效果图如图2-2-75所示。

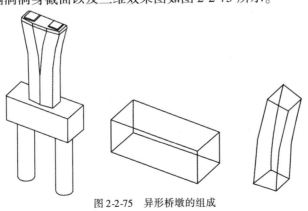

图 2-2-75 异形桥墩的组成

注意：涵洞建模过程中，应先完成进口、出口洞口的翼墙、端墙，最后完成涵洞洞身。端墙的绘制有一个空心形状，容易把涵洞洞身切去一部分，所以，建模过程中最后完成涵洞洞身的绘制。

完成涵洞建模后，切换到默认的三维视图。涵洞三维效果图如图2-2-76所示。

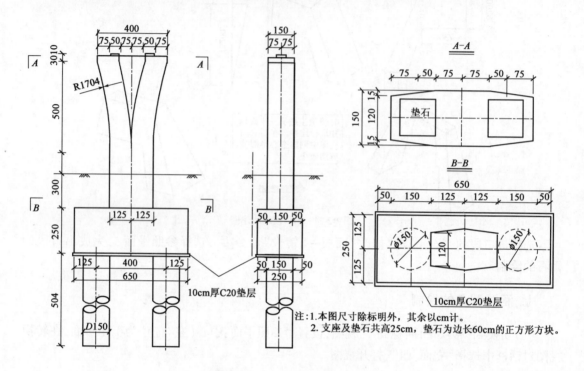

图 2-2-76　异形桥墩图

学习任务四　异形桥墩的识图与建模

【实训一】　根据所给的异形桥墩视图2-2-75，识图并创建异形桥墩模型。

识图：异形桥墩分别由桩基础、承台、异形立柱以及垫石组成如图2-2-76所示。

操作提示：

（1）点击Revit"文件"菜单—"新建"—"概念体量"—"公制体量"，单击"打开"按钮，进入公制体量族编辑环境。

（2）单击"管理"选项卡—"设置"面板—"项目单位"命令，设置项目单位为cm。

（3）创建桩基。

双击项目浏览器"立面:南"视图，切换到南立面视图，单击"创建"选项卡—"基准"面板—"标高"命令，创建几个标高F2～F5，高程值分别为250cm、550cm、1050cm、1080cm。同时创建距离中心位置各200cm的参照平面，设置标高1作为工作平面，切换到楼层平面视图。

单击"创建"选项卡—"绘制"面板—"圆"命令,创建半径为75cm的圆。绘制完成后,单击"形状"面板—"创建形状"命令下拉箭头"实心形状",选择"圆柱体"选项。切换至南立面视图中,向下拖拽蓝色箭头,修改临时尺寸标注至桩基高度。切换到楼层平面标高1视图,设置楼层平面视图的视图范围,在视图中能显示桩基础的投影,选择桩基础,点击"修改"面板中"复制"命令,将桩基沿水平方向距离400cm的位置复制桩基。桩基的创建如图2-2-77所示。

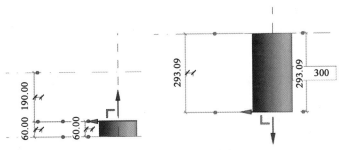

图2-2-77　桩基的创建(尺寸单位:cm)

(4)创建承台。

在"楼层平面:标高1"视图中,绘制两个距离中心位置325cm的参照平面,分别命名为参照平面C、参照平面D,设置左侧参照平面C为工作平面,切换到视图"立面:东",在东立面视图中绘制矩形250cm×250cm。

选择所绘制的矩形形状,单击"形状"面板—"创建形状"命令下拉箭头选择"实心形状",创建完成异形桥墩的承台。

(5)创建异形立柱。

异形立柱下部分是柱体,由创建的两个一样的形状形成。上部柱部分采用增加一个轮廓,放样融合体量建模的方法来创建。

切换到"立面:南",设置标高2为工作平面,转换到"楼层平面中:标高1"中绘制立柱下部结构的形状。绘制完成后,采用同样的方法,设置标高3为工作平面,在"楼层平面中:标高1"中绘制其轮廓,选择其轮廓,单击"修改"面板—"复制"命令,复制该轮廓到"立面:南"视图所绘制的曲线的中间位置。

切换到三维视图,选择三个轮廓,单击"形状"面板—"创建形状"命令的下拉箭头选择"实心形状",创建生成异形柱的下部结构。镜像生成另外一半异形柱。操作如图2-2-78所示。

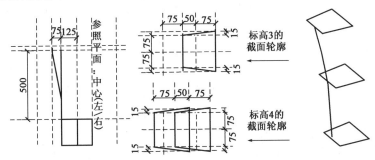

图2-2-78　异形立柱上部结构左侧部分的建模(尺寸单位:cm)

切换到视图"立面：南"，以拾取线和绘制线的形式绘制异形柱中间部分的轮廓，选择所绘制轮廓，单击"形状"面板—"创建形状"命令下拉箭头选择"实心形状"，创建完成异形桥墩中间部分，如图2-2-79所示。

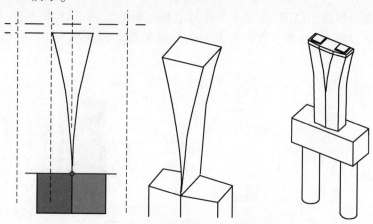

图2-2-79 异形墩中间部分的轮廓及三维视图

切换到视图"楼层平面：标高4"，绘制上表面轮廓，选择所绘制轮廓，单击"形状"面板—"创建形状"命令下拉箭头选择"实心形状"，创建完成异形桥墩上部分。

【实训二】 根据所给的异形桥墩视图（图2-2-80），识图并创建异形桥墩模型。

识图：异形桥墩分别由桩基础、承台、异形立柱以及垫石组成，如图2-2-81所示。

操作提示：

（1）点击Revit"文件"菜单—"新建"—"概念体量"—"公制体量"，单击"打开"按钮，进入公制体量族编辑环境。

（2）单击"管理"选项卡—"设置"面板—"项目单位"命令，设置项目单位为cm。

（3）创建墩基。

双击项目浏览器"立面：南"，切换到南立面视图，单击"创建"选项卡—"基准"面板—"标高"命令，创建几个标高，标高值分别为标高2～标高6，标高值分别为75cm、150cm、594.5cm、794.5cm、844.5cm。单击"创建"选项卡—"工作平面"面板—"设置"命令，选择"标高1"作为工作平面，切换到"楼层平面：标高1"视图。单击"创建"选项卡—"绘制"面板—"矩形"命令，创建500cm×390cm的矩形，选择该矩形轮廓，点击"形状"面板—"创建形状"下拉箭头"实心形状"，切换到"南：立面"视图，选择该形状图元，向上拖拽蓝色箭头至标高2。

采用同样的操作，创建上部桩基350cm×240cm×75cm。

（4）创建墩柱。

①创建异形墩柱下部结构。

设置"标高3"作为工作平面，切换到"楼层平面：标高1"视图。单击"创建"选项卡—"绘制"面板—"圆"命令，创建半径为45cm的圆，利用"绘制"面板—"直线"命令，"修改"面板中的"拆分图元"、"修剪/延伸为角"命令完成异形墩柱下部轮廓。绘制完成后，选择该轮廓，点击"形状"面板—"创建形状"下拉箭头"实心形状"，选择该形状图元，切换至南立面视图中，向上拖拽蓝色箭头至标高4。操作如图2-2-82所示。

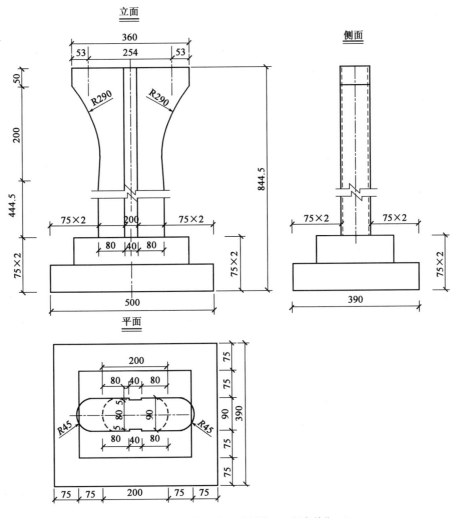

图 2-2-80 异形桥墩视图(尺寸单位:cm;标高单位:m)

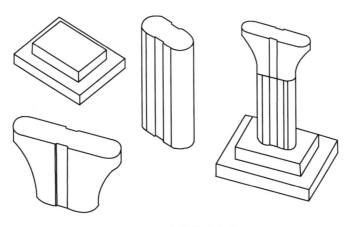

图 2-2-81 异形桥墩的组成

②创建异形墩柱上部结构。

切换到"立面:南",绘制立柱上部结构的形状轮廓,设置"标高4"为工作平面,在"楼层平面:标高4"中绘制拉伸路径,切换到三维视图,选择其轮廓与路径,单击"形状"面板——"创建形状"命令下拉菜单中"实心形状",完成异形墩柱的外部形状。

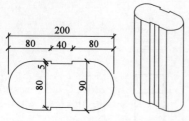

图 2-2-82　墩柱下部结构(尺寸单位:cm)

切换到"楼层平面:标高4"视图中,绘制空心放样轮廓,转换到视图"立面:南",以拾取线和"圆弧"命令绘制圆弧为空心放样路径,选择空心轮廓与路径,单击"形状"面板——"创建形状"命令下拉菜单中"空心形状",完成异形墩柱的端部空心剪切。

③切换到"楼层平面:高4"视图中,绘制中间部分空心拉伸轮廓,单击"形状"面板——"创建形状"命令下拉菜单中"空心形状",完成异形墩柱的中部空心剪切。异形墩柱上部结构的创建过程以及三维效果图如图2-2-83所示。

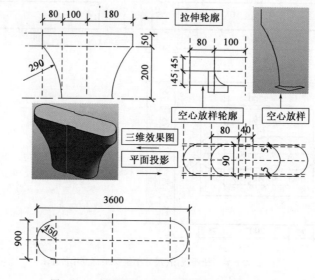

图 2-2-83　异形墩柱上部结构创建(尺寸单位:cm)

④设定标高5为工作平面,切换到"楼层平面:标高1"视图中,绘制异形墩上部的轮廓,如图 2-2-83 所示,单击"形状"面板——"创建形状"命令下拉菜单中"实心形状",切换到"立面:南",拖拽箭头至标高6,完成两端为圆柱形的柱体。

⑤单击"几何图形"面板——"连接"命令下拉菜单中"连接几何图形",连接异形墩柱和圆柱形的柱体,完成异形墩柱的创建。

学习任务五　板桥的建模

【实训】　根据所给的板桥整体布置图(图2-2-84)以及构件详图(图2-2-85),创建板桥模型。

模块二 桥涵构件识图与建模——族与体量基础

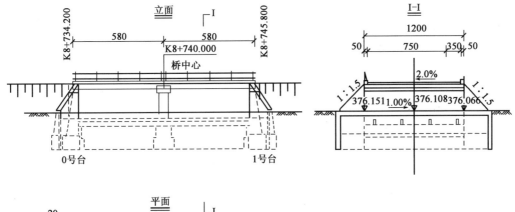

注：
1. 本图尺寸除里程及高程以m计外，其余均以cm为单位。
2. 墩台帽上设置1cm厚橡胶板垫座，其工程量已计入汇总表内。
3. 桥面横坡由墩台身高度调整，桥面铺装层做成等厚。
4. 小桥不设伸缩装置，钢筋混凝土板与台帽用锚栓连接，不得加套筒，锚栓孔内浇筑C30小石子混凝土。

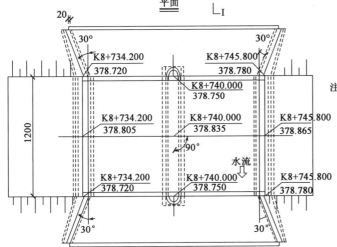

图 2-2-84　板桥整体布置图

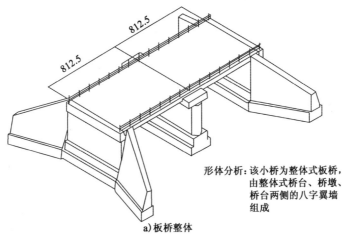

形体分析：该小桥为整体式板桥，由整体式桥台、桥墩、桥台两侧的八字翼墙组成

a) 板桥整体

图 2-2-85

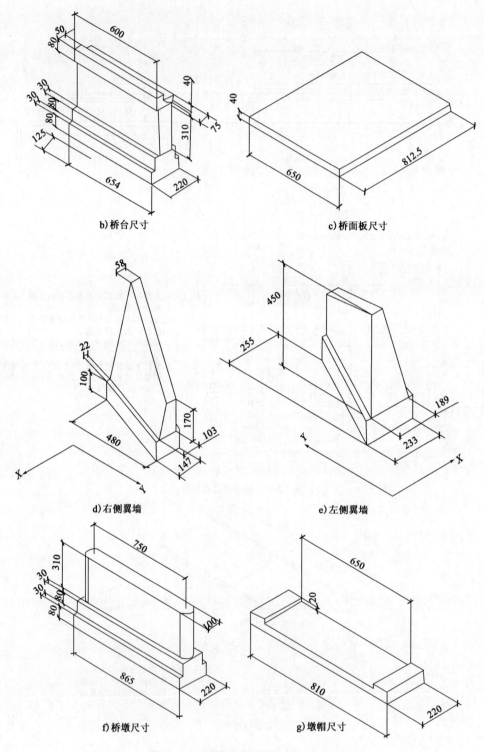

图 2-2-85　板桥构件详图(尺寸单位:cm)

操作提示：

(1)单击 Revit"文件"菜单—"新建"—"概念体量"，打开"新概念体量-选择样板文件"对话框，单击"公制体量"族样板类型，点击确定按钮，进入体量建模界面。

(2)桥台的绘制。

双击项目浏览器"楼层平面:标高 1"，打开该视图，单击"创建"选项卡—"绘制"面板—"参照平面"命令，在"参照平面:中心(前/后)"两侧距离"参照平面:中心(前/后)"3250mm 创建参照平面 A、B。

设置参照平面 A 为当前的工作平面，转到"立面:南"视图，单击"绘制"面板—"直线"命令，绘制桥台后表面轮廓。

切换到默认三维视图，选中桥台表面轮廓，单击"形状"面板—"创建形状"命令下拉菜单中"实心形状"，修改另一尺寸，或者在"楼层平面:标高 1"视图中拖拽拉伸箭头至参照平面 B，完成桥台的创建，单击视图控制栏中"视觉样式"按钮，选中"隐藏线"模式，桥台三维效果图如图 2-2-86 所示。

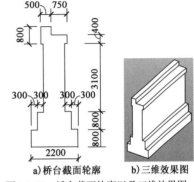

图 2-2-86　桥台截面轮廓以及三维效果图
（尺寸单位:mm）

(3)八字翼的绘制。

双击项目浏览器"楼层平面:标高 1"，打开该视图，单击"创建"选项卡—"绘制"面板—"参照平面"命令，在"参照平面:中心(前/后)"上方绘制参照平面 C，距离"参照平面 A"的距离为 4800mm，并把该参照平面设置为当前工作平面，切换到"立面:南"，单击"绘制"面板—"直线"命令绘制八字翼墙的前表面。

切换到"楼层平面:标高 1"，设置"参照平面:中心(前/后)"为当前工作平面，切换到"立面:南"视图，单击"绘制"面板—"直线"命令绘制八字翼墙的后表面。切换到"楼层平面:标高 1"，调整后表面的位置，八字翼墙前后表面轮廓以及相对位置。切换到默认三维视图，选择翼墙的前后表面，单击"形状"面板—"创建形状"命令下拉菜单中"实心形状"，单击视图控制栏中"视觉样式"按钮，选中"隐藏线"模式，如图 2-2-87 所示。

选择八字翼墙，单击"修改"面板—"镜像"命令，选择中间轴线为镜像轴，得到另一侧的八字翼墙。

切换到"立面:南"视图，选择八字翼墙以及桥台，单击"修改"面板—"镜像"命令，得到另一侧的八字翼墙和桥台。

(4)桥墩的绘制。

①墩身基础的绘制。

双击项目浏览器"楼层平面:标高 1"，打开该视图，单击"创建"选项卡—"绘制"面板—"参照平面"命令，在"参照平面:中心(前/后)"上下方向距离为 4325mm 处绘制参照平面 D、E。

设置参照平面 D 为当前的工作平面，转到"立面:南"视图，单击"绘制"面板—"直线"命令，绘制桥墩基础后表面轮廓。切换到默认三维视图，选中桥墩基础表面轮廓，单击"形状"面板—"创建形状"命令下拉菜单中"实心形状",完成桥墩基础的绘制(注意,绘制板墩基础断面时,如果采用镜像轮廓面,则立体图会出现一条棱线,故需整体绘制轮廓线)。

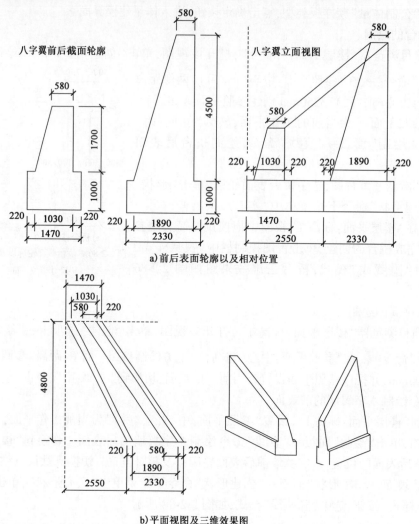

图 2-2-87　八字翼墙创建(尺寸单位:mm)

②墩身的绘制。

双击项目浏览器"立面:南",打开该视图,单击"基准"面板—"标高"命令,绘制两条标高2、标高3,标高2的标高值为1600mm,标高3的标高值为4700mm。

设置标高2为当前工作平面,转换到"楼层平面:标高1",为了便于绘图,单击视图状态栏中"临时隐藏/隔离"按钮,隐藏墩身基础。单击"绘制"面板—"直线"命令,在该视图中绘制墩身的上表面轮廓线。切换到默认三维视图,选中桥墩墩身上下表面轮廓,单击"形状"面板—"创建形状"命令下拉菜单中"实心形状",完成桥墩墩身的绘制。

③墩帽的绘制。

双击项目浏览器"楼层平面:标高1",打开该视图,单击"创建"选项卡—"绘制"面板—

"参照平面"命令在桥墩位置绘制两个参照平面,分别距离墩身中间位置距离为1100mm。设置左侧的参照平面为当前工作平面,切换到"立面:西",单击"绘制"面板—"直线"命令,在西立面视图中绘制墩帽的左表面轮廓。调整该墩帽轮廓在"西立面"视图的位置,切换到默认的三维视图,选择墩帽左右轮廓,单击"形状"面板—"创建形状"命令下拉菜单中"实心形状",完成桥墩墩帽的绘制。桥墩的创建如图2-2-88所示。

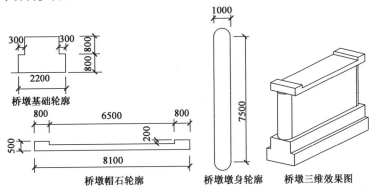

图2-2-88 墩帽的创建(尺寸单位:mm)

板桥参照平面体系如图2-2-89所示。

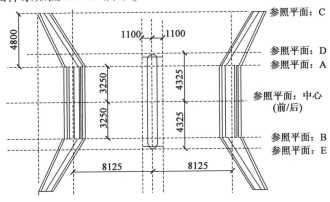

图2-2-89 板桥参照平面体系(尺寸单位:mm)

(5)桥面板的绘制。

双击项目浏览器"立面:南",打开该视图。单击"基准"面板—"标高"命令,绘制两条标高4,标高值为5200mm。设置标高3为当前工作平面,切换到"楼层平面:标高1",打开该视图。单击"绘制"面板—"矩形"命令,鼠标捕捉参照平面的交点作为矩形的角点,绘制桥板的下表面(8125mm×6500mm),选择该桥板的上表面,按Esc键两次退出矩形命令,选择矩形,单击"剪贴板"面板—"复制"命令,把矩形复制到剪贴板上,再单击"粘贴"命令的下拉菜单中"与选定的标高对齐"选项,在弹出的选择标高对话框中选择"标高4",将矩形复制到标高4平面上,完成桥板上表面的绘制。

切换到默认三维视图,选中桥板上下表面轮廓,单击"形状"面板—"创建形状"命令下拉菜单中"实心形状",完成桥板的绘制,选择该桥板,单击"修改"面板—"镜像"命令,选择桥墩轴线为镜像线,完成另一半桥板的绘制。

学习任务六 简易拱桥的建模

【实训】 根据所给的拱桥以及板桥各组成部分的轴测图(图2-2-90)、桥墩(图2-2-91)、桥台(图2-2-92),识读并完成拱桥的模型。

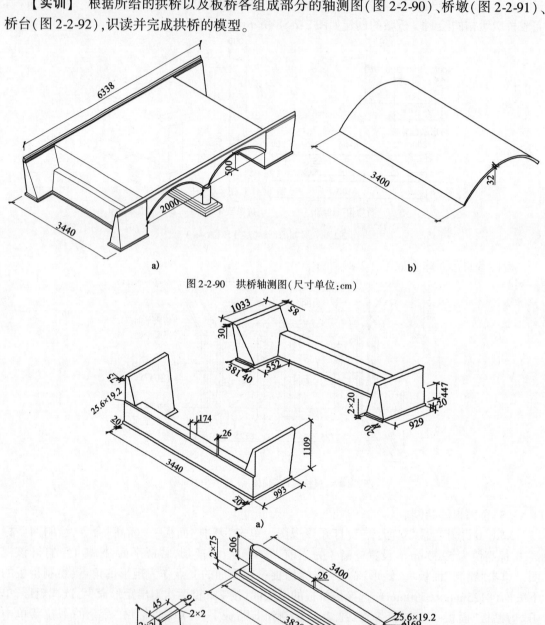

图 2-2-90 拱桥轴测图(尺寸单位:cm)

图 2-2-91

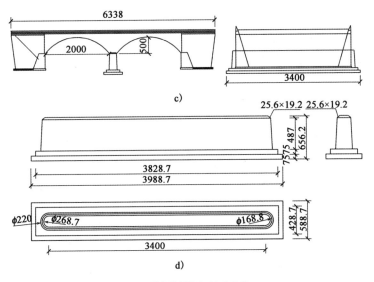

图 2-2-91　拱桥桥墩图(尺寸单位:cm)

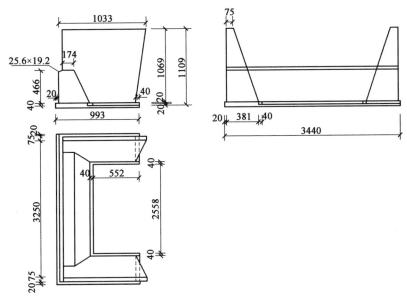

图 2-2-92　拱桥桥台图(尺寸单位:cm)

操作提示：

单击 Revit"文件"菜单—"新建"—"概念体量"，打开"新概念体量-选择样板文件"对话框，单击"公制体量"族样板类型，点击确定按钮，进入体量建模界面。

单击"管理"选项卡—"设置"面板—"项目单位"命令，设置单位为 cm。

一、创建桥台

1. 桥台基础的绘制

(1)单击"创建"选项卡—"绘制"面板—"参照平面"命令，建立参照平面体系。

(2)在"楼层平面:标高1"视图中,单击"创建"选项卡—"绘制"面板—"直线"命令 ,绘制底层基础轮廓,单击"创建形状"命令选项"实心形状" ,在南立面视图中拉伸调整底层高度为20cm。桥台基础建模如图2-2-93所示。

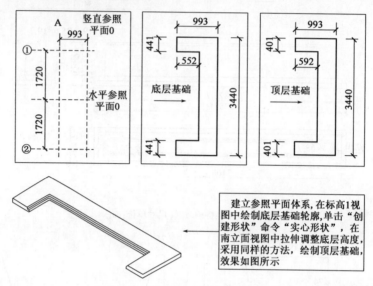

图2-2-93　桥台基础建模(尺寸单位:cm)

2. 创建桥台侧墙

(1)设置"竖直参照平面0"为工作平面,在"立面:西"视图中,单击"创建"选项卡—"绘制"面板—"直线"命令 ,绘制侧墙轮廓,单击"创建形状"命令选项"实心形状" ,在标高1视图中拉伸调整侧墙长度为1033.4cm。

(2)切换到"立面:南"视图,单击"创建"选项卡—"绘制"面板—"直线"命令 ,绘制三角形轮廓,单击"创建形状"命令选项"空心形状" ,在标高1视图中拉伸调整三棱柱长度为381cm,空心剪切,桥台侧墙建模如图2-2-94所示。

3. 绘制侧墙缘石

设置"竖直参照平面0"为工作平面,在"立面:西"视图中,单击"创建"选项卡—"绘制"面板—"矩形"命令 ,绘制侧墙缘石轮廓为85cm×30cm,单击"创建形状"命令选项"实心形状" ,在标高1视图中拉伸调整侧墙缘石长度为1033.4cm。

4. 选择所绘制的侧墙与缘石

单击"修改"面板—"镜像"命令 ,镜像得另一侧侧墙和缘石。

5. 绘制桥台端墙1、端墙2

(1)设置"水平参照平面0"为工作平面,在"立面:南"视图中,单击"创建"选项卡—"绘制"面板—"直线"命令 ,绘制端墙1轮廓,单击"创建形状"命令选项"实心形状" ,在标高1视图中拉伸调整端墙1长度为3400cm。

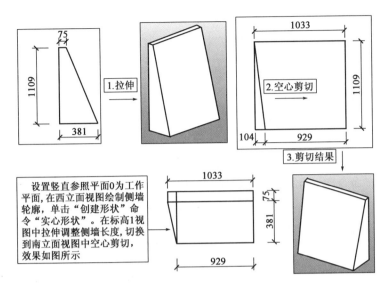

图 2-2-94　桥台侧墙建模(尺寸单位:cm)

(2)采用同样的方法绘制端墙2,在标高1视图中注意调整端墙2的长度,伸入两侧墙中。

(3)绘制完成端墙1、端墙2,单击"几何图形"面板—"连接"命令，选择桥台侧墙,再次选择端墙1,完成桥台侧墙与端墙1的连接,依次进行桥台所有构件的连接,桥台端墙1、端墙2以及桥台连接的操作如图2-2-95所示。

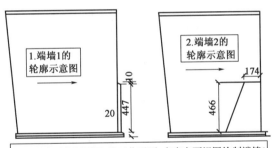

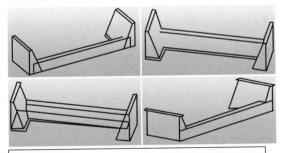

图 2-2-95　桥台连接的操作(尺寸单位:cm)

6. 镜像得另一端桥台

左侧桥台绘制完成后,选择基础、端墙、侧墙,单击"修改"面板—"镜像"命令 ,选择中间参照平面作为镜像轴,镜像得另一端桥台。

二、桥墩的绘制

1. 创建桥墩基础

(1)设置"水平参照平面0"为工作平面,在"立面:南"视图中,单击"创建"选项卡—"绘制"面板—"直线"命令 ,绘制桥墩基础部分底层轮廓1(588.7cm×75cm),单击"创建形状"命令选项"实心形状" ,在标高1视图中拉伸调整桥墩基础部分底层长度为3988.7cm。

(2)采用同样的方法,绘制桥墩基础部分顶层,桥墩基础的创建如图2-2-96所示。

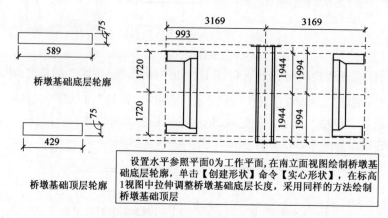

图2-2-96 桥墩基础的创建(尺寸单位:cm)

2. 创建桥墩墩身

(1)设置"水平参照平面0"为工作平面,在"立面:南"视图中,单击"创建"选项卡—"绘制"面板—"直线"命令 ,绘制桥墩墩身中间部分轮廓,单击"创建形状"命令选项"实心形状" ,在标高1视图中拉伸调整桥墩中间部分的长度为3400cm。

(2)设置"竖直参照平面0"为工作平面,在"立面:西"视图中,单击"创建"选项卡—"绘制"面板—"直线"命令 ,绘制桥墩墩身两端部分轮廓以及一轴线,选择墩身轮廓以及轴线,单击"创建形状"命令选项"实心形状" ,完成桥墩两端圆台操作。

(3)单击"修改"面板—"镜像"命令 ,镜像得另一端圆台。

(4)单击"几何图形"面板—"连接"命令 ,完成桥墩两端圆台和墩身部分的连接,创建桥墩墩身操作如图2-2-97所示。

三、护栏以及拱桥板的绘制

1. 创建拱圈

单击"创建"选项卡—"绘制"面板—"参照平面"命令,绘制参照平面。单击"创建"选项卡—"绘制"面板—"样条曲线"命令,单击鼠标左键确定样条曲线的点,拖拽样条曲线顶点调整拱圈轮廓,选择拱圈轮廓,单击"修改"面板—"偏移"命令,在选项栏中勾选"数值方式",在"偏移"文本框中输入32,勾选"复制"选项,偏移拱圈以及形成拱圈轮廓,选中拱圈轮廓,单击"创建形状"命令"实心形状",在标高1视图中拉伸调整桥墩中间部分的长度为3400cm,完成拱圈的创建。创建拱圈操作如图2-2-98所示。

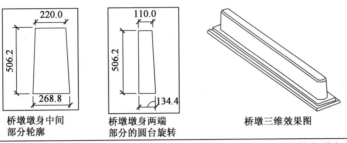

图2-2-97 桥墩的绘制(尺寸单位:cm)

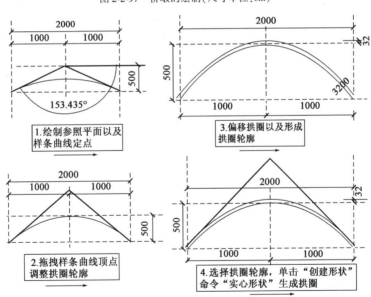

图2-2-98 创建拱圈操作(尺寸单位:cm)

2.创建护栏以及拱桥板

(1)设置"竖直参照平面0"为工作平面,在"立面:西"视图中,单击"创建"选项卡—"绘制"面板—"直线"命令,绘制护栏轮廓,单击"创建形状"命令选项"实心形状",在标高1视图中拉伸调整护栏长度为6388cm。

(2)设置"水平参照平面0"为工作平面,在"立面:南"视图中,单击"创建"选项卡—"绘制"面板—"直线"命令,以及"拾取线"命令,采用绘制直线和拾取的绘制方式绘制拱桥板轮廓,单击"创建形状"命令选项"实心形状"在标高1视图中拉伸调整拱桥板轮廓长度为3440cm。护栏以及拱桥板创建操作如图2-2-99所示。

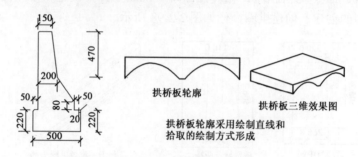

图2-2-99 护栏以及拱桥板创建操作(尺寸单位:cm)

拱桥的前视图、平面视图和三维效果图如图2-2-100所示。

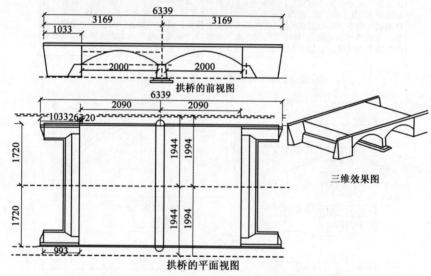

图2-2-100 拱桥的效果图(尺寸单位:cm)

模块三 桥梁建模实施流程

项目一 高架桥的建模

学习要点

1. 掌握定位基准,标高与轴网知识;
2. 掌握如何制作桥梁特殊构件族;
3. 掌握创建有纵向坡度的桥面板。

学习任务一 高架桥的定位基准——轴网与标高

【实训】 根据高架桥系列图纸(图3-1-1),完成高架桥的建模。

在建桥梁模型前,先对桥位处的地形表面进行处理。根据创建好的曲面,把数据在Civil 3D中提取出来,主要是等高线,另存为一个文件,在新的另存文件中确定桥梁的起点。

一、新建项目

(1)单击Revit"文件"菜单—"新建"—"项目",打开"新建项目"对话框,如图3-1-2所示,选择"结构样板",选择"项目",新建一个项目文件。

(2)设置项目基点与项目单位。

单击"视图"选项卡—"图形"面板—"可见性图形"命令选项 ，打开场地的"可见性"对话框,勾选"模型类别""场地"中的"测量点"和"项目基点"选项,在场地视图中显示项目基点,基点坐标为(100,100,0),如图3-1-3所示。

单击"管理"选项卡—"设置"面板—"项目单位"命令,设置项目单位为cm。

二、导入CAD文件,创建地形

1. 导入CAD文件

在Revit中新建项目文件,导入CAD文件,注意定位是"中心到中心"选项。

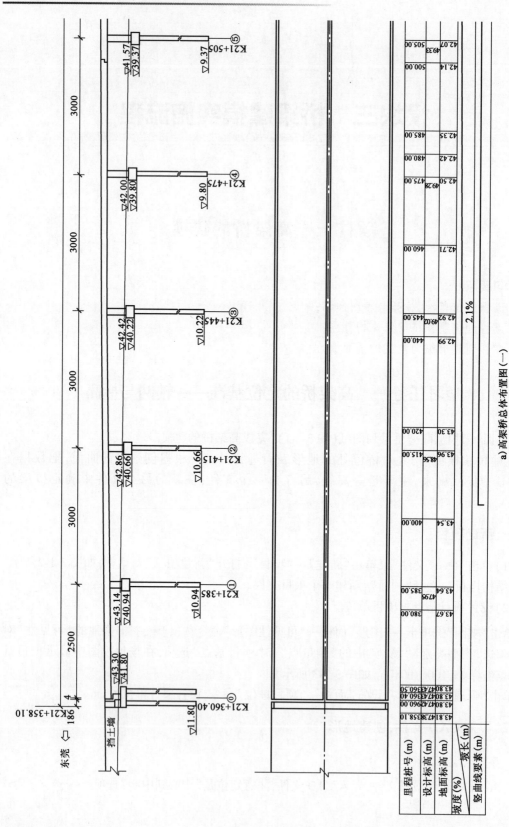

a) 高架桥总体布置图（一）

图 3-1-1

模块三 桥梁建模实施流程

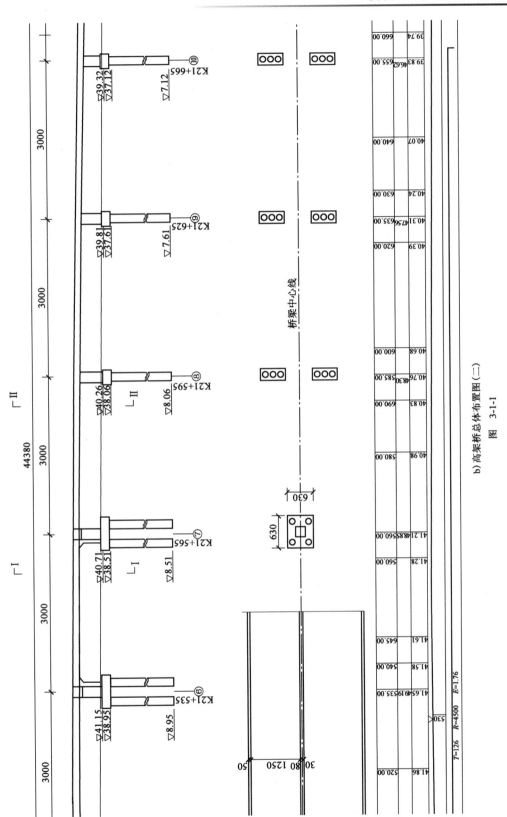

b) 高架桥总体布置图（二）

图 3-1-1

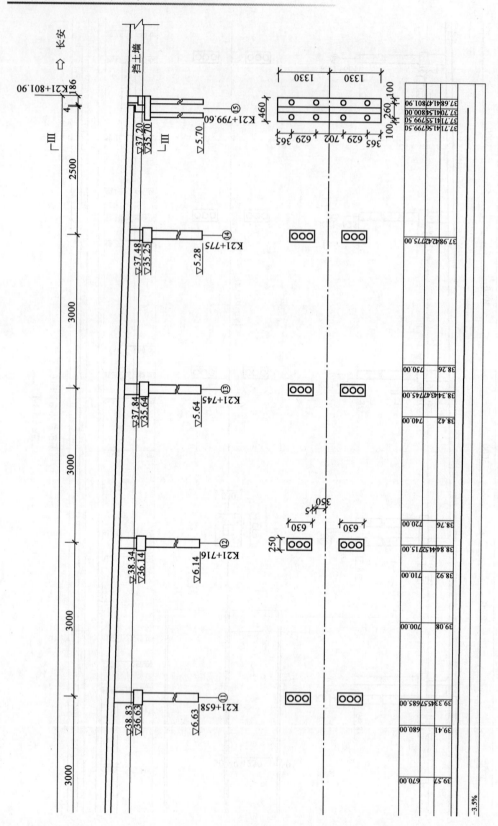

c) 高架桥总体布置图 (三)

图 3-1-1

模块三　桥梁建模实施流程

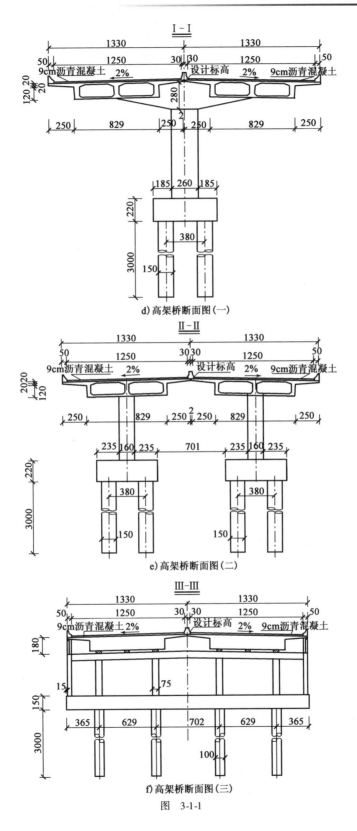

d) 高架桥断面图（一）

e) 高架桥断面图（二）

f) 高架桥断面图（三）

图 3-1-1

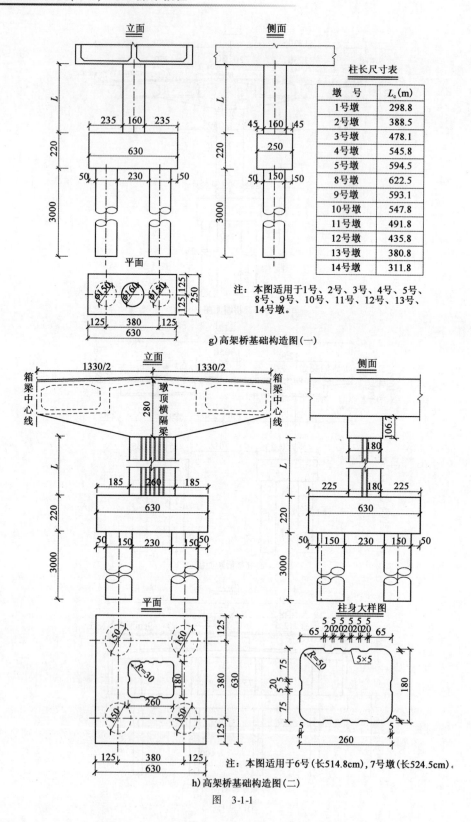

图 3-1-1

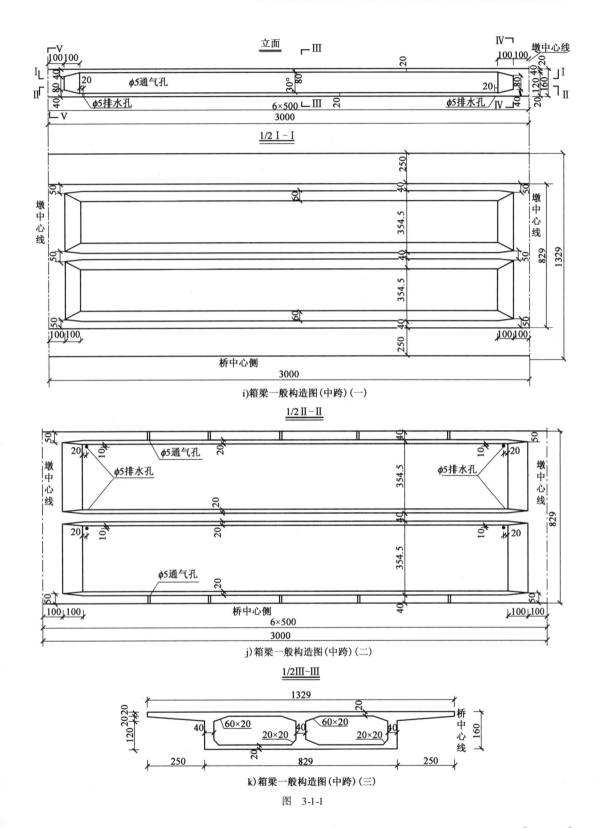

i) 箱梁一般构造图(中跨)(一)

j) 箱梁一般构造图(中跨)(二)

k) 箱梁一般构造图(中跨)(三)

图 3-1-1

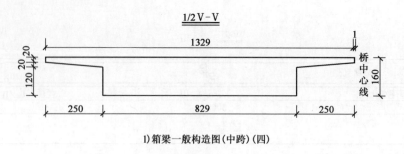

l) 箱梁一般构造图(中跨)(四)

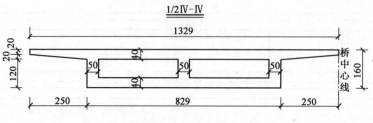

m) 箱梁一般构造图(中跨)(五)

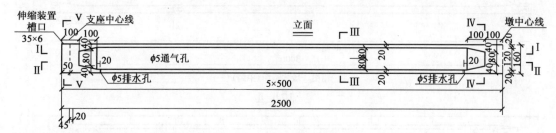

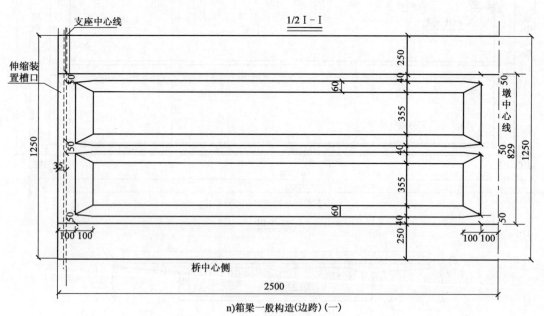

n) 箱梁一般构造(边跨)(一)

图 3-1-1

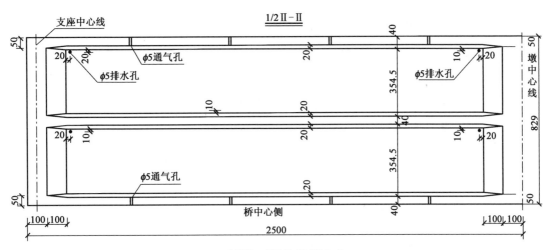

o) 箱梁一般构造(边跨)(二)

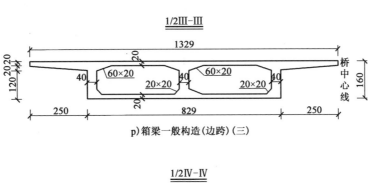

p) 箱梁一般构造(边跨)(三)

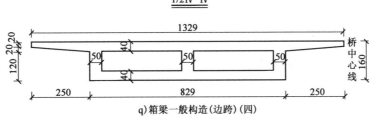

q) 箱梁一般构造(边跨)(四)

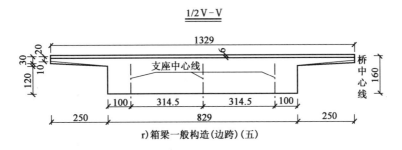

r) 箱梁一般构造(边跨)(五)

图 3-1-1　高架桥设计图(尺寸单位:cm,高程单位:m)

图 3-1-2　新建项目对话框

图 3-1-3　设置项目基点

双击项目浏览器结构平面视图类别中"场地"视图,单击"插入"选项卡—"链接"面板—"链接 CAD"命令选项,链接到 CAD 文件中,查看一下导入的 CAD 图元的图层,找到三角网都在一个"C-TOPO"图层中。注意 Revit 中将桥梁起点与项目基点对齐。

2. 创建地形

(1)单击"体量与场地"选项卡—"场地建模"面板—"地形表面"命令,自动切换到"修改|编辑表面"上下文关联选项卡。

单击"工具"面板—"通过导入创建"命令的下拉菜单—"选择导入实例"选项,选择导入的 CAD 文件,在标高"C-TOPO"图层中设置点,单击"表面"面板—"完成编辑模式"按钮 ✓,完成地形创建表面操作。

(2)调整视图的可见性。

为了便于放置轴网和查看视图,调整视图中图元的可见性。单击"视图"选项卡—"图形"面板—"可见性图形"命令,或者单击属性面板中"可见性/图形替换"右侧的"编辑"按钮,打开"可见性/图形替换"对话框。

在"可见性/图形替换"对话框中"模型类别"选项卡上,勾选"地形"选项中"主等高线",不选中其他没有必要可见的图元,单击确定,完成设置主要标高线可见性的操作。

(3)设置"场地"平面视图范围为"无限制"。单击"建筑"选项卡—"模型"面板—"模型线"命令,通过拾取线的方式绘制辅助用的三维模型线、桥梁中轴线和剖视线。

单击"插入"选项卡—"链接"面板—"关了链接"命令,在弹出的"管理链接"对话框中选择 CAD 格式文件,选择对应的 CAD 文件,单击"卸载"按钮,关闭链接的 CAD 文件。

三、创建标高与轴网以确定桥的中轴线以及桥墩的位置

1.创建标高

双击项目浏览器中"立面视图:南",打开该视图。删除其他标高,只保留 00 标高。单击"建筑"选项卡—"基准"面板—"标高"命令,移动光标至左侧一定位置,单击鼠标左键确定标高起点,移动光标至右侧,再次点击鼠标左键确定标高终点,绘制右侧 15 号桩的标高 1,标高值为 35.7m,标高 2 标高值为 37.2m。

2.导入高架桥的平面图

双击项目浏览器中"结构平面:场地",打开该视图。单击"插入"选项卡—"导入"面板—"导入 CAD"命令选项 ,打开"导入 CAD 格式"对话框,设置导入单位以及定位点,勾选"仅当前视图"复选框,如图 3-1-4 所示,导入项目平面图。

图 3-1-4 导入 CAD 格式设置

3.绘制几条轴网,用来确定桥墩位置

移动 CAD 平面图 0 号桥台的轴线位置到项目基点,单击"建筑"选项卡—"基准"面板—"轴网"命令,选择"绘制"面板中"拾取线"命令 ,移动光标到平面视图中对应的轴线附近,当轴线高亮显示时点击鼠标拾取,确定轴线的方向,即可生成轴线。轴网绘制完成后,删除 CAD 图纸。

也可在"绘制"面板中选择"直线"命令,移动光标至项目基点位置,鼠标左键确定中轴线对应起点为轴线起点,然后从下往上移动光标一段距离后,再次点击鼠标左键捕捉中轴线终点作为第一条垂直中轴线,选中该轴线,单击"修改"面板—"复制"命令,绘制高架桥水平方向轴线 A、轴线 B、轴线 C。移动光标至项目基点位置,鼠标左键确定中轴线对应起点为轴线起点,绘制竖直方向的轴线,通过"复制""阵列"方式绘制多条轴网,阵列生成高架桥的竖直轴网,如图 3-1-5 所示。

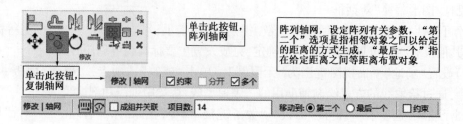

图 3-1-5　阵列轴网操作

高架桥各桥墩定位的轴网如图 3-1-6 所示。

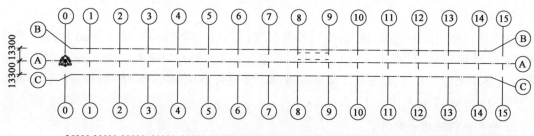

图 3-1-6　高架桥轴网(尺寸单位:mm)

四、保存该文件

单击 Revit"文件"菜单—"另存为"—"项目",保存该文件。

知识点:标高、轴网。

一、标高

1. 标高概念

标高用于反映建筑构件在高度方向上的定位情况,是在空间高度上相互平行的一组平面,由标头和标高线组成,反映了标高的标头符号样式、标高值、标高名称等信息。标高线反映标高对象投影的位置和线形表现,如图 3-1-7 所示。

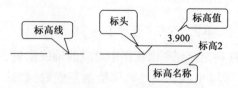

图 3-1-7　标高参数

2. 创建标高

单击"建筑"选项卡—"基准"面板—"标高"命令,进入放置标高模式,Revit 自动切换至"修改|放置标高"上下文选项卡。单击"绘制"面板—"直线"命令，用直线命令生成标高,确认选项栏中已勾选"创建平面视图"选项,设置偏移量为 0。

移动鼠标指针至标高 2 上方任意位置,鼠标指针将显示为绘制状态,并在指针与标高 2 间显示临时尺寸标注,指示指针位置与标高 2 的距离(注意临时尺寸的长度单位为 mm)。移动鼠标,当指针位置与标高 1 端点对齐时,Revit 将捕捉已有标高端点并显示端点对齐蓝色虚线,单击鼠标左键，确定为标高起点。

沿水平方向向右移动鼠标，在指针和起点间绘制标高。适当缩放视图，当指针移动至已有标高右侧端点位置时，Revit 将显示端点对齐位置，单击鼠标左键完成标高绘制。Revit 自动命名该标高为标高 3，并根据与标高 2 的距离自动计算标高值。按键盘 Esc 键两次退出标高绘制模式。

3. 确定标高位置

（1）修改标高值：移动鼠标指针至标高 2 标高值位置，单击"标高值"，进入标高值文本编辑状态，如图 3-1-8 所示，按键盘 Delete 键，删除文本编辑框内的数字，输入 3.9，按回车键确认输入，Revit 将向上移动标高 2 至 3.9m 位置，同时该标高与标高 1 的距离为 3900mm。平移视图，观察标高 2 右侧标头的标高值是否同时被修改。

（2）修改临时尺寸，确定标高的位置：单击绘制的标高 3，Revit 在标高 3 与标高 2 之间显示临时尺寸标注。修改临时尺寸标注值为 3900，按回车键确认。Revit 将自动调整标高 3 的位置，同时自动修改标高值为 7.8m，结果如图 3-1-9 所示。选择标高 3 后，可能需要适当缩放视图，才能在视图中看到临时尺寸线。

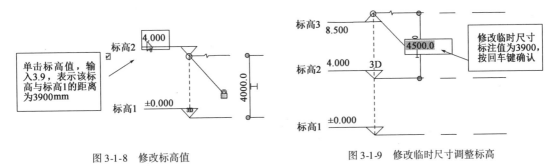

图 3-1-8　修改标高值　　　　　　　图 3-1-9　修改临时尺寸调整标高

4. 修改标高名称

选择所绘制的标高，自动切换至"修改 | 标高"上下文选项卡，修改"名称"为"桥面标高"。单击"应用"按钮，应用该名称。

二、轴网

轴网用于在平面视图中定位项目图元。Revit 中轴网对象与标高对象类似，是垂直于标高平面的一组"轴网面"，因此，它可以在与标高平面相交的平面视图（包括楼层平面视图与天花板视图）中自动产生投影，并在相应的立面视图中生成正确的投影。注意，只有与视图截面垂直的轴网对象才能在视图中生成投影。

1. 轴网参数的认识

轴网参数如图 3-1-10 所示。

2. 创建轴网

（1）单击"建筑"选项卡—"基准"面板—"轴网"命令按钮，系统自动切换至"修改 | 放置轴网"上下文选项卡，进入轴网放置状态。单击"绘制"面板—"直线"命令按钮，确认选项栏中的偏移量为 0.0。

（2）移动鼠标指针至空白视图左下角空白处单击，作为轴线起点，向上移动鼠标指针，Revit 将在指针位置与起点之间显示轴线预览，并给出当前轴线方向与水平方向的临时尺寸角度标注。当绘制的轴线沿垂直方向时,Revit会自动捕捉垂直方向,并给出垂直捕捉参考线。沿垂直方向向上移动鼠标指针至左上角位置时,单击鼠标左键完成第一条轴线的绘制,并自动为该轴线编号为"1"。操作如图3-1-11所示。

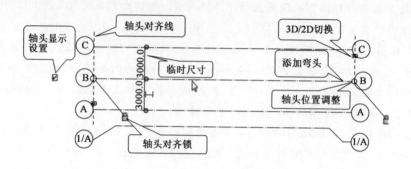

图3-1-10 轴网参数

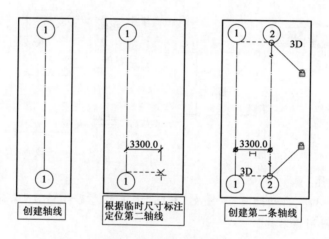

图3-1-11 垂直方向轴线

提示:确定起点后按住键盘Shift键不放,Revit将进入正交绘制模式,可以约束在水平或垂直方向绘制。

(3)确认Revit仍处于放置轴线状态。移动鼠标指针至1轴线起点右侧任意位置,Revit将自动捕捉该轴线的起点,给出端点对齐捕捉参考线,并在指针与1轴线间显示临时尺寸标注,指示指针与1轴线的间距。键入3300并按Enter键确认,将在距1轴右侧3300mm处确定为第二条轴线起点。沿垂直方向向上移动鼠标指针至左上角位置时,单击鼠标左键完成第二条轴线的绘制。同样的方法,完成全部垂直方向的轴网。

3. 编辑轴网

选择一根轴网,将出现临时尺寸标注。单击尺寸标注上的数字可修改轴间距。在"属性"面板中单击"类型属性",在弹出"类型属性"对话框中修改"平面视图轴号端点"的表现形式。在类型属性中还可设置"轴线中段"的显示样式等,如图3-1-12所示。

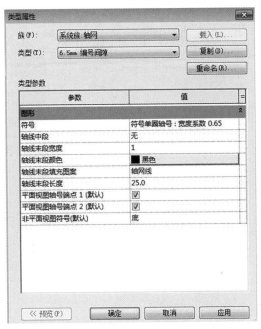

图 3-1-12 轴网属性设置对话框

当轴线显示标头对齐锁时,表示该轴线已与其他轴线对齐,此时拖动标头位置调整,多轴线同步移动。若需单独调整,则打开标头对齐锁,再进行拖动。轴线末端宽度于填充图案。单击添加弯头折线,可拖动轴号位置。

学习任务二　制作桥梁构件族

单元一　下部异形立柱的创建

【实训一】　根据高架桥 6 号、7 号桥墩立柱断面图(图 3-1-13),创建高架桥 6 号、7 号桥墩模型。

高架桥 6 号、7 号桥墩立柱属于异形立柱,采用"公制结构基础"族创建。

操作提示:

(1)打开桥型布置图 CAD 文件,创建 6 号、7 号桥墩立柱断面外部块,保存外部块。

(2)单击 Revit"文件"菜单—"新建"—"族"—选择族样板文件—"公制结构基础",进入族编辑模式。单击"插入"选项卡—"导入"面板—"导入 CAD"命令,导入 6 号、7 号桥墩立柱断面块。单击"修改"面板—"旋转"命令,对 6 号、7 号桥墩立柱进行旋转操作,如图 3-1-14 所示。

(3)单击"创建"选项卡—"形状"面板—"拉伸"命令选项，单击"绘制"面板—"拾取线"方式确定 6 号桥墩立柱轮廓,单击"模式"面板—"完成编辑模式"按钮，完成新柱族的创建。

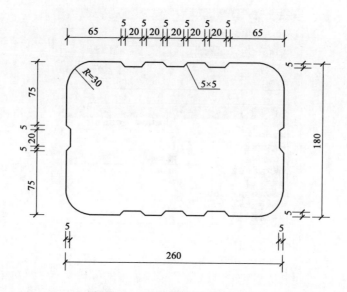

图 3-1-13 立柱断面图(尺寸单位:cm)

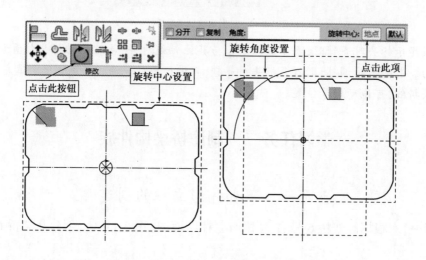

图 3-1-14 旋转操作

(4)切换到"立面:前",打开前视图,单击"创建"选项卡—"基准"面板—"参照平面"命令选项，绘制一个参照平面,定义新柱族的高度参数,并勾选选项栏中"实例参数"选项。拖拽立柱的高度到参照平面上,并进行锁定约束。

(5)单击"族编辑器"面板—"载入到项目并关闭"命令选项，保存新族为"新立柱6号族"。

单元二 创建变截面箱梁

【实训二】 根据图 3-1-1 高架桥中跨、边跨箱梁截面,创建变截面箱梁。

操作提示:

1. 导入箱梁截面外部块

(1)打开箱梁一般构造的 CAD 文件,分别创建边跨和中跨箱梁截面的外部块并保存。

(2)单击 Revit"文件"菜单—"新建"—"族"—选择族样板文件—"公制结构框架-梁与支撑"族,单击"确定"按钮,进入族编辑模式。

(3)创建参照平面体系,单击"建筑"选项卡—"工作平面"面板—"参照平面"命令选项,创建参照平面定位箱梁截面变化情况,如图 3-1-15 所示。

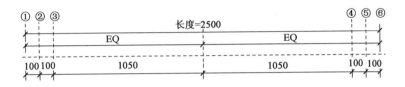

图 3-1-15　箱梁参照平面体系(尺寸单位:cm)

(4)单击"创建"选项卡—"工作平面"面板—"设置"命令选项,设置参照平面①为工作平面,切换到左视图,设置工作平面操作如图 3-1-16 所示。

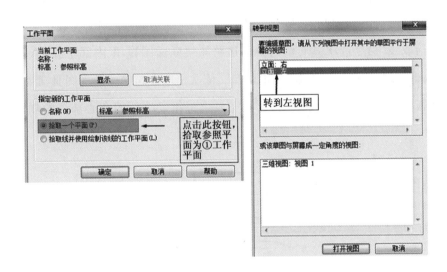

图 3-1-16　工作平面设置

(5)单击"插入"选项卡—"导入"面板—"导入 CAD"命令选项,打开"导入 CAD 格式"对话框,设置导入单位以及定位点,勾选"仅当前视图"复选框,单击"打开",导入箱梁截面块 V-V,并调整边跨断面的 V-V 位置。

2. 创建边跨箱梁

(1)单击"创建"选项卡—"形状"面板—"拉伸"命令选项,系统自动切换到"修改|创建拉伸"上下文关联选项卡,单击"绘制"面板—"拾取线"命令选项,依次拾取边跨箱梁端部 V-V 截面轮廓,单击"模式"面板—"完成编辑模式"按钮,选择导入的 V-V 截面,单击

键盘的 Delete 键,删除 CAD 图。切换到"平面视图:参照平面",拖拽鼠标至参照平面⑥,并进行约束操作,完成边跨箱梁外部的创建。操作如图 3-1-17 所示。

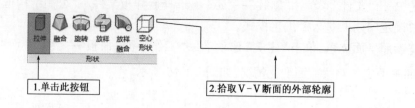

图 3-1-17　边跨箱梁外部的创建

（2）设置参照平面②为工作平面,切换到左视图,导入边跨断面图Ⅳ-Ⅳ,并调整边跨断面的Ⅳ-Ⅳ位置。

（3）设置参照平面③为工作平面,切换到左视图,导入边跨断面图Ⅲ-Ⅲ,并调整边跨断面的Ⅲ-Ⅲ位置。

（4）参照平面②、③处箱梁内部轮廓不一样,故采用空心融合命令创建箱梁内部结构。切换到工作平面②的左视图,单击"创建"选项卡—"形状"面板—"空心形状"命令—"空心融合"选项，系统自动切换到"修改|创建空心融合底部边界"上下文关联选项卡,单击"绘制"面板—"拾取线"命令选项，依次拾取边跨箱梁断面图Ⅳ-Ⅳ内部轮廓,单击"模式"面板—"完成编辑模式"按钮，单击"编辑顶部",依次拾取边跨箱梁断面图Ⅲ-Ⅲ内部轮廓,单击"模式"面板—"完成编辑模式"按钮，完成边跨箱梁端部的空心部分的创建。操作如图 3-1-18 所示。

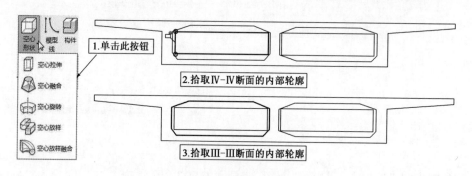

图 3-1-18　边跨箱梁端部的空心部分的创建

（5）切换到工作平面③的左视图,单击"创建"选项卡—"形状"面板—"空心形状"命令—"空心拉伸"选项，系统自动切换到"修改|创建空心拉伸"上下文关联选项卡,单击"绘制"面板—"拾取线"命令选项，依次拾取边跨箱梁断面图Ⅲ-Ⅲ内部轮廓,单击"模式"面板—"完成编辑模式"按钮，切换到"平面视图:参照平面",拖拽鼠标至参照平面④,并进行约束操作,完成边跨箱梁中间的空心部分的创建,如图 3-1-19 所示。同样的操作,完成边跨箱梁中

间的另一空心部分的创建。

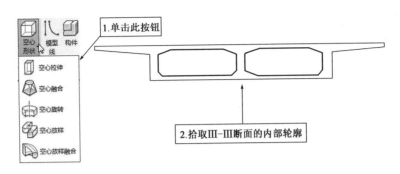

图 3-1-19　边跨箱梁中间的空心部分的创建

（6）按照以上操作，创建边跨右侧参照平面④、⑤处箱梁部分。设置参照平面④为工作平面，切换到左视图，单击"创建"选项卡—"形状"面板—"空心形状"命令—"空心融合"选项，分别拾取Ⅲ-Ⅲ以及Ⅳ-Ⅳ内部轮廓，拾取完毕后，单击"模式"面板—"完成编辑模式"按钮 ✓，切换到"楼层平面：参照平面"，拖拽鼠标至参照平面⑤，完成边跨箱梁右侧参照平面④~⑤内部梁的剪切，如图 3-1-20 所示。完成边跨箱梁另一端部空心部分的创建。

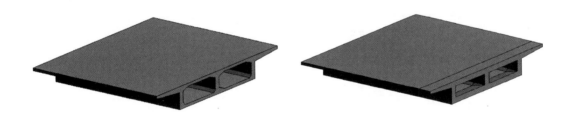

图 3-1-20　箱梁空心剪切

3. 保存边跨箱梁族

单击"族编辑器"面板—"载入到项目并关闭"命令选项 ，保存新族为"边跨箱梁族"。

4. 创建中跨箱梁

（1）单击 Revit"文件"菜单—"打开"—"族"，打开"边跨箱梁"族。

（2）单击"创建"选项卡—"属性"面板—"族类型"命令 ，打开"族类型对话框"，修改箱梁族的长度为 30000mm，切换到"楼层平面：参照标高"，打开该视图，修改参照平面②、③、④、⑤的尺寸，调整其位置，操作结果如图 3-1-21 所示。

完成中跨箱梁创建，切换到默认的三维图即为中跨箱梁三维效果图，如图 3-1-22 所示。

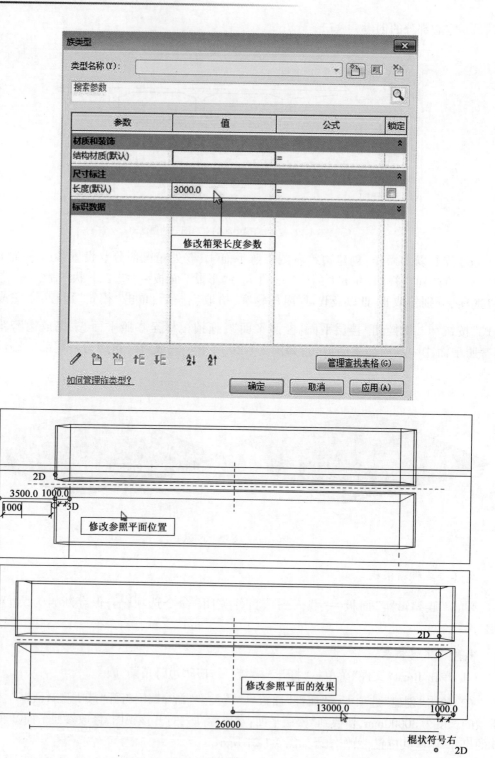

图 3-1-21 中跨箱梁的创建

图 3-1-22　中跨箱梁三维效果图

5. 保存中跨箱梁族

单击"族编辑器"面板—"载入到项目并关闭"命令选项，保存新族为"中跨箱梁族"。

学习任务三　高架桥的各构件模型组建与整合

一、下部结构拼装

操作提示：

1. 创建桩

（1）单击"插入"选项卡—"从库中载入"面板—"载入族"命令选项，打开"载入族"对话框，选择"china/结构/基础/桩-混凝土圆形桩"族，把混凝土—圆形桩载入项目中。

（2）利用参照平面定位桩的位置，单击"建筑"选项卡—"工作平面"面板—"参照平面"命令选项，创建参照平面定位桩的位置。高架桥桩基的定位如图 3-1-23 所示。捕捉参照平面定位点，放置桩的位置。

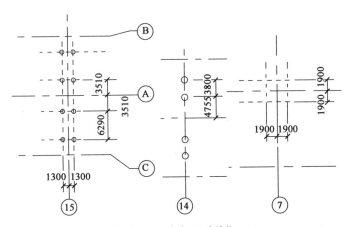

图 3-1-23　桩基定位（尺寸单位：mm）

（3）单击"结构"选项卡—"基础"面板—"独立柱"命令选项，系统自动进入"修改｜放置柱"上下文选项卡，在设置桩的类型参数，单击"属性"面板中"编辑类型"，在打开的"类型属性"对话框中复制生成新的桩类型，并设置其直径。在"属性面板"中设置桩的限制条件以及桩长和最小预埋长度,点击鼠标确定放置桩的位置,完成右侧15号桩的创建。桩的参数设置如图3-1-24所示。

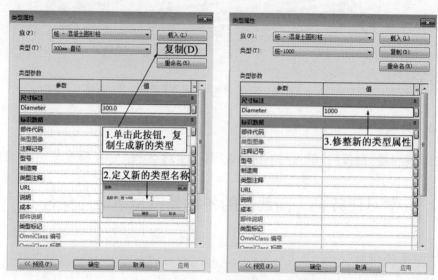

图3-1-24 桩基参数设置

根据其他桩的定位尺寸,复制其他桩,并根据立面的标高调整其桩的高度。13号、14号桩的属性参数如图3-1-25所示。

图3-1-25 13号、14号桩的属性参数

2.创建承台

双击项目浏览器中"楼层平面:场地",打开该视图。单击"建筑"选项卡—"构建"面板—

"楼板"命令中的"楼板:建筑"选项,或者单击"结构"选项卡—"结构"面板—"楼板"命令中的"楼板:建筑"选项,根据立面图各承台的标高,在"属性面板"中单击"编辑类型"命令,在打开的"类型属性"对话框中分别定"承台-1500""承台-2200"的楼板类型,并分别定义结构厚度为 1500mm、2200mm,0、15 号承台结构厚度为 1500mm,其他承台结构厚度为 2200mm,用矩形命令绘制楼板边界。单击"模式"面板—"完成编辑模式"按钮,完成承台的创建。高架桥不同桥墩承台尺寸不同,承台尺寸如图 3-1-26 所示。

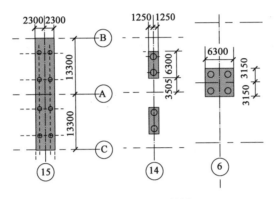

图 3-1-26　承台尺寸(尺寸单位:mm)

承台属性各参数修改如图 3-1-27 所示。13 号、14 号桥墩承台的属性参数如图 3-1-28 所示。

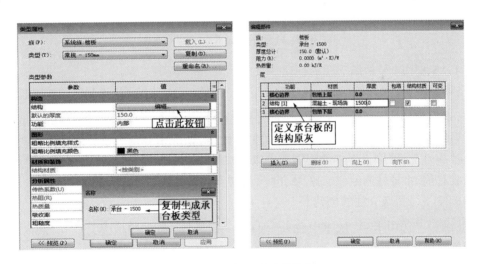

图 3-1-27　承台属性各参数修改

3. 创建立柱

(1)导入立面视图。

双击项目浏览器中"立面:南"打开该视图。单击"插入"选项卡—"导入"面板—"导入 CAD"命令,导入项目立面图。

单击"修改"面板—"对齐"命令,选择 15 号桥墩位置的承台进行对齐操作。单击"注释"选项卡—"尺寸标注"面板—"高程点"命令 ，注释各桥墩立柱顶的高程，立柱顶部高程与底部高程之差为各桥墩立柱的高度。

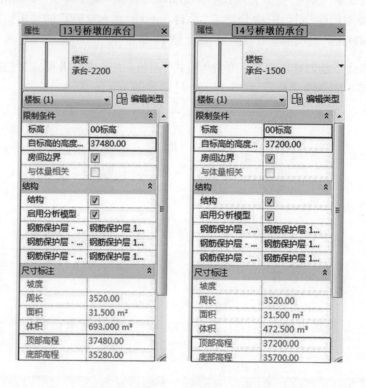

图 3-1-28　13 号、14 号桥墩承台的属性参数

(2) 1~5、8~14 号桥墩立柱的创建。

双击项目浏览器"楼层平面:场地",打开该视图。单击"结构"选项卡—"基础"面板—"独立柱"命令选项 ，系统自动进入"修改|放置柱"上下文选项卡。设置桩的类型参数，单击"属性"面板中"编辑类型"，在打开的"类型属性"对话框中复制生成新的柱类型，并设置其直径。在"属性面板"中设置柱的限制条件以及桩长和最小预埋长度，点击鼠标确定放置柱的位置，完成右侧 14 号柱的创建。13 号、14 号桥墩立柱参数如图 3-1-29 所示。

(3) 6 号、7 号桥墩立柱的创建。

单击"插入"选项卡—"从库中载入"面板—"载入族"命令选项 ，打开"载入族"对话框，找到单元一所创建的下部异形立柱"新立柱 6 号"族，载入项目中。

双击项目浏览器"楼层平面:场地"，打开该视图。单击"结构"选项卡—"基础"面板—"独立柱"命令选项 ，系统自动进入"修改|放置柱"上下文选项卡，在"属性"面板中选择 6 号柱族，设置立柱的限制条件和立柱高度，点击鼠标确定放置柱的位置，完成 6 号、7 号桥墩立柱、柱的创建。6 号、7 号桥墩立柱参数如图 3-1-30 所示。

4. 创建桥台

(1) 单击 Revit"文件"菜单—"新建"—"族"—选择族样板文件—"公制结构框架-梁与支

撑"族，进入族编辑模式。调整族样板文件中的长度参数，删除已有的梁，参照平面如图3-1-31所示。

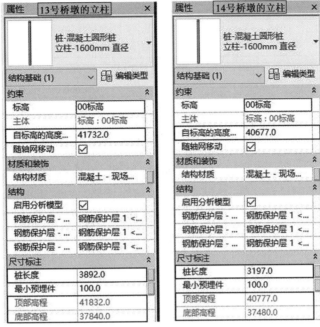

图3-1-29　13号、14号桥墩立柱参数

图3-1-30　6号、7号桥墩立柱参数

（2）单击"创建"选项卡—"工作平面"面板—"设置"命令选项，分别设置参照平面①、②为工作平面，转到左视图。在左视图中，单击"创建"选项卡—"模型"面板—"模型线"命令选项，分别绘制桥台的两个截面轮廓。

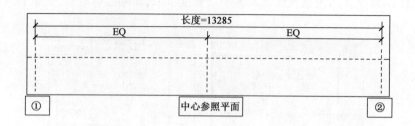

图 3-1-31 桥台参照平面

在工作平面①的左视图中,单击"创建"选项卡—"形状"面板—"融合"命令选项,系统自动切换到"修改|创建融合底部边界"上下文关联选项卡,单击"绘制"面板—"拾取线"命令选项,拾取桥台的外侧轮廓。单击"模式"面板"编辑顶部"选项,系统自动切换到"修改|创建融合顶部边界"上下文关联选项卡,拾取桥台的内侧轮廓。单击"模式"面板—"完成编辑模式"按钮,完成桥台的创建。桥台操作如图 3-1-32 所示。

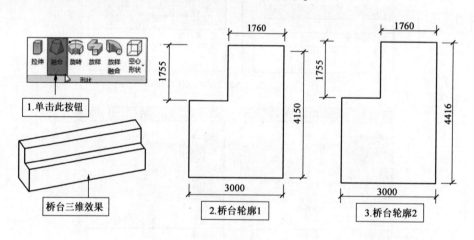

图 3-1-32 桥台操作(尺寸单位:mm)

(3)单击"族编辑器"面板—"载入到项目并关闭"命令选项,保存新族为"桥台族"。

(4)单击"插入"选项卡—"从库中载入"面板—"载入族"命令选项,找到桥台族,导入项目中。

切换到"楼层平面:场地",打开该视图。单击"结构"选项卡—"结构"面板—"梁"命令选项,在属性面板中找到桥台族,鼠标分别捕捉桥台的起点和终点,完成桥台的放置。切换到"立面:南",在属性面板中,设置桥台的起点标高偏移、终点标高偏移以及横截面旋转角度,完成桥台的创建。0号、15号桥台各参数如图 3-1-33 所示。

选择桥台,单击"修改"面板—"镜像"命令选项,选择一端桥台,镜像生成另一个端部桥台。

图 3-1-33　0 号、15 号桥台各参数

二、上部结构拼装（创建箱梁）

操作提示：

（1）单击"插入"选项卡—"从库中载入"面板—"载入族"命令选项，找到"边跨箱梁族、中跨箱梁族"，导入项目中。

（2）切换到"结构平面：场地"，打开该视图。单击"结构"选项卡—"结构"面板—"梁"命令选项，在属性面板中找到"箱梁边跨族"，鼠标分别捕捉梁的起点和终点，完成梁的放置。切换到"立面：南"，在属性面板中，设置梁的起点标高偏移、终点标高偏移以及横截面旋转角度，完成梁的创建。

注意：梁的顶面与标高对齐。

高架桥各组成部分拼装后，切换到三维视图中，其三维效果如图 3-1-34 所示。

图 3-1-34　高架桥三维效果图

为了准确地定位各箱梁，在载入箱梁族前测量各桥墩箱梁的高程，测量桥墩点的高程如图 3-1-35 所示。高架桥各桥台、桥墩的高程值见表 3-1-1。

图 3-1-35　高程测量

高架桥各桥台、桥墩的高程值　　　　　　　　　　　表 3-1-1

	A	B	C	D	E	F	G
1				高架桥的标高			
2	标高	桩基	承台	立柱	立柱长	箱梁起点标高	箱梁起点标高
3	0 号桥台	41.8	43.3			47243	47243
4	1 号桥墩	40.94	43.14	46.218	3.078	47243	47915
5	2 号桥墩	40.66	42.86	46.839	3.979	47635	48251
6	3 号桥墩	40.22	42.42	47.2969	4.8769	48251	48708
7	4 号桥墩	39.8	42	47.5543	5.5543	48708	48964
8	5 号桥墩	39.37	41.57	47.6118	6.0418	48964	49023
9	6 号桥墩	38.95	41.15	46.5693	5.4193	49023	48881
10	7 号桥墩	38.51	40.71	46.2267	5.5167	48881	48538
11	8 号桥墩	38.06	40.26	46.5842	6.3242	48538	48051
12	9 号桥墩	37.61	39.81	45.8417	6.0317	48051	47235
13	10 号桥墩	37.12	39.32	44.8991	5.5791	47235	46304
14	11 号桥墩	36.63	38.83	43.8438	5.0138	46304	45235
15	12 号桥墩	36.14	38.34	42.7881	4.4481	45235	44251
16	13 号桥墩	35.64	37.84	41.7323	3.8923	45235	43161
17	14 号桥墩	35.28	37.48	40.6766	3.1966	43161	42099
18	15 号桥台	35.7	37.2			41354	41354

项目二　拱桥的建模

学习要点

1. 掌握 Revit 2018 体量模式建模的基本命令；
2. 理解体量建模模式与族命令建模模式的差异；
3. 掌握自适应族创建族的方法。

学习任务一　拱桥的定位基准——轴网与标高

【实训】　根据箱形拱桥系列图纸（图 3-2-1），完成拱桥的建模。

在建桥梁模型前，先对桥位处的地形表面进行处理，根据创建好的曲面，把数据在 Civil 3D 中提取出来，主要是等高线，另存为一个文件，在新的另存的文件中确定桥梁的起点。

一、新建项目

（1）单击 Revit "文件"菜单—"新建"—"项目"，打开新建项目对话框，选择"结构样板"，选择"项目"，新建一个项目文件。

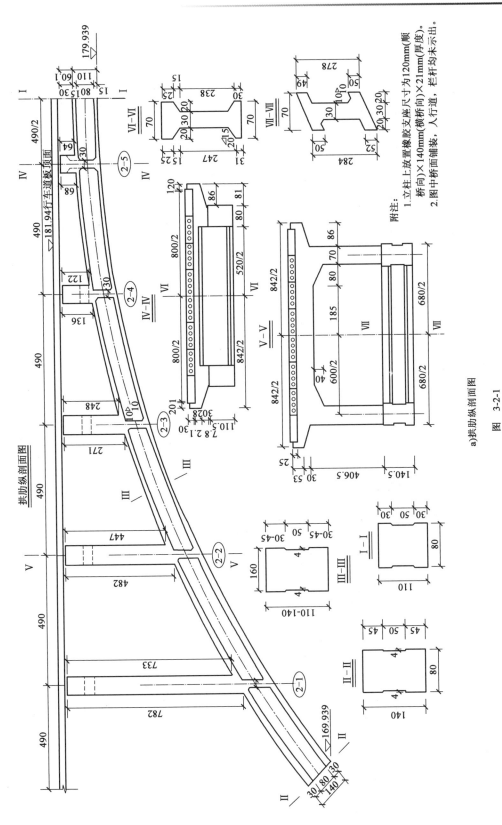

图 3-2-1 a)拱肋纵剖面图

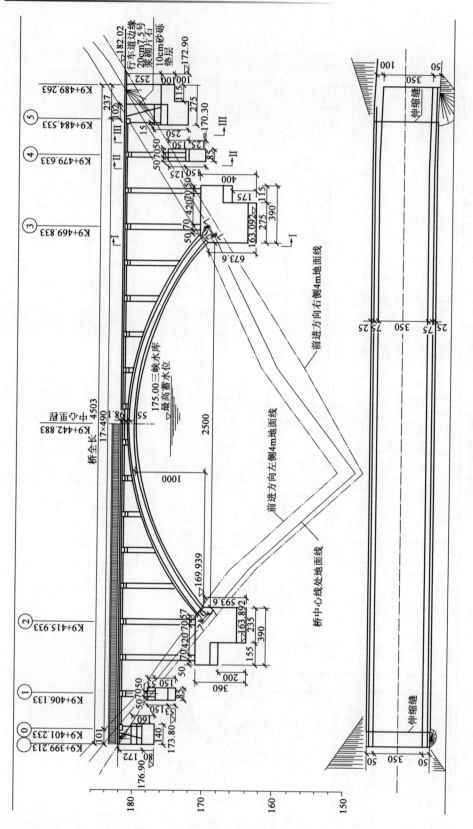

图 3-2-1

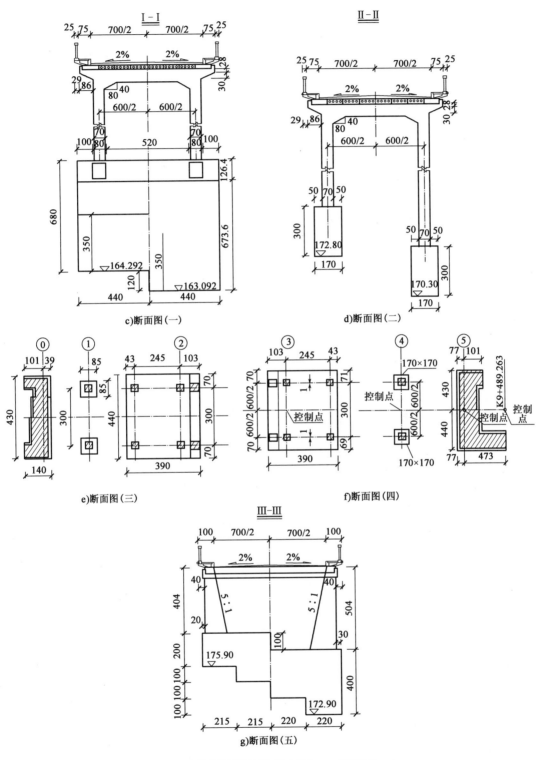

图 3-2-1　箱形拱桥设计图（尺寸单位：cm，高程单位：m）

(2)设置项目基点。

单击"视图"选项卡—"图形"面板—"可见性图形"命令选项，打开场地的"可见性/图形替换"对话框，勾选"模型类别"选项卡中"场地"类型的"测量点"和"项目基点"选项，在场地视图中显示项目基点。

二、导入 CAD 文件，创建地形

1. 导入 CAD 文件

在 Revit 中新建项目文件，导入 CAD 文件，注意定位是"中心-中心"选项。注意 Revit 中将桥梁起点与项目基点对齐。

2. 创建地形

（1）单击"体量与场地"选项卡—"场地建模"面板—"地形表面"命令，自动切换到"修改|编辑表面"上下文关联选项卡。

单击"工具"面板—"通过导入创建"命令的下拉菜单—"选择导入实例"选项，选择导入的 CAD 文件，在标高"C-TOPO"图层中设置点，单击"表面"面板—"完成编辑模式"按钮，完成地形创建表面操作。

（2）调整视图的可见性。

单击"视图"选项卡—"图形"面板—"可见性图形"命令，或者单击属性面板中"可见性/图形替换"右侧的"编辑"按钮，打开"可见性/图形替换"对话框。

在"可见性/图形替换"对话框中"模型类别"选项卡上，勾选"地形"选项中"主等高线"，不选中其他没有必要可见的图元，单击确定，完成设置主要标高线的可见性的操作。

（3）切换到标高1平面视图，设置平面视图范围为"无限制"。单击"建筑"选项卡—"模型"面板—"模型线"命令，通过拾取线的方式绘制辅助用的三维模型线以及轴网和剖视线。

单击"插入"选项卡—"链接"面板—"关了链接"命令，在弹出的"管理链接"对话框中选择 CAD 格式文件，选择对应的 CAD 文件，单击"卸载"按钮，关闭链接的 CAD 文件。

三、创建标高与轴网以确定桥的中轴线以及桥墩的位置

1. 创建标高

双击项目浏览器中"立面:南"，打开南视图。删除其他标高，保留00标高。单击"建筑"选项卡—"基准"面板—"标高"命令，创建一个拱桥右侧基础底部标高，标高值为163.092m，命名为基础底部标高。

2. 绘制轴网，确定桥墩位置

双击目浏览器中"楼层平面:00标高"打开该视图，单击"建筑"选项卡—"基准"面板—"轴网"命令，以项目基点位置作为轴网的起点绘制水平方向的轴网，再绘制竖直方向的轴网。选择竖直方向的轴网，单击"修改"面板—"阵列"命令，阵列生成如图3-2-2所示的轴网。

四、保存项目文件

单击 Revit "文件"菜单—"另存为"—"项目"，保存项目文件为拱桥。

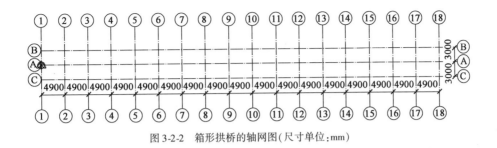

图 3-2-2　箱形拱桥的轴网图(尺寸单位:mm)

学习任务二　制作桥梁构件族——主拱圈

【实训】　运用"自适应公制常规模型"族样板文件,创建主拱圈。

操作提示:

1.选择族样板文件类型

单击 Revit"文件"菜单—"新建"—"族",打开"新族-样板文件"对话框,选择"自适应公制常规模型"族样板文件,进入自适应公制常规模型编辑器界面,如图3-2-3所示。

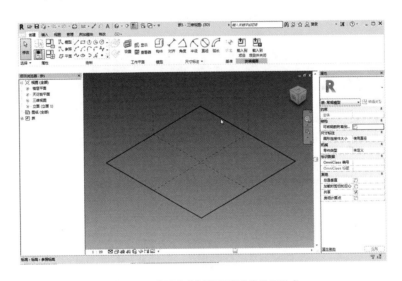

图 3-2-3　自适应公制常规模型族样板形式

2.绘制 3 个点图元以及通过 3 个点图元的样条曲线

双击项目浏览器中"楼层平面:参照标高"打开该视图,单击"创建"选项卡—"绘制"面板—"点图元"命令，在俯视图中放置 3 个"点图元",按 Esc 键两次退出"点图元"命令。选择所绘制的点图元,Revit 自动切换到"修改|参照点"上下文关联选项卡,单击"自适应构件"面板—"使自适应"命令，使 3 个点变成自适应点。选择 3 个自适应点,单击"创建"选项卡—"绘制"面板—"通过点的样条曲线"命令，在 3 个自适应点之间生成一条样条曲线,如图3-2-4 所示。

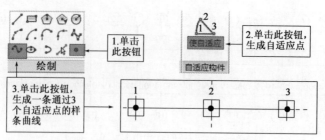

图 3-2-4 通过三点的自适应样条曲线操作

3. 绘制拱梁截面矩形

单击"创建"选项卡—"绘制"面板—"矩形"命令,自动切换到"修改|放置线"上下文关联选项卡,单击"工作平面"面板—"设置"命令,设置右视图为拱梁矩形截面的工作平面,绘制以 1 点图元为矩形角点,向右移动鼠标至适当位置,单击鼠标左键绘制矩形,按 Esc 键两次退出矩形命令。把鼠标移至矩形附近,矩形高亮显示,利用键盘的 Tab 键在矩形和线-模型线之间切换,当出现线—模型线高亮显示时,选择矩形的一条边,Revit 自动出现该矩形边的临时尺寸标注,单击尺寸标注文本,修改矩形的尺寸为 1400mm×800mm。

选择矩形,单击"修改"面板—"移动"命令,移动矩形的中心在点图元上。用同样的方法,创建另外 2 个点图元位置的矩形。拱梁截面绘制如图 3-2-5 所示。

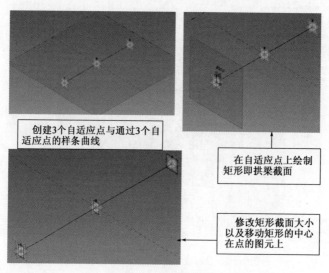

图 3-2-5 拱梁截面绘制

4. 创建主拱圈实体

单击选择左侧矩形,配合 Ctrl 键选择其他 2 个矩形以及通过 3 个自适应点的样条曲线,单击"形状"面板—"创建形状"命令按钮的下拉箭头,选择新形状为实心形状,创建一实心体。注意在创建实心体时,一定也要选择其中的样条曲线。

双击项目浏览器立面视图的右视图中,单击视图工具栏的视觉样式按钮,修改视觉样式为"线框",拖拽第 2 个自适应点,形成拱梁。操作如图 3-2-6 所示。

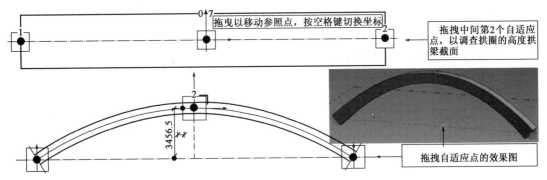

图 3-2-6 拱梁主拱圈的建模

单击 Revit"文件"菜单—"另存为"—"族",保存族文件为主拱圈。

5. 载入项目中

单击"族编辑器"面板—"载入到项目"命令,把主拱圈载入拱桥项目中。

6. 放置主拱圈

(1)打开拱桥桥型布置图 CAD 文件,创建拱桥立面视图为外部块,并保存外部块。

(2)单击 Revit"文件"菜单—"打开"—"项目",打开拱桥项目。

(3)设置工作平面。

单击"工作平面"面板—"设置"命令,指定新的工作平面"轴网:B",在打开的"转到视图"对话框选择"立面:南",切换到南立面视图。

双击项目浏览器的"立面:南",打开该视图,单击"插入"选项卡—"导入"面板—"导入 CAD"命令选项 ,打开"导入 CAD 格式"对话框,设置导入单位以及定位点,勾选"仅当前视图"复选框,单击"打开",导入拱桥立面外部块。选择该立面视图图块,单击"修改"面板—"移动"命令,勾选选项栏中"约束"选项,对齐立面视图与基础底部标高位置。

(4)单击"建筑"选项卡—"构建"面板—"构件"按钮中"放置构件"命令,鼠标依次捕捉立面视图主拱圈左侧端点位置的中点,拱顶以及右侧端点。

自适应构件,可以根据控制点的位置来调整构件的外形尺寸,注意拱顶控制点的调整。

(5)双击项目浏览器的"结构平面:场地",打开该视图,设置轴网 C 为工作平面,同样的操作,创建另一侧主拱圈。

学习任务三　拱桥的各构件模型组建与整合

一、下部结构拼装

操作提示:

1. 创建拱桥基础

(1)打开"公制结构基础"族样板文件。

①单击 Revit"文件"菜单—"新建"—"族",打开"新族-选择样板文件"对话框,单击"公制结构基础"族样板类型选项卡,进入族编辑器界面。

②单击"管理"选项卡—"设置"面板—"项目单位"命令,设置项目单位为 mm。

(2)创建拱桥基础 1 族、基础 2 族。

①打开拱桥桥型布置图 CAD 文件,创建基础外部块。

②单击"插入"选项卡—"导入"面板—"导入 CAD"命令,导入基础外部快。注意导入单位为 m,勾选"定向到视图"选项。

③单击"创建"选项卡—"形状"面板—"拉伸"命令,单击"绘制"面板—"拾取线"方式拾取基础的轮廓线,如图 3-2-7 所示,单击"完成编辑模式"按钮 ✓,在选项栏深度文本框中输入 4400mm,完成基础族的创建。基础族创建完成后,单击"族编辑器"面板—"载入到项目"命令,把基础载入拱桥项目中。

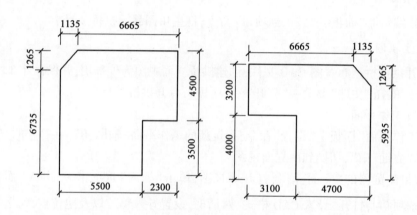

图 3-2-7 基础轮廓(尺寸单位:mm)

(3)导入拱桥项目中,并创建基础。

单击"结构"选项卡—"基础"面板—"独立柱"命令选项,系统自动进入"修改|放置柱"上下文选项卡,点击鼠标确定放置基础的位置,在属性面板中调整偏移量,准确放置基础的位置。

2.创建墩柱

箱梁墩柱为长方体形状,尺寸为 700mm×700mm,直接单击"结构"选项卡—"结构"面板—"柱"命令,创建箱形拱桥墩柱。

3.创建盖梁

(1)打开"公制结构基础"族样板文件。

单击 Revit"文件"菜单—"新建"—"族",打开"新族—选择样板文件"对话框,选择"公制结构框架-梁和支撑"族样板,进入族编辑模式,删除已有的参照平面。

(2)创建盖梁族。

选择左侧参照平面为工作平面,转到右视图。在右视图中,导入拱桥盖梁部分 CAD 外部块。单击"创建"选项卡—"形状"面板—"拉伸"命令,单击"绘制"面板—"拾取线"方式拾取盖梁的轮廓线,如图 3-2-8 所示,单击"完成编辑模式"按钮 ✓,在选项栏深度文本框中输入 700mm,完成盖梁族的创建。盖梁族创建完成后,单击"族编辑器"面板—"载入到项目"命令,把盖梁载入拱桥项目中。

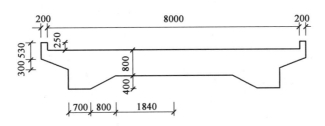

图 3-2-8　盖梁轮廓图(尺寸单位:mm)

(3)载入项目中。

单击"结构"选项卡—"结构"面板—"梁"命令,在属性面板中设置有关梁的参数,鼠标捕捉放置梁的位置,创建完成盖梁。

二、上部结构桥面板拼装

操作提示:

(1)打开"公制结构框架-梁和支撑"族样板文件。

单击 Revit"文件"菜单—"新建"—"族",打开"新族-选择样板文件"对话框,选择"公制结构框架-梁和支撑"族样板,进入族编辑模式,删除已有的参照平面。

(2)创建桥面族。

选择左侧参照平面为工作平面,转到右视图,在右视图中,导入拱桥桥面部分 CAD 外部块,单击"创建"选项卡—"形状"面板—"拉伸"命令,单击"绘制"面板—"拾取线"方式拾取桥面的轮廓线,如图 3-2-9 所示。单击"完成编辑模式"按钮 ✓,在选项栏深度文本框中输入 700mm,完成桥面族的创建。桥面族创建完成后,单击"族编辑器"面板—"载入项目"命令,把桥面载入拱桥项目中。

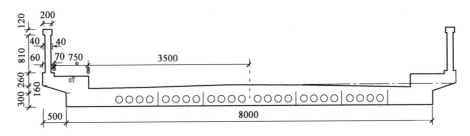

图 3-2-9　桥面的轮廓(尺寸单位:mm)

(3)载入拱桥项目中,并创建桥面结构。

单击"结构"选项卡—"结构"面板—"梁"命令选项,在属性面板中设置有关梁的参数,鼠标捕捉放置梁的位置,创建完成桥面板。

箱形拱桥各组成部分完成后,切换到三维视图,拱桥的三维效果图如图 3-2-10 所示。

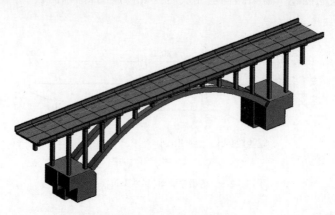

图 3-2-10　拱桥的三维效果图

模块四　注释、布图与打印

学习要点

1. 掌握 Revit 2018 尺寸标注；
2. 掌握 Revit 2018 创建与编辑文字；
3. 掌握 Revit 2018 图纸布置。

无论是传统的二维设计，还是新兴的 BIM 设计，设计项目的最终成果都要通过施工图表达出来。

本模块将介绍 Revit 中的各种注释，如尺寸标注、文字等，从而掌握这些注释的创建与应用方法。

学习任务一　尺寸标注

尺寸标注是项目中显示距离和尺寸的视图专有图元，其中包含两种类型：临时尺寸标注和永久尺寸标注。当放置构件时，Revit 会放置临时尺寸标注，但也可以创建永久尺寸标注来定义特定的尺寸和距离。

一、临时尺寸标注

当创建或选择几何图形时，Revit 会在构件周围显示临时尺寸标注，这有利于在适当的位置放置构件。临时尺寸标注是相对于最近的垂直构建进行创建的，并按照设置值进行递增。

放置构件后，Revit 会显示临时尺寸标注。当放置另一个构件时，前一个构件的临时尺寸标注将不再显示。临时尺寸标注如图 4-0-1 所示。

要查看某个构件的临时尺寸标注，可以选择该构件。其中，临时尺寸标注只是最近一个构件的尺寸标注。比如查看矩形的临时尺寸以及矩形位于轴线的位置，如图 4-0-2 所示。

当选择某个构件显示临时尺寸标注后，还可以更改该临时标注注释值。方法是单击并拖动临时尺寸标注一端的尺寸界线至另外一个构件并释放，如图 4-0-3 所示。

提示：当选择多个图元后，则不会显示临时尺寸标注，这时只要在选项栏中单击"激活尺寸标注"按钮即可再次显示。

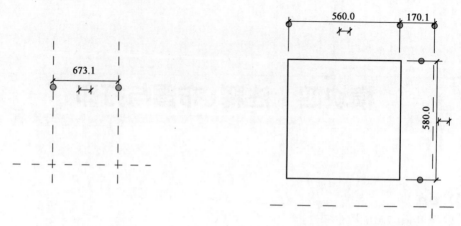

图 4-0-1　临时尺寸标注　　　　　　图 4-0-2　查看临时尺寸标注

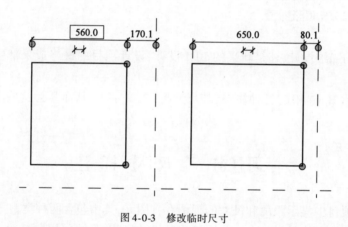

图 4-0-3　修改临时尺寸

选择构件前,单击"管理"选项卡—"设置"面板—"其他设置"命令中"临时尺寸标注"选项,可修改临时尺寸标注的标注点。

单击临时尺寸标注尺寸线下的蓝色尺寸符号,可将临时尺寸转变为永久尺寸标注。

二、永久性尺寸标注

永久性尺寸标注是特意放置的尺寸标注。它包括两种创建方式,一种是临时尺寸标注转换为永久性尺寸标注,另外一种则是直接创建永久性尺寸标注。

1. 临时尺寸标注转换为永久性尺寸标注

临时尺寸标注是跟随构件的创建而建立的,将临时尺寸标注转换为永久性尺寸标注,单击临时尺寸标注下面的尺寸标注符号即可,如图 4-0-4 所示。

编辑永久尺寸标注,利用永久尺寸标注调整构件位置,调整标注文字和尺寸线等,如图 4-0-5 所示。

2. 直接创建永久性尺寸标注

"尺寸标注"工具用于在项目构件或族构件上放置永久性尺寸标注。Revit 提供了对齐标注、线性标注、角度标注、径向标注、直径标注和弧长标注共 6 种不同形式的尺寸标注,用于标注不同类型的尺寸线。

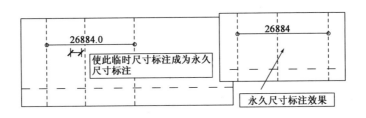

图 4-0-4　转换为永久性尺寸标注

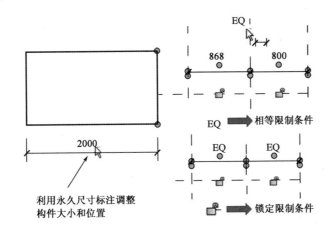

图 4-0-5　编辑尺寸标注

在概念体量的操作界面,单击"创建"选项卡—"尺寸标注"面板中的尺寸标注工具。

在新建项目的操作界面,单击"注释"选项卡—"尺寸标注"面板中的尺寸标注工具,如图 4-0-6 所示。

图 4-0-6　尺寸标注面板

(1) 对齐尺寸标注。

与 Revit 其他对象类似,要使用尺寸标注,必须设置尺寸标注类型属性,以满足不同规范下施工图的设计要求。例如"对齐尺寸标注"工具,该工具用于在相互平行的图元参照之间标注尺寸。

单击"注释"选项卡—"尺寸标注"面板—"对齐尺寸标注"按钮,切换至"修改│放置尺寸标注"选项卡,在"属性"面板中确定类型为"线性尺寸标注样式:线性"选项。单击"编辑类型"选项,打开"类型属性"对话框,并设置其中的参数,如图 4-0-7 所示。

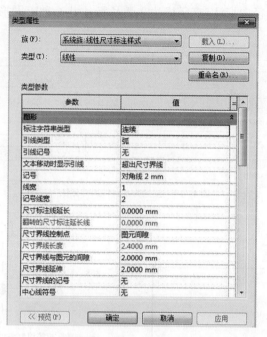

图 4-0-7 尺寸标注"类型属性"对话框

在对角线的"类型属性"对话框中,可以设置图形、文字与其他等各种参数,如表 4-0-1 所示,从而精确控制对角线。

尺寸标注"类型属性"对话框中的各个参数及作用　　　　表 4-0-1

参　　数	作　　用
图　形	
标注字符串类型	指定尺寸标注字符串的格式化方法,该参数可用于线性尺寸标注样式。选项包括: 连续:放置多个彼此端点相连的尺寸标注; 基线:放置从相同的基线开始测量的层叠尺寸标注; 纵坐标:放置尺寸标注字符串,其值从尺寸标注原点开始测量
引线类型	指定要绘制的引线的线类型。选项包括: 直线:绘制从尺寸标注文字到尺寸标注线的两个部分组成的直线引线; 弧:绘制从尺寸标注文字到尺寸标注线的圆弧线引线
引线记号	指定应用到尺寸标注线处的引线顶端的标记
文本移动时显示引线	指定当文字离开其原始位置时引线的显示方式。选项包括: 远离原点:当尺寸标注文字离开其原始位置时引线显示,当文字移回原始位置时,它将捕捉到位并且引线将会隐藏; 超出尺寸界线:当尺寸标注文字移动超出尺寸界线时引线显示
记号	用于标注尺寸界线的记号样式的名称
线宽	设置指定尺寸标注线和尺寸引线宽度的线宽值。可以从 Revit 定义的值列表中进行选择,或自定义参数值
记号线宽	设置指定记号厚度的线宽。可以从 Revit 定义的值列表中进行选择,或自定义参数值
尺寸标注线延长	将尺寸标注线延伸超出尺寸界线交点指定值。设置此值时,如果 100% 打印,该值即为尺寸标注线的打印尺寸

续上表

参　　数	作　　用
翻转的尺寸标注延长线	如果箭头在尺寸标注链的端点上翻转,控制翻转箭头外的尺寸标注线的延长线。仅当将记号类型参数设置为箭头类型时,才启用此参数
尺寸界线控制点	在图元固定间隙功能和固定尺寸标注线功能之间进行切换
尺寸界线与图元的间隙	如果"尺寸界线控制点"设置为"图元间隙",则此参数设置尺寸界线与已标注尺寸的图元之间的距离
尺寸界线延伸	设置超过计号的尺寸界线的延长线。设置此值时,如果100%打印,该值即为尺寸界线出图的尺寸
尺寸界线的记号	指定尺寸界线末尾的记号显示方式
中心线符号	可以选择任何载入项目中的注释符号。在参照族实例和墙中心线的尺寸界线上方显示中心线符号。如果尺寸界线不参照中心平面,则不能在其上放置中心线符号
中心线样式	如果尺寸标注参照是族实例和墙中心线,则将改变尺寸标注的尺寸界线的线型图案。如果参照不是中心线,此参数不影响尺寸界线线型
中心线记号	修改尺寸标注中心线末端记号
内部记号显示	用于内部记号的显示。选项包括:"动态"和"始终显示"。当选择"始终显示"后,"内部记号"参数被启用
内部记号	当尺寸标注线的临近线段太短而无法容纳箭头时,制定内部尺寸界线记号的显示方式。发生这种情况时,短线段链的端点会翻转,内部尺寸界线会显示指定的内部记号。仅当将记号类型设置为箭头类型时,才启用此参数
同基准尺寸设置	指定同基准尺寸的设置。将"标注字符串类型"参数设置为"纵坐标"时,该参数可用
颜色	设置尺寸标注线和引线的颜色。可以从 Revit 定义的颜色列表中进行选择,也可以自定义颜色。默认值为黑色
尺寸标注线捕捉距离	要使用此参数,须将"尺寸界线控制点"参数设置为"固定尺寸标注线"。设置这些参数之后,即可使用其他捕捉来帮助以等间距堆叠线性尺寸标注。该值应大于文字到尺寸标注线的间距与文字高度
文　　字	
宽度系数	指定用于定义文字字符串的延长的比率。如果值为1.0,则没有延长
下划线	使永久性尺寸标注值和文字带下划线
斜体	对永久性尺寸标注值和文字应用斜体格式
粗体	对永久性尺寸标注值和文字应用粗体格式
文字大小	指定尺寸标注的字样尺寸
文字偏移	指定文字相对于尺寸标注线的偏移
读取规则	指定尺寸标注文字的起始位置和方向
文字字体	为尺寸标注设置 Microsoft® Ture Type 字体
文字背景	如果设置此值为不透明,则尺寸标注文字为方框围绕,且在视图中该方框与其后的任何几何图形或文字重叠。如果设置此值为透明,则该框不可见且不与尺寸标注文字重叠的所有对象都显示
单位格式	单击按钮以打开"格式"对话框,然后可设置有尺寸标注的单位格式

续上表

参　数	作　用
备用单位	指定是否显示除尺寸标注主单位之外的换算单位,以及换算单位的位置。选项包括: 无:换算单位将不会显示; 右:换算单位显示在主单位同一行的右侧; 下:换算单位显示在主单位的下方
备用单位格式	单击按钮以打开"格式"对话框,然后可设置有尺寸标注类型的换算单位格式
备用单位前缀	指定换算单位显示的前缀。例如,可以用方括号显示换算单位,输入"["作为前缀,输入"]"作为后缀
备用单位后缀	指定换算单位显示的后缀
显示洞口高度	在平面视图中放置一个尺寸标注,该尺寸标注的尺寸界线参照相同附件(窗、门或洞口)。如果启用此参数,则尺寸标注将包括显示实例洞口高度的标签。在初始位置的尺寸标注下方显示该值
消除空格	启用此参数,则在注释文字中消除空格
其　他	
等分文字	指定当向尺寸标注字符串添加相等限制条件时,所有 EQ 文字都要使用的文字字符串。默认值为 EQ。更改此值将更改此类型的所有尺寸标注的等分文字
等分公式	指定用于显示相等尺寸标注标签的尺寸标注等分公式。单击该按钮将显示"尺寸标注等分公式"对话框(可用于对齐、线性和圆弧尺寸标注类型)

注意:在创建对齐尺寸线时,当捕捉位置后,必须将光标指向尺寸线其他位置,这样才能够确定尺寸线的终点位置。

(2)径向尺寸标注。

方法是选择"径向尺寸标注"工具后,切换至"修改|放置尺寸标注"选项卡,确定"属性"面板类型列表中的径向尺寸标注样式为"直径",并单击"编辑类型"选项打开"类型属性"对话框,设置其中的个别参数,如图4-0-8所示。

在径向尺寸标注样式的"类型属性"对话框中,"图形"和"文字"选项组中的参数与对齐尺寸标注样式的相同,"其他"选项组中的参数有所不同。

单击"确定"按钮关闭该对话框后,指向坡道的边缘并单击生成径向尺寸标注,在空白位置再次单击放置该尺寸标注。

选择"径向尺寸标注",单击并拖动其圆心至适当位置,释放鼠标后缩短其范围,完成径向尺寸标注的建立。

对于坡道宽度的尺寸标注虽然也是通过"对齐尺寸标注"工具来创建的,但是坡道是有弧度的,所以在创建尺寸线之前需要使用参照平面作为参照。

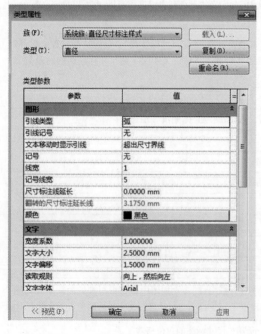

图4-0-8　设置径向尺寸标注样式参数

三、创建高程点标注

"注释"选项卡—"尺寸标注"面板—"高程点"命令,在需要标注高程的位置单击鼠标左键,标注该点的高程。

学习任务二　创建与编辑文字

一、创建文字

在施工图中,除了对各种构件定位尺寸、高程点与高程坡度进行标注外,还需要将有关说明、技术或者其他文字注释添加到工程图中。

创建文字：

单击"注释"选项卡—"文字"面板—"文字"按钮,切换至"修改|放置文字"选项卡。在"格式"面板中可以选择文字注释的创建工具,如图4-0-9所示。

图4-0-9　创建文字注释工具

在添加文字注释时,选择"创建文字"工具后,单击"属性"面板中的"编辑类型"选项,打开"类型属性"对话框。在该对话框中,设置部分参数,如图4-0-10所示。

在文字注释的"类型属性"对话框中,可以设置文字的字体、颜色与字号等参数,还可以设置引线的各种参数。

设置完文字属性后即可运用"创建文字"工具创建文字。根据文字是否带引线和引线类型,Revit有4个创建文字工具,其操作方式略有不同。

(1) 无引线 A 。

在图中单击按住鼠标左键并拖拽出矩形文本框后释放鼠标,在框中输入文字,完成后在文本框外单击即可。

(2) 一段引线 A 。

用于将一条直引线从文字注释添加到指定位置,第一次单击可指定要指向的图元或者位置,第二次单击可指定文字注释的位置。图中单击放置引线起点,移动光标到引线终点位置单击按住鼠标左键并拖拽出矩形文本框后释放鼠标,在框中输入文字,完成后在文本框外单击即可。

(3) 二段引线 A 。

用于添加由两条直线段构成的一条引线。第一次单击可指定要指向的图元或位置,第二次单击可指定引线中的弯头的位置,第三次单击可指定文字注释的位置。

图4-0-10 文字注释属性对话框

在图中单击放置引线起点,移动光标再次单击放置引线折点,移动光标到引线终点位置单击按住鼠标左键并拖拽出矩形文本框后释放鼠标,在框中输入文字,完成后在文本框外单击即可。

(4)曲线形引线 。

用于将一条弯曲引线从文字注释添加到指定位置。第一次单击可指定要指向的图元或者位置,第二次单击可指定文字注释的位置。在图中单击放置弧引线起点,移动光标到引线终点位置单击按住鼠标左键并拖拽出矩形文本框后释放鼠标,在框中输入文字,完成后在文本框外单击即可。

二、编辑文字

创建文字注释后,还可以再次编辑该文字注释以更改位置或者样式,添加或调整引线等,从而得到更为合适的文字注释效果。选择刚刚创建的"文字与文字样式"文字注释,切换到"修改|文字注释"选项卡,如图4-0-11所示。

在"格式"面板中,创建文字工具变成了添加或删除引线工具,根据不同的引线类型激活不同的引线工具。

(1)添加左直线引线 。

当选中的文字注释为直线引线文字注释时,单击该工具后即可在文本框左侧添加直线引线。这时通过移动引线中的节点来改变引线路径。

(2)添加右直线引线 。

图 4-0-11 "修改│文字注释"选项卡

当选中的文字注释为直线引线文字注释时,单击该工具后即可在文本框右侧添加直线引线。这时通过移动引线中的节点来改变引线路径。

技巧:无论是添加左直线引线还是添加右直线引线,当移动引线中的节点时,引线的起点可以移动至文本框的左侧、右侧或者中间位置。

(3) 添加左弧引线 (添加右弧引线)。

当选中的文字注释为弧线引线文字注释时,单击该工具后即可在文本框左侧(右侧)添加弧线引线。这时通过移动引线中的节点来改变引线路径,该引线路径可以移动至文本框左侧、右侧或中间。

(4) 删除最后一条引线 。

当选中某个文字注释后,单击该工具即可从最后添加的引线开始删除,连续单击可以删除全部引线。

注意:在编辑文字注释中的文字时,必须单击选中注释后,再次单击文字来进行编辑,则可为文字添加加粗、斜体或下划线效果。

单击"属性"面板中的"编辑类型"选项,打开"类型属性"对话框。在该对话框中,设置部分参数,各参数的作用如表 4-0-2 所示。

文字注释"类型属性"对话框中的各个参数及作用　　　　表 4-0-2

参　　数	作　　用
图　形	
颜色	设置文字和引线的颜色
线宽	设置边框和引线的宽度。可以使用"线宽"工具来修改线宽编号的定义
背景	设置文字注释的背景。不透明背景的注释会遮挡其后的材质,透明背景的注释可看到其后的材质
显示边框	在文字周围显示边框
引线/边界偏移量	设置引线/边界和文字之间的距离
引线箭头	将引线的箭头样式设置为由"箭头"工具定义
文　字	
文字字体	将文字注释设置为仿宋字体。默认字体为 Arial
文字大小	设置字体的尺寸

续上表

参　数	作　用
标签尺寸	设置文字注释的选项卡间距。创建文字注释时,可以在文字注释内的任何位置按 Tab 键,将出现一个指定大小的制表符。该选项也用于确定文字列表的缩进
粗体	将文字字体设置为粗体
斜体	将文字字体设置为斜体
下划线	在文字下加下划线
宽度系数	常规文字宽度的默认值是 1.0,仿宋字体宽度值为 0.7,字体宽度随"宽度系数"成比例缩放。高度则不受影响

文字注释的类型属性既可以在创建前设置,也可以在创建后设置。而文字注释的实例属性则必须在创建后,选中文字注释才能够在"属性"面板中进行设置,如图 4-0-12 所示。

图 4-0-12　文字注释的实例属性

学习任务三　图　纸　布　置

一、创建图纸

(1)单击 Revit"文件"菜单—"新建"—"族",打开"新族-选择样板文件"对话框,单击"标题栏"文件夹,选择"A3 公制"族样板类型,创建 A3 公制图纸并保存,如图 4-0-13 所示。

(2)单击"视图"选项卡—"图纸组合"面板—"图纸"命令,在弹出的"新建图纸"对话框中,单击"载入"选项,找到"A3 公制"图纸。

a)

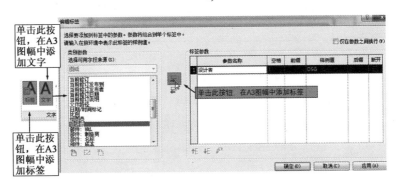

b)

图 4-0-13　创建 A3 图幅

(3)创建图纸视图后,在项目浏览器中"图纸"项下自动增加了图纸"J0-1-未命名"。

(4)在属性面板中,修改图纸里的审核者、设计者等内容,如图 4-0-14 所示。

二、设置项目信息

单击"管理"选项卡—"设置"面板—"项目信息"命令,按图示内容录入项目信息,单击"确定"按钮,完成录入,如图 4-0-15 所示。

三、布置视图

创建了图纸后,即可在图纸中添加建筑的一个或多个视图,包括立面视图、平面视图、侧面视图及明细表视图等。将视图添加到图纸后还需要对图纸位置、名称等视图标题信息进行设置。

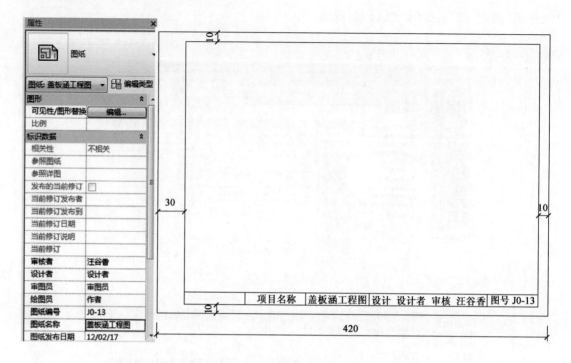

图 4-0-14　添加文字标签(尺寸单位:mm)

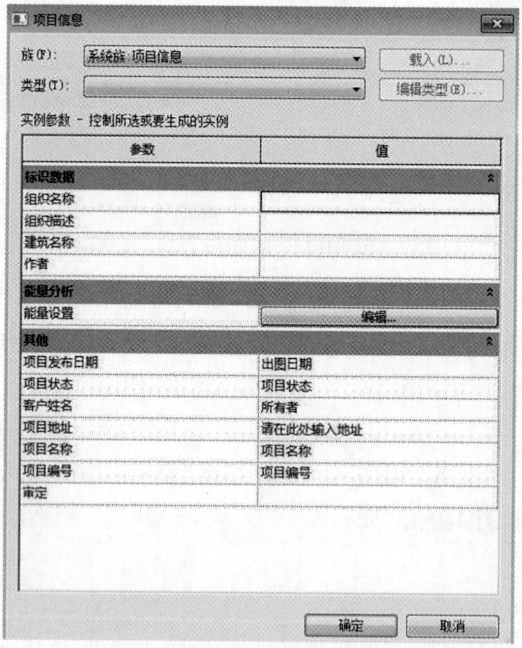

图 4-0-15　项目信息输入

1.布置视图的步骤

(1)定义图纸编号和名称:在项目浏览器中展开"图纸"选项,双击 A3 图幅,在属性面板中修改图纸编号和名称,如图 4-0-16 所示。

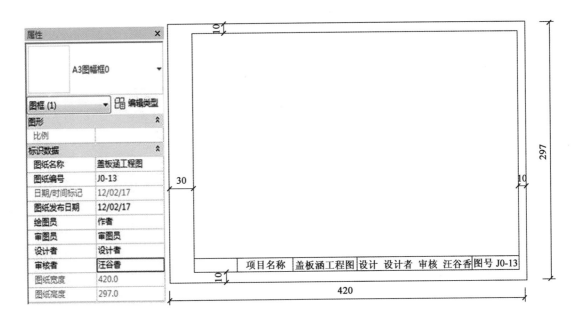

图 4-0-16　定义图纸编号和名称(尺寸单位:mm)

(2)放置视图:在项目浏览器中双击图纸视图,按住鼠标左键,分别拖曳"楼层平面:标高 1""立面:前""立面:东"视图到"J0-11"图纸视图。

(3)添加图名:选择拖进来的"楼层平面:标高 1"视图,在"属性"中修改"图纸上的标题"为"平面图"。按相同操作,修改"立面:前"视图属性中"图纸上的标题"为"半纵剖面图",修改"立面:东"视图属性中"图纸上的标题"为"洞口正面图"。拖曳图纸标题到合适位置,并调整标题文字底线到适合标题的长度。

(4)改变图纸比例:如需修改视口比例,可在图纸中选择"楼层平面:标高 1"视图并单击鼠标右键,在弹出的快捷菜单中选择"激活视图"命令。此时"图纸标题栏"灰显,单击绘图区域左下角视图控制栏比例,弹出比例列表,可选择列表中的任意比例值,也可选择"自定义"选项。图纸图幅显示结果如图 4-0-17 所示。

2.创建明细表与设计说明

(1)单击"视图"选项卡—"创建"面板—"明细表"命令,在弹出的下拉列表中选择"明细表/数量"选项,新建明细表,定义明细表名称。

双击项目浏览器明细表,单击明细表属性面板中"字段"按钮,对明细表字段进行修改,定义明细表如图 4-0-18 所示。

(2)单击"视图"选项卡—"创建"面板—"图例"下拉按钮,在弹出的下拉列表中选择"图例"选项,在弹出的对话框中调整比例,单击"确定"按钮,如图 4-0-19 所示。

进入图例视图,单击"注释"选项卡—"文字"面板—"文字"按钮,根据项目要求添加设计说明,如图 4-0-20 所示。

在项目浏览器中分别把设计说明、明细表拖曳到新建的图纸中。

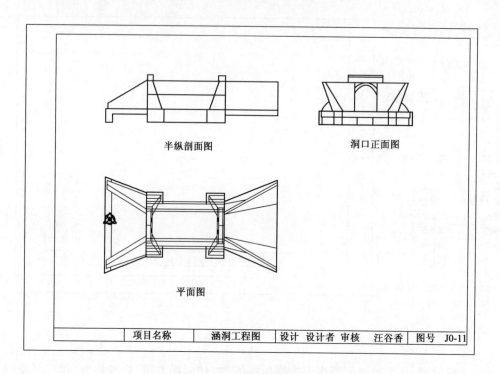

图 4-0-17 图纸图幅显示结果

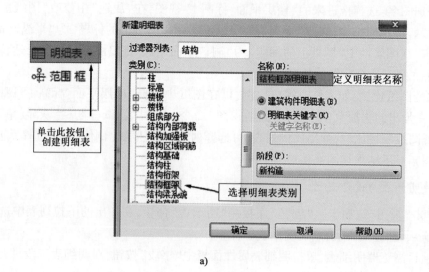

a)

图 4-0-18

模块四 注释、布图与打印

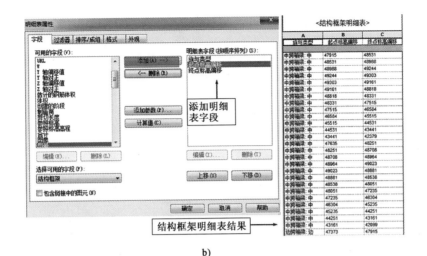

b)

c)

图 4-0-18 定义明细表

图 4-0-19 定义图例

图 4-0-20 添加文字说明

四、打印与导出 DWG

1. 打印

（1）创建图纸之后，可以直接打印出图。选择"文件"菜单—"文件"—"打印"命令，弹出"打印"对话框，如图 4-0-21 所示。

249

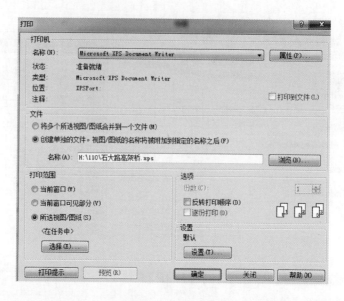

图4-0-21 打印对话框

（2）在"名称"下拉列表框中选择可用的打印机名称。

（3）单击"名称"后的"属性"按钮，弹出打印机的"文档属性"对话框。选择方向为"横向"，并单击"高级"按钮，弹出"高级选项"对话框。

（4）在"纸张规格"下拉列表框中选择纸张"A2"选项，单击"确定"按钮，返回"打印"对话框。

（5）在"打印范围"选项区域中选择"所选视图/图纸"单选按钮，下面的"选择"按钮由灰色变为可用项。单击"选择"按钮，弹出"视图/图纸集"对话框，如图4-0-22所示。

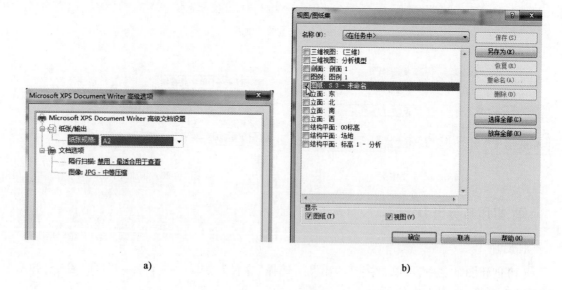

a)　　　　　　　　　　　　　　　b)

图4-0-22 打印设置

(6)勾选对话框底部"显示"选项区域中的"图纸"复选框,取消勾选"视图"复选框,对话框中将只显示所有图纸。单击右边的"选择全部"按钮,自动勾选所有施工图图纸,单击"确定"按钮,回到"打印"对话框。

(7)单击"确定"按钮,即可自动打印图纸。

2. 导出 DWG

Revit 中所有的平面、立面、剖面、三维视图及图纸等,都可以导出为 DWG 格式图形,而且导出后的图层、线型、颜色等可以根据需要,在 Revit Architecture 中自行设置。

(1)打开要导出的视图。

(2)在文件菜单中选择"文件"—"导出"—"CAD 格式"—"DWG 文件"命令,弹出"DWG 导出"对话框。

(3)单击"选择导出设置"按钮 ,弹出"修改 DWG/DXF 导出设置"对话框,进行相关修改后,单击"确定"按钮,如图 4-0-23 所示。

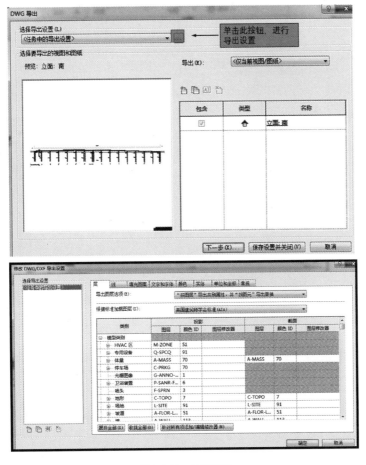

图 4-0-23 导出设置

(4)在"DWG 导出图层"对话框中,"图层名称"对应的是 AutoCAD 中的图层名称。

(5)"DWG 导出"对话框中,颜色 ID 对应 AutoCAD 中的图层颜色,如颜色 ID 设为"7",导出的 DWG 图纸中该图层为白色。

(6)在"DWG 导出"对话框中,单击"下一步"按钮,在弹出的"导出 CAD 格式保存到目标文件夹"对话框的"保存于"下拉列表中设置保存路径,在"文件类型"下拉列表中选择相应 CAD 格式文件的版本,在"文件名/前缀"文本框中输入文件名称。

参 考 文 献

[1] 柏慕进业. Autodesk Revit Architecture 2015 标准教程[M]. 北京:电子工业出版社,2015.
[2] 廖小峰,王君峰. Revit2013/2014 建筑设计火星课堂[M]. 北京:人民邮电出版社,2013.
[3] 黄亚斌,徐钦. Autodesk Revit Architecture 实例详解[M]. 北京:中国水利水电出版社,2013.
[4] 肖春红. Autodesk Revit Architecture 2015 中文版实操实练[M]. 北京:电子工业出版社,2015.
[5] 何波. Revit 与 Navisworks 实用疑难 200 问[M]. 北京:中国建筑工业出版社,2015.
[6] 刘孟良. 建筑信息建模(BIM)Revit Architecture 2016 操作教程[M]. 长沙:中南大学出版社,2016.

后 记

2015年6月16日,住房和城乡建设部颁发了《住房城乡建设部关于印发推进建筑信息模型应用指导意见的通知》,自此,作者开始有了建筑信息模型的概念。

从2015年起,作者开始跟湖南交通职业技术学院刘孟良教授学习建筑信息模型(BIM)Revit软件的操作,参与建筑信息模型(BIM)考证的指导工作,并参与整理刘孟良教授主编的任务驱动型教材——《建筑信息模型(BIM)Revit Architecture 2016 操作教程》,基本了解了基于Autodesk平台开发的Revit软件的有关操作,尤其理解这一软件最强大的功能是应用族来创建不同的构件,定义族参数的操作。

2017年9月,作者参加了由交通职业教育委员会组织的在天津召开的"建设信息化领域从业人员BIM应用技能师资"职业培训,培训的内容就是BIM的相关软件。了解到BIM是一个很大的概念,是以三维数字技术为基础的数字工具,集成了工程项目各种相关信息的工程数据模型,是对该工程项目相关信息的详尽表达,是数字技术在工程中的直接应用,以解决工作在软件中的描述问题,使设计人员和工程技术人员能够对各种建筑信息做出正确的应对,并为协同工作提供坚实的基础。

作者通过学习,有了一些心得和体会。BIM是全寿命周期的集成管理,不是一个两个软件构成,是一系列软件的集合所涵盖的数字化技术。建模是最基本的一个环节,Autodesk平台开发的系列软件的功能强大,包括Civil 3D、Revit等,分工不同,Civil 3D能很好地完成曲线的建模;Revit软件族参数化设计的内涵能更好地完成桥梁整体建模。于是,作者产生了编写基于Autodesk平台的Revit软件桥涵建模教程的想法。这本教程以桥涵的各工程构件为载体,将识图与建模相结合,介绍桥涵的基础建模的《桥涵信息建模(BIM)Revit操作教程》这样一本有关BIM方面的路桥方向的基础教程。Revit最强大的功能是族的创建,尤其是自适应族的使用,解决了桥梁构件的个性化设计。

为了探索这个全新的领域,还要不断加强学习,更多地与同行交流。本书在编写过程中,参考了筑龙网"桥梁BIM培训"的相关学习视频,交通职业教育委员会组织的BIM培训中的"高架桥"的有关图纸以及由刘孟良教授主编的《建筑信息建模(BIM)Revit Architecture 2016 操作教程》。此外,本书在编写过程中还得到了湖南交通职业技术学院唐杰军教授的大力支持,马晶老师的专业指导以及庾磊同学的帮助等,也得到了人民交通出版社孙玺主任的大力支持,卢俊丽编辑的认真修订,正是有他们的支持和帮助,才使本书得以顺利出版,在此一一表示感谢。

汪谷香
2018年3月